100 일完成

사주命理

100일 완성 사주명리 — 하루에 1단원씩 100일이면 완성하는 사주명리

초판발행 2026년 05월 01일
초판인쇄 2026년 05월 01일

저 자 김 낙 범
펴낸이 김 민 철

펴낸곳 도서출판 문원북
주 소 서울시 마포구 토정로 222 한국출판콘텐츠센터 422
전 화 02-2634-9846
팩 스 02-2365-9846
메 일 wellpine@hanmail.net
카 페 cafe.daum.net/samjai
블로그 blog.naver.com/gold7265

ISBN 978-89-7461-524-6
규 격 182mmx237mm
책 값 25,000원

* 파손된 책은 구입처에서 교환해 드립니다.

100日 완성 사주명리

윤운북BOOK

프롤로그

누구나 행복한 인생을 살고 싶어 합니다. 하지만 '행복'이나 '나 답게 산다'라는 말은 너무 막연하게 느껴질 때가 있습니다. 어느 날 문득 이런 의문이 들었습니다. '지금 내가 가는 길이 정말 나의 길일까? 아니면 남이 만든 길을 따라가고 있는 걸까?'

해답을 찾으려 인문학과 철학 책을 찾아봤지만, 뚜렷한 답을 찾기는 쉽지 않았습니다. 그러다 우연히 서점에서 사주명리 책을 발견했습니다. '어쩌면 여기에 해답이 있을지도 몰라.'라는 막연한 기대에 사주팔자를 풀어보기 시작했습니다.

분명한 해답은 있었지만, 그 과정은 단순하지 않았습니다. 책마다 제시하는 이론과 해석이 달랐고, 고전 해석도 저자에 따라 달라 오히려 혼란스러웠습니다. 그때 이런 생각이 들었습니다. '사주명리를 더 쉽고 체계적으로 설명한 책이 있으면 좋겠다.'

그 생각을 시작으로 틈틈이 이론을 정리하고 메모를 하며 책을 쓰기 시작했습니다.

그 결과, 4년에 걸쳐 『사주명리 완전 정복』 시리즈 5권을 출간할 수 있었습니다. 이후로도 『자평진전』, 『적천수』, 『궁통보감』, 『증산복역』, 『연해자평』 등 고전을 번역하고 해설하여 많은 독자가 사주명리를 쉽게 접할 수 있도록 노력했습니다.

그리고 올해, 그동안의 모든 경험을 집대성해 『사주명리 100일 완성 학습서』를 만들기로 결심했습니다. 이 책은 초보자도 차근차근 이론을 익히고, 스스로 자신의 사주를 해석해 자신의 길을 찾아갈 수 있도록 도와주기 위한 것입니다.

이 책은 지식 전달서가 아닙니다. 외우는 공부가 아니라 이해하고 깨닫는 공부입니다. 지식을 쌓기보다 지혜를 얻어가는 여정이자, '지금 이 순간, 나답게 살기 위해 어떤 선택을 해야 할까?' 스스로에게 묻는 과정입니다.

이 책이 여러분의 진정한 나를 발견하는 여정의 시작이 되길 바랍니다. 삶의 길을 찾고자 하는 모든 분께 이 책을 건네며, 조용히 응원합니다.

을사년 가을

無空 김낙범

목차

上권 기초완성 내 사주 내가 찾기

목록

11
목차

작가가 주는 말

많은 사람들이 인생의 방향에 대한 답을 찾기 위해 사주명리를 찾습니다.

"언제 재물이 들어올까?"

"결혼은 언제 할 수 있을까?"

"직장에서 승진할 수 있을까?"

우리는 인생의 고비마다 사주를 통해 해답을 얻고 싶어 합니다. 하지만 돌아오는 답변은 늘 아쉽고, 마음을 시원하게 해주는 경우는 드뭅니다. 결국 이곳저곳 기웃거리다 시간과 비용만 낭비하게 되기도 하죠.

그 이유는 단순합니다. 사주명리 자체를 잘 모르기 때문입니다. 그 원리를 이해하지 않은 채 결과만 듣는다면, 그 해석은 늘 막연하고 추상적일 수밖에 없습니다.

운명의 흐름을 읽는 학문

사주명리는 인생 여정 속에서 펼쳐질 변화를 읽는 학문입니다. 사주(四柱)는 우리 인생을 지탱하는 네 개의 기둥이고, 팔자(八字)는 그 기둥을 이루는 여덟 글자, 즉 천간(天干)과 지지(地支)의 조합입니다. 이 여덟 글자는 음양오행의 법칙에 따라 움직이는 운명의 흐름, 즉 운(運)을 담고 있는 하나의 암호입니다. 그 암호를 푸는 것이 바로 사주명리학입니다.

인생의 나침반

사주명리는 앞날을 점치는 도구가 아닙니다. 삶의 흐름을 읽고, 그에 맞춰 어떻게 준비하고 실천해야 할지 알려주는 '인생의 나침반'입니다. 봄에는 씨를 뿌리고, 여름에는 가꾸며, 가을에는 거두고, 겨울에는 쉬어야 하듯, 우리 삶에도 그런 계절의 흐름이 있습니다. 그 흐름에 맞게 살아갈 때 인생은 조화로워집니다. 사주를 공부한다는 것은, 지금 내 인생의 계절이 어디인지, 그리고 지금 내가 무엇을 해야 하는지를 깨우쳐 가는 과정입니다.

수천 년 이어온 삶의 지혜

사주명리학은 수천 년 동안 다져온 고대 동양의 지혜입니다. 본래 국가의 길흉을 점치던 학문이 점차 수행의 도구를 거쳐, 지금은 개인의 삶과 행복을 위한 실천 철학으로 자리 잡았습니다.

'운세를 본다'는 개념을 넘어, 자신의 재능과 기질, 인생의 주기를 이해하고 그에 따라 현명하게 선택하고 준비하는 학문입니다. 바로 이것이 현대를 살아가는 우리가 사주명리를 알아야 하는 이유입니다.

이 책의 구성

『100일 완성 사주명리』는 초보자가 100일 동안 차근차근 공부하며 중급자, 나아가 고급자 수준까지 도달할 수 있도록, YouTube "무공 사주명리"를 통해 매일 1단원씩 진도에 맞추어 설계된 3권 시리즈입니다.

상권 초급편
기초 한자, 음양오행, 천간과 지지, 왕쇠강약, 형충회합 등 사주명리의 기본 뼈대를 쉽게 익힙니다.

중권 중급편
십신(十神), 육친(六親), 신살(神煞) 등 본격적인 해석 도구를 배우고, 다양한 사주 예시를 직접 분석하며 실전 감각을 키웁니다.

하권 고급편
용신법, 격국법, 대운과 세운의 흐름 해석 등 고급 기법을 배워 완성도를 높이고, 실전에서 빛을 발하는 통변(通辯)의 안목을 기릅니다.

나를 발견하는 100일의 여정

사주명리는 나를 이해하는 인생의 지도와 같습니다. 누구나 자신의 인생을 더 나은 방향으로 이끌고 싶어 합니다. 그 여정의 첫걸음은 '나'라는 존재를 있는 그대로 들여다보는 데서 시작합니다.

이 책과 함께 100일 동안 당신의 인생 지도를 스스로 해석해 보세요.

100일 후, 당신은 사주명리의 핵심 개념을 익히고 스스로 자신의 사주를 읽어 나갈 수 있는 힘을 갖게 될 것입니다. 그리고 어느 날 문득, 이렇게 느끼게 될 수도 있습니다.

"아, 내가 어떤 사람인지, 지금 어떤 길을 걸어가고 있는지 이제야 조금은 알 것 같아."

천 리 길도 첫걸음부터 입니다. 이 책이 그 값진 첫걸음을 내딛는 든든한 버팀목이 되어 드리겠습니다.

자, 이제 함께 그 첫걸음을 내디뎌볼까요?

사주 명리 입문자를 위한
필수 한자와 용어

사주 명리학 책을 처음 접하면 한자가 많다는 이유로 주저하게 될 수 있습니다. 하지만 실제로 자주 쓰이는 한자는 100자도 안 되고, 대부분 우리가 일상에서 이미 접해본 익숙한 글자들입니다.

요즘은 어플로도 쉽게 사주팔자를 볼 수 있지만, 천간과 지지는 모두 한자로 표기되기 때문에 기본 한자 정도는 반드시 익혀야 사주를 해석할 수 있습니다.

그래서 먼저 꼭 알아야 할 기본 한자와 간단한 용어들을 먼저 정리했습니다.

이 부분을 먼저 익혀두면, 다음 장에서 본격적으로 공부할 때 훨씬
수월하게 공부할 수 있습니다.

음양 - 사주팔자의 기를 나타냅니다.

한자	음	뜻	사주에서 의미
陰	음	그늘	소극적이고 수동적인 기운, 어둠, 땅, 달, 암컷, 차가움
陽	양	볕	적극적이고 능동적인 기운, 밝음, 하늘, 해, 수컷, 더움

오행 - 사주팔자의 다섯 가지의 기를 나타냅니다.

한자	음	뜻	사주에서 의미
木	목	나무	동쪽, 봄, 푸른색, 어진 마음(측은지심)
火	화	불	남쪽, 여름, 붉은색, 예절, 양보하는 마음(사양지심)
土	토	흙	중앙, 환절기, 노란색, 중화, 중용, 신뢰하는 마음
金	금	쇠	서쪽, 가을, 백색, 의로운 마음(수오지심)
水	수	물	북쪽, 겨울, 검은색, 옳고 그름을 가리는 마음(시비지심)

10천간 - 하늘을 상징하며, 10개로 구분합니다.

천간	甲	乙	丙	丁	戊	己	庚	辛	壬	癸
음	갑	을	병	정	무	기	경	신	임	계

12지지 - 땅을 상징하며, 12개로 구분합니다.

지지	子	丑	寅	卯	辰	巳	午	未	申	酉	戌	亥
음	자	축	인	묘	진	사	오	미	신	유	술	해
동물신	쥐	소	호랑이	토끼	용	뱀	말	양	원숭이	닭	개	돼지

12운성 – 천간이 지지에서 순환하며 생성 소멸하는 상태를 사람의 일생에 비유하였습니다.

12 운성	絶(胞)	胎	養	生	沐浴	冠帶	建祿	帝旺	衰	病	死	墓
음	절(포)	태	양	생	목욕	관대	건록	제왕	쇠	병	사	묘

용어 – 기초 명리에서 많이 사용되는 용어입니다.

용어	相生	相剋	三合	大運	歲運	空亡	用神	格局	通根	透出
음	상생	상극	삼합	대운	세운	공망	용신	격국	통근	투출

용어	月令	身强	身弱	太過	不及	合	刑	沖	破	害
음	월령	신강	신약	태과	불급	합	형	충	파	해

용어	印星	財星	官星	食傷	比劫
한자음	인성	재성	관성	식상	비겁

十神	正印	偏印	正財	偏財	正官	偏官	食神	傷官	比肩	劫財
십신	정인	편인	정재	편재	정관	편관	식신	상관	비견	겁재

100일 완성 사주명리

上권
기초완성

내 사주는 어떻게
구성되어 있는가?

01 사주명리학에 대한 이해

무공 사주명리 DAY

▶ YouTube

1. 사주명리학을 공부해야 하는 이유

"내가 잘하는 일은 뭘 까?"

"왜 나는 비슷한 사람과 자주 충돌할까?"

"지금 이 힘든 시기는 언제쯤 끝날까?"

사주명리학은 이런 질문에 천년 이상 검증된 동양의 지혜로 답하는 실용적인 도구입니다.

점술이 아닌, 인생의 사용 설명서를 읽는 법입니다.

다음은 사주명리학을 왜 공부해야 하는지에 대한 근본적인 이유 세 가지 관점입니다.

1) 자신을 이해하기

타고난 기질과 성향, 강점과 약점을 파악하여 '나'라는 존재의 설계도를 이해합니다.

새로운 일을 시작하면 폭발적인 열정을 보이다 가도 금방 흥미를 잃었다면 사주명리로 그 이유를 모색해볼 수 있습니다.

예를 들어, 사주에서 을목(乙木) 에너지가 강하면, 덩굴처럼 유연하고 적응력이 뛰어난 반면 한곳에 뿌리내리기 어려운 특성을 가집니다.

사주에 이런 특성을 가지고 있다면 장기 프로젝트보다 짧고 다양한 미션을 연속적으로 수행하는 방식으로 일을 시작하는 것이 효율적입니다.

2) 대인관계 활용

나와 타인의 '다름'을 인정하고, 갈등의 원인을 이해하며 더 나은 관계를 맺는 지혜를 배웁니다.

나는 여행을 좋아하는데, 배우자는 집에만 있고 싶어 해서 자주 다툰다면 그 이유를 사주명리에서 찾아볼 수 있습니다.

나는 금(金) 에너지가 강하고, 배우자는 토(土) 에너지가 강하다면, 변화를 추구하는 에너지와 안정을 추구하는 에너지의 자연스러운 충돌이 일어나기에 자주 다투는 것입니다.

이런 경우에는 상대방에게 나를 설득시키려 애쓰기보다, 에너지의 차이를 인정하고 조율점을 찾는 것에서 관계의 해답이 시작됩니다.

3) 인생 흐름 예측

운(運)의 흐름을 읽어 나아가야 할 때와 멈춰야 할 때를 분별하고 미래를 현명하게 준비하는 법을 학습합니다.

인생에도 봄(시작), 여름(성장), 가을(수확), 겨울(휴식)이 있습니다. 대운은 인생 계절표입니다.

사주는 길흉을 알려주는 점괘가 아닌, 지금 어떤 계절을 맞이해 무엇을 해야 할지를 알려주는 나침반입니다.

지금이 겨울운이라면 무리한 투자보다는 내실을 다지는 시기입니다.

내년이 봄운이라면 새로운 도전을 준비해야 할 시기입니다.

사주명리는 음양오행(陰陽五行) 사상을 바탕으로 한 동양철학의 결정체입니다.

지금 겪고 있는 어려움이 언제 풀리는지 그 답을 사주명리에서 찾아볼 수 있습니다.

음양(陰陽)은 모든 일에는 밝은 면과 어두운 면이 공존한다는 이치로 순환합니다. 승진하면 양(陽)의 상태에 있는 것이며, 실연하면 음(陰)의 상태에 있는 것입니다. 새로운 가능성이 열리는 것은 양(陽)의 상태에 있는 것이며, 가능성이 보이지 않는 것은 음(陰)의 상태에 있는 것입니다.

이것은 음양의 순환 법칙입니다. 지금의 어려움이 단지 음(陰)의 시기일 뿐이며, 이 시기는 다음 양(陽)의 시기를 준비하는 시간임을 이해하면 현재를 더 담담히 받아들일 수 있습니다.

결론적으로 사주명리학은 인생을 바꾸지 않습니다. 다만 이미 가진 인생을 어떻게 더 현명하게 살아갈지에 대한 통찰력을 줍니다. 배의 특성을 모른 채 항해하는 것과, 사용 설명서를 손에 쥐고 항해하는 것은 현격한 차이가 있습니다.

2. 같은 날 같은 시간에 태어난 사주인데, 왜 다른 삶을 살까?

이 질문은 사주명리학의 가장 근본적인 질문이자, 가장 심오한 답변을 요구하는 주제입니다.

고전에서는 이렇게 말합니다.

"命不可以易, 運可以轉(명불가이역, 운가이전)"

명은 바꿀 수 없으나, 운은 돌릴 수 있다.

여기서 명(命)이란 타고난 에너지의 기본 패턴을 말합니다. 같은 사주는 같은 에너지를 공유하지만, 그 에너지를 어떻게 해석하고 활용하는지는 전적으로 개인에게 달려 있습니다.

명리학이 보는 3가지 결정적 차이

1. 뿌리의 실질적 차이 ▶ 같은 사주라도 각자 태어난 집의 가문, 부모의 기운이 영향을 줍니다.

2. 직업의 선택적 차이 ▶ 같은 금(金) 용신이지만, 그 특성(개혁, 완성, 정의, 의리)에 의한 각자의 취

향 선택이 인생을 갈라놓습니다. 예를 들어, 같은 법학과를 나와도 개혁적인 검사와 정의로운 변호사로 다른 길을 걸을 수 있습니다.

3. 인연의 작용 ▶ 배우자나 친구, 동료에 의해 삶의 태도가 달라질 수 있습니다. 예를 들어, 금(金)이 강한 사주에 금(金)이 강한 배우자와 화(火)가 강한 배우자의 선택이 마음가짐을 변화시키며 사는 방식이 달라집니다.

결론적으로, 같은 사주팔자를 가졌음에도 다른 삶을 사는 이유는 부모의 영향, 직업의 선택, 인연의 작용이라고 할 수 있습니다.

비유하여 사주팔자가 악보라면 같은 악보를 가지고 있어도, 연주자를 가르친 스승(부모), 악기 선택(용신의 특성), 합주하는 사람(배우자, 동료)에 따라 완전히 다른 연주가 만들어지는 것과 같습니다.

사주명리는 "당신이 어떤 악보를 받았는지"를 보여주고, "그 악보를 어떻게 가장 아름답게 연주할지"에 대한 힌트를 주는 학문입니다. 같은 악보라도 베토벤이 연주하는 것과 농부가 취미로 연주하는 것은 천지차이입니다.

3. 사주명리학의 정의와 의미

1) 사주명리학의 정의

사주(四柱)란 네 개의 기둥이란 뜻이며, 사람이 태어난 년, 월, 일, 시 네 가지 시간 정보로 우주에서 받은 에너지를 의미합니다.

명리학(命理學)이란 삶의 이치 또는 운명의 원리를 연구하는 학문입니다.

따라서 사주명리학은 태어난 순간의 우주 에너지가 당신의 삶에서 어떻게 작동되는지 읽는 기술입니다.

2) 사주명리학의 의미

사주명리학의 진정한 의미는 다음 세 가지 관점으로 생각해볼 수 있습니다.

첫째, 음양오행

음양은 모든 현상의 상호 보완적 이중성 (낮과 밤, 활동과 휴식)을 의미하며, 오행은 우주를 구성하는 5가지 기본 에너지 패턴입니다.

사주에 목(木)이 많다면 확장과 성장의 에너지가 기본적으로 설정된 것이며, 금(金)이 많다면 구조와 규칙의 에너지가 강하게 작동하게 됩니다.

둘째, 운명 개척

사주명리학은 태어날 때 주어진 운명을 알려주고, 그 운명을 더 나은 방향으로 이끌어갈 방법을 제시해 줍니다.

사주팔자는 요트, 대운은 파도의 흐름에 비유할 수 있습니다. 사주명리학은 파도의 흐름을 읽고 요트를 어떻게 다뤄야 하는지를 연구하는 학문입니다.

따라서, 운명을 개척한다는 것은 운명을 바꾸는 것이 아닙니다. 내 에너지 특성에 맞게 운명을 타는 법을 배우는 것입니다.

셋째, 자기 이해

사주팔자의 에너지를 긍정적으로 발현하는가, 아니면 부정적으로 발현하는가에 따라 삶의 질이 달라집니다. 예를 들어, 임수(壬水)에너지가 강한 사람이 긍정적으로 발현하면 유연성, 적응력, 지혜가 되지만, 부정적으로 발현하면 우유부단하고 원칙이 없어집니다.

결론적으로 사주명리학은 "당신이 무엇을 타고났는지"를 보여주고, "그것을 어떻게 현명하게 운영할지"를 가르치는 실용적인 삶의 기술입니다.

4. 자평학을 공부해야 하는 이유

당나라의 삼명학이 태어난 가문(년간 중심)을 중시했다면, 자평학은 진보된 버전으로 삶의 주체인 개인(일간 중심)을 중시한 학문입니다.

1) 자평학의 탄생 배경

자평학을 이해하려면 먼저 그 이전의 고법 명리학인 삼명학(三命學)과 차이점을 알아야 합니다.

당나라 이허중의 삼명학(三命學)은 태어난 해의 년주(年柱)를 중심으로 운명을 판단했으나, 사람마다의 개성을 설명하지 못했습니다. 이는 개인보다는 가문이나 국가 공동체의 운명을 더 중요시했던 시대상을 반영합니다.

송나라 서자평의 자평학(子平學)은 일간(日干)을 운명 분석의 기준으로 삼으면서, 명리학은 집단이 아닌 개인의 정체성과 주체의식을 심도 있게 분석하는 학문으로 발전했습니다. 현대 사주명리학의 거의 모든 이론은 바로 이 자평학에 뿌리를 두고 있습니다.

2) 자평학의 특징

자평학은 모호하고 신비주의적인 해석에서 벗어나, 가장 체계적이고 논리적인 분석 도구로서 명확한 논리와 체계를 제시합니다.

정체성 설정(일간) ▶ 나는 어떤 에너지로 구성되었는지를 일간(日干)의 특성으로 해석합니다. 예를 들어, 甲木(갑목)일간은 주체적으로 성장하는 에너지이며, 乙木(을목)은 협력적이며 유연한 에너지입니다.

사회적 역할 규정(격국) ▶ 내가 사회에서 자연스럽게 수행하게 될 기능과 역할이 격국(格局)입니다.

예를 들어, 정관 격국이면 조직의 규칙에 의해 임무를 수행하는 역할로 발전합니다. 상관 격국이면 개인의 재능으로 전문가의 역할로 발전하게 됩니다.

에너지 균형 조절(용신) ▶ 사주의 시스템을 최적으로 작동시키는 에너지 조절제 역할이 용신(用神)입니다.

예를 들어, 시스템에 불(火)이 과다하면 물(水)을 용신으로 냉각시키고, 흙이 부족하면 土(토)를 용신으로 채용해 안정을 시켜야 합니다.

3) 자평학을 공부해야 하는 실질적 이유

자평학은 현대 명리학의 문법입니다.

오늘날 모든 현대 명리 이론은 자평학을 토대로 발전했습니다. 자평학의 기본 원리와 구조를 제대로 이해해야 다른 이론들을 올바르게 해석할 수 있습니다. 자평학을 모르고 명리를 하는 것은 마치 한국어 문법을 모르고 한국어로 글쓰기를 하는 것과 같습니다.

막연한 운명을 구체적인 전략으로 많은 사람들은 자신의 사회적 역할이 무엇인지를 묻습니다. 이에 대한 답을 자평학을 통해서 구체적인 전략을 마련하고 인생을 설계할 수 있습니다.

격국 ▶ 사회적 역할이 무엇인가?

용신 ▶ 어떤 환경에서 가장 잘 작동하는가?

십신의 상호작용 ▶ 주변 사람들과 어떤 에너지를 주고받는가?

이처럼 자평학은 인간 심리와 에너지적 근거를 제공하며, 어떻게 살아야 할지에 대한 답을 제공해 줍니다.

자평학은 나의 존재를 가장 깊이 있고 논리적으로 탐구하여, 주어진 운명을 이해하고 더 나은 방향으로 개척해 나갈 수 있는 지혜를 주는 열쇠가 될 것입니다.

▶ YouTube

사주 명리학 발전 과정

사주명리학은 길흉을 점치는 점술(占術)을 넘어, 인간과 우주의 관계를 탐구하는 철학이자 삶의 지혜로 자리 잡았습니다.

그 발전 과정은 기법의 정교화를 넘어, 인간이 운명을 어떻게 바라보고 이해하려 했는지에 대한 인식의 진화사입니다. 여기서는 사주명리학이 고대의 기원에서부터 현대의 학문으로 자리 잡기까지의 여정을 체계적으로 조명합니다.

1. 사주명리학의 기원

사주명리학은 하늘의 뜻을 읽는 기술에서 시작되었지만, 체계적인 학문으로 성장하기 위해서는 이론적 기반이 필요했습니다. 그 핵심이 된 것이 간지(干支)와 음양오행(陰陽五行) 이론입니다.

1) 간지(干支)의 사용

간지 체계가 완성되어 사용된 가장 오래된 증거는 중국 상나라(BC 1600~BC 1046)의 갑골문에서 발견됩니다. 상나라의 탕왕을 비롯한 30명의 왕 이름이 모두 천간(天干)으로 지어졌다는 점은 당시 이미 간지가 시간의 기록과 왕권의 정통성을 나타내는 신성한 체계로 자리 잡고 있었음을 보여줍니다.

2) 음양오행의 발전

춘추전국시대(BC 770~BC 221) 이전까지 음양(陰陽)과 오행(五行)은 별개의 사상으로 존재했습니다. 음양은 천지의 두 기운을, 오행은 만물을 구성하는 다섯 가지 원소와 그 성질을 설명하는 개념이었습니다.

음양오행(陰陽五行) 이론 통합 ▶ 전국시대 추연(鄒衍)에 의해 음양과 오행이 결합된 음양오행설이 정립되었습니다. 이로써 우주 만물의 변화를 체계적으로 설명할 수 있는 강력한 철학적 도구가 마련되었습니다.

생극(生剋) 이론의 완성 ▶ 한나라 시대 동중서(董仲舒)는 『춘추번로(春秋繁露)』를 통해 음양오행의 상생(相生: 도와주는 관계)과 상극(相剋: 극하는 관계) 이론을 체계화하여, 역학(易學)의 핵심 원리로 자리매김했습니다.

2. 사주명리학의 발전 과정

사주명리학은 체계적인 이론을 바탕으로 본격적으로 인간의 길흉화복(吉凶禍福)을 분석하는 학문으로 발전하기 시작했습니다.

1) 고법 명리학 시대

당나라(서기 618~907년) 시대 이허중(李虛中)은 귀곡자의 『귀곡자유문(鬼谷子遺文)』을 주석한 『이허중명서(李虛中名書)』를 저술하며 사주명리학의 학문적 초석을 마련했습니다.

그의 학문은 '삼명학(三命學)'이라 불리며, 년주(年柱)를 중심으로 간명(看命)했습니다.

생년의 간지를 가장 중요한 기준으로 삼았습니다.

▣ 삼명학 주요 개념

삼원론(三元論) ▶ 사주를 천원(天元: 천간), 지원(地元: 지지), 인원(人元: 지지에 숨은 정기)으로 나누어 분석했습니다.

납음오행(納音五行) ▶ 60갑자에 金木水火土(금목수화토)의 성질을 부여한 복잡한 오행 체계를 사용했습니다.

신살(神煞) ▶ 점성학에서 유래된 다양한 길흉신(吉凶神)을 적극적으로 채용하여 판단했습니다.

삼명학은 후에 '당사주(唐四柱)'로 민간에 널리 퍼졌으며, 사주명리학의 틀을 만든 시조로 평가됩니다.

2) 신법 명리학 시대

송나라(서기 960~1279년) 시대 서자평(徐子平)은 기존의 년주(年柱) 중심에서 일간(日干, 일주의 천간) 중심의 사주 해석법을 창안했습니다. 이는 명리학 역사상 가장 중요한 전환점으로, 오늘날 우리가 사용하는 사주팔자의 기본 틀이 되었습니다.

▣ 삼명학과 자평학의 비교

구분	삼명학(고법)	자평학(신법)
중심점	년주(年柱)	일간(日干)
오행체계	납음오행(納音五行)	정오행(正五行)
주요 도구	신살(神煞) 중심	십신(十神), 격국(格局) 중심
관점	목성(木星) 중심 점성학적	태양(日) 중심의 인간학적

서자평의 학문은 서승(徐升)의 『연해자평(淵海子平)』과 서대승(徐大升)의 『자평삼명통변연원(子平三命通變淵源)』을 통해 체계적으로 정리되었습니다. 이후 명나라 말기 양종(楊淙)이 두 책을 합본하여 『합병평주연해자평』을 펴냈으며, 이 책이 현대에 『연해자평』으로 널리 알려지게 되었습니다.

3) 자평명리학의 전성기

송나라 이후 명·청 시대에 들어 자평명리학은 다양한 통변법이 발전하며 학문의 꽃을 피웠습니다.

명(明)나라(1368~1644) ▶ 만민영(萬民英)의 『삼명통회(三命通會)』(명리학 백과사전), 장남(張楠)의 『명리정종(命理正宗)』(실전 감정 중심), 유백온(兪伯溫)의 『적천수(滴天髓)』(철학적 원리 심화) 등이 저술되었습니다.

청(淸)나라(1644~1912년) ▶ 진소암(陳素庵)의 『명리약언(命理約言)』,『적천수집요(滴天髓輯要)』, 임철초(任鐵樵)가 해설한 『적천수천미(滴天髓闡微)』, 여춘대(余春臺)의 『궁통보감(窮通寶鑑)』(조후용신), 심효첨(沈孝瞻)의 『자평진전(子平眞詮)』(격국론) 등이 나오며 명리 이론이 더욱 정밀화 되었습니다.

3. 국가별 명리학 발전 과정

1) 대만

중국 본토에서 문화혁명으로 명리학이 쇠퇴하는 동안, 대만은 전통 명리학을 온전히 계승하고 발전시키는 거점 역할을 했습니다.

① 주요 인물

위천리(韋千里) ▶ 『천리명고(千里命稿)』, 『명학강의(命學講義)』 등을 저술하며 명리학을 체계적이고 현대적인 언어로 재해석하는 데 기여했습니다. 그의 저서는 한국에 소개되어 큰 영향을 미쳤습니다.

하건충(何建忠) ▶ 『팔자심리추명학(八字心理推命學)』을 통해 심리학과 명리학을 접목하려는 시도를 했습니다.

② 학문적 특징

자평명리학 중심 ▶ 송나라 서자평의 전통 이론을 매우 중시합니다.

체계적 연구 ▶ 격국, 용신, 신살 등을 체계적으로 연구하며 고전을 바탕으로 한 심도 있는 학문 체계를 구축했습니다.

실용적 접근: 직업, 건강, 인간관계 등 실생활에 적용 가능한 해석을 강조합니다.

2) 일본

사주명리학을 추명학(推命學)이라고 부르며 독자적인 발전을 이루었습니다.

① 주요 인물

아부태산(阿部泰山) ▶ 일본 추명학의 아버지로 불리며 『사주추명학』 전집 23권을 집필했습니다. 그는 중국 고전 이론을 일본 사회에 맞게 체계화하고 현대인에게 이해하기 쉽게 정리하는 데 크게 기여했습니다. 그의 이론은 대만과 한국에도 영향을 미쳤습니다.

② 학문적 특징

심리 분석 강조 ▶ 운명 예측보다는 사주를 통해 개인의 타고난 기질, 심리, 잠재력을 분석하여 삶의 방향성을 제시하는 데 중점을 둡니다.

과학적 접근 ▶ 고목승(高木勝) 등에 의해 통계학과 과학적 방법론을 접목하려는 시도가 있었습니다.

독자적 용어 개발 ▶ 중국의 전통 이론을 바탕으로 하되, 일본식 해석과 용어를 개발하여 독자적인 학문 체계를 구축했습니다.

4. 우리나라 명리학의 발전

1) 고려시대(918~1392): 국가제도 속의 유입

중국 송나라와의 교류를 통해 명리학이 유입되었습니다. 고려의 국립 교육기관인 태학에서 역경(易經)을 가르쳤으며, 관상감이라는 국가 기관에서 천문, 지리, 명리 관련 지식을 관리하며 역법과 음양론을 정치와 의례에 활용했습니다.

2) 조선시대(1392~1910): 국가 관리와 민간 보급

국가 제도 ▶ 관상감에서 음양과(陰陽科)라는 과거 시험을 통해 전문 관리를 선발했습니다. 이들은 왕실의 택일, 궁합, 출산 감명 등 국가 공인 업무를 수행했습니다.

명리학과 성리학의 결합 ▶ 개인의 성격, 효(孝), 천명(天命)을 이해하는 도구로 활용되었습니다.

민간 보급: 궁합, 택일, 작명 등 실용적인 학문으로 민간에 널리 퍼졌습니다.

3) 근대(조선 말~1960년대): 민간 확산과 새로운 부흥

갑오개혁 이후 ▶ 신분제가 철폐되며 명리학이 민간에 본격적으로 확산되는 계기가 되었습니다.

일제강점기 ▶ 일본 추명학의 영향을 받아 일부 이론이 혼합되었습니다.

해방 이후 ▶ 박재완(朴在玩), 이석영(李錫暎), 백영관(白靈觀) 등의 학자들이 중국 고전과 대만 명리학을 적극 소개하며 한국 명리학의 르네상스를 이끌었습니다.

4) 현대: 학문적 정립과 다각화

학문적 발전 ▶ 과거의 경험적 실관(實觀) 중심에서 벗어나, 대학 및 대학원에 명리학 관련 학과가 개설되며 이론적 체계를 갖춘 정규 학문으로 자리 잡고 있습니다.

다각화된 접근 ▶ 전통적인 격국 용신론을 근간으로 하면서도, 심리학, 정신의학 등과 접목하여 인간 심리를 이해하는 도구로 활용하려는 시도가 활발합니다.

5. 주요 고전 소개

명리학을 깊이 이해하려면 반드시 거쳐야 할 다섯 권의 고전을 소개합니다.

1) 연해자평(淵海子平)

출간: 명나라 말기(1634년경)

저자: 서승(徐升)의 연해(淵海)와 서대승(徐大升)의 연원(淵源)을 당금지(唐錦池)와 양종(楊淙)이 합본하여 주석을 달고 『합병평주연해자평(合倂評註淵海子平)』로 간행.

내용: 자평학의 비결 전반을 수록하였으며, 십신, 육친, 격국 등 자평학의 전체 구조를 담은 최초의 교과서입니다.

2) 삼명통회(三命通會)

출간: 명나라 말기(1580년경)

저자: 만민영(萬民英)

내용: 자평학 백과사전으로 당나라부터 명나라까지의 다양한 명리 이론을 총망라한 방대한 자료집입니다.

3) 적천수(滴天髓)

출간: 명나라(1368~1644)

저자: 북송시대의 경도(京圖)가 저술하고 명나라 유기(劉基, 백온)가 주석을 달았다는 설이 지배적입니다.

내용: 기세(氣勢) 중심 이론으로 체용(體用), 중화(中和) 등 명리학의 철학적 깊이를 다루었습니다.

4) 궁통보감(窮通寶鑑)

출간: 청나라(17세기)

저자: 작자 미상의 난강망(欄江網)이 원문이며, 천문을 담당하던 관청에서 조화원약(造化元鑰) 이라는 이름으로 편찬하였고, 여춘대(余春臺)가 장신봉(張神峯)의 원고를 입수해 정리해 발간했다고 전해집니다.

내용: 환경(조후) 중심 이론으로 일간의 월령에 따른 한난조습(寒暖燥濕)을 중시한 용신론입니다.

5) 자평진전(子平眞詮)

출간: 청나라 시대(18세기)

저자: 심효첨(沈孝瞻)이 저술한 『자평수록(子平隨錄)』 39편을 기반으로 호공보가 1776년에 정리하여 목판본으로 간행했습니다.

내용: 격국 중심 이론으로 격국의 순용·역용과 용신·상신 개념을 체계화했습니다.

6. 주요 명리학자 소개

1) 중국/대만

서낙오(徐樂吾) ▶ 고전 해석의 대가로서 『적천수징의(滴天隨徵義)』, 『자평진전평주(子平眞詮評註)』 등을 저술하여 현대 명리학의 이론 체계를 정립하는 데 기여했습니다.

위천리(韋千里) ▶ 명쾌한 강의와 저술로 유명합니다. 『천리명고(千里命稿)』, 『명학강의(命學講議)』는 체계적인 입문서의 표준이 되었습니다.

2) 일본

아부태산(阿部泰山) ▶ 일본 추명학의 아버지로 불리며, 중국 고전을 일본식으로 체계화하고 실용화하여 대중 보급에 혁혁한 공을 세웠습니다.

3) 대한민국

백영관(白靈觀) ▶ 『사주정설』은 한국 명리학 입문서의 고전으로, 명쾌한 원리 설명으로 유명합니다.

박재완(朴在玩) ▶ 위천리의 저서를 번역 소개하고, 『명리요강』 등을 저술하여 한국 현대 명리학의 기초를 다졌으며 실용적인 감정법을 강조했습니다.

이석영(李錫暎) ▶ 『사주첩경(四柱捷徑)』 6권을 저술하여 중국 고전 이론과 풍부한 실전 사례를 결합했습니다.

사주명리학은 수천 년을 이어온 동양 지혜의 정수입니다. 이 긴 여정을 통해 길흉을 점치는 도구를 넘어, 인간과 자연의 조화를 탐구하는 깊이 있는 학문으로 성장했습니다.

위에 소개된 고전과 학자들의 이론을 차근차근 공부해 나간다면, 명리학이 전달하고자 하는 삶과 운명에 대한 통찰을 얻을 수 있을 것입니다.

03

▶ YouTube

모바일 앱으로
사주 세우기

사주를 분석하려면 가장 먼저 사주팔자를 세워야 합니다. 과거에는 두꺼운 만세력 책을 펼쳐가며 수작업으로 계산해야 했지만, 현재는 스마트폰 하나만으로도 누구나 쉽고 정확하게 사주를 알 수 있습니다.

초보자라면 편리한 앱으로 시작하는 것이 좋으며, 어느 정도 익숙해진 후에 전통적인 방법을 경험해보는 것이 학문적인 깊이를 더하는 데 도움이 됩니다.

1. 사주를 세우기 전에 준비해야 할 사항

1) 만세력 앱 설치

선택 기준 ▶ 무료/유료를 떠나 사용자 인터페이스가 직관적이고 정보가 정확한 앱을 선택하는 것이 중요합니다. 대부분의 앱은 기본적인 사주팔자와 대운, 세운까지 제공합니다.

이 책에서는 국내에서 검증되고 널리 사용되는 원광대학교 만세력 앱을 기준으로 설명합니다. 앱을 설치한 후, 다음 정보를 입력하면 사주가 자동으로 계산됩니다.

2) 생년월일시

음력과 양력, 무엇을 입력해야 할까?

핵심개념 ▶ 사주명리는 우리가 일상에서 사용하는 음력(태음력)이나 양력(태양력)이 아닌, 절기력(節氣曆)을 기준으로 합니다. 절기력은 1년을 24개의 절기로 나누어, 입춘부터 대한까지의 흐름으로 계절의 기운 변화를 중시합니다.

한 해의 시작 ▶ 입춘(立春, 양력 2월 4일경)

실전 팁 ▶ 음력 12월 30일에 태어났더라도 그해 입춘이 지났다면, 다음 해의 연주(年柱)로 봐야 합니다. 다행히 만세력 앱은 음력이나 양력 생일을 입력하면 자동으로 절기력에 맞게 변환하여 정확한 사주팔자를 보여줍니다. 초보자는 이 점을 이해하고 편리하게 앱을 활용하면 됩니다.

출생 시각의 중요성 ▶ 사주팔자 중 시주(時柱)를 결정하는 가장 중요한 정보입니다. 시주가 바뀌면 용신(用神)과 격국(格局) 판단에도 지대한 영향을 미쳐 해석이 180도 달라질 수 있습니다. 출생 시각을 모를 경우에는 가족에게 확인하거나, 출생기록지(출생신고서)를 발급받아 확인하는 것이 가장 좋습니다. 정확히 알 수 없다면, 출생 시각 추정법을 통해 유추할 수 있으나, 이는 전문가의 도움이 필요합니다.

3) 성별: 대운(大運)의 방향을 결정

성별과 출생 년도의 간지(干支)가 양(陽)인지 음(陰)인지에 따라 대운이 순행(順行) 하는지 역행(逆行) 하는지가 결정됩니다. 이는 인생의 큰 흐름을 보는 중요한 지표이므로 반드시 정확히 선택해야 합니다.

4) 출생지

지역별 시간대 차이 ▶ 대한민국은 표준시간대(KST)를 사용하지만, 지구는 둥글기 때문에 동쪽과 서쪽에는 실제 태양시(solar time)의 차이가 발생합니다. 이를 평균시차라고 합니다.

자동 조정 ▶ 만세력 앱은 출생지를 입력하면 이 시차를 자동으로 계산하여 정확한 시주를 산출합니다.

예시 ▶ 서울에서 태어난 사람과 제주도에서 태어난 사람이 정확히 같은 시각(KST 기준)에 태어났더라도, 실제 태양시는 다르므로 시주가 다를 가능성이 있습니다. 출생지를 입력하지 않으면 앱은 대한민국의 표준 기준점(일반적으로 동경 127도 30분)을 기준으로 계산합니다.

◼ 표준시간대와 태양시

1. 표준시간대 KST

한국 표준시(KST)는 Korea Standard Time의 약자로, 표준 자오선(135°E)에 고정된 시간입니다.

2. 태양시 Solar Time

태양시는 특정 위치에서의 실제 태양 위치를 기준으로 한시간입니다. 이를 기준시라 부릅니다.

3. 경도 보정

같은 표준시대 안에서도 경도 차이로 특정 위치에서의 태양시는 달라집니다. 경도 1°는 약 4분에 해당하므로, 표준 자오선과의 경도 차이를 분 단위로 환산해 보정합니다.

예시) 서울(약 동경 127°)은 표준 자오선(135°)보다 동쪽으로 8° 차이가 나므로, 태양의 남중(정오)은 시계의 12:00보다 약 32분 늦다는 계산이 나옵니다.

2. 만세력 앱으로 사주 세우기(실습)

만세력 앱은 유료와 무료 등 여러 가지가 출시되어 있습니다. 앱마다 화면 구성이나 조작법이 조금씩 다르지만 기본적 사용법은 대부분 비슷합니다.

1) 앱 실행 및 정보 입력

(1) '원광만세력' 앱을 스마트폰에 설치하고 실행하면 아래와 같은 화면이 뜹니다.

DB ▶ 사주를 생성하고 저장하는 곳입니다.

일진 ▶ 양력과 음력으로 일진의 간지를 볼 수 있는 곳입니다.

만세력 ▶ 사주를 생성하기 위해 생년월일시를 입력하는 곳입니다.

동양학과/동영상갤러리 ▶ 원광대학교 학생들 전용 공간입니다.

(2) '만세력 창'을 클릭하면 아래와 같이 사주입력 창이 뜹니다.

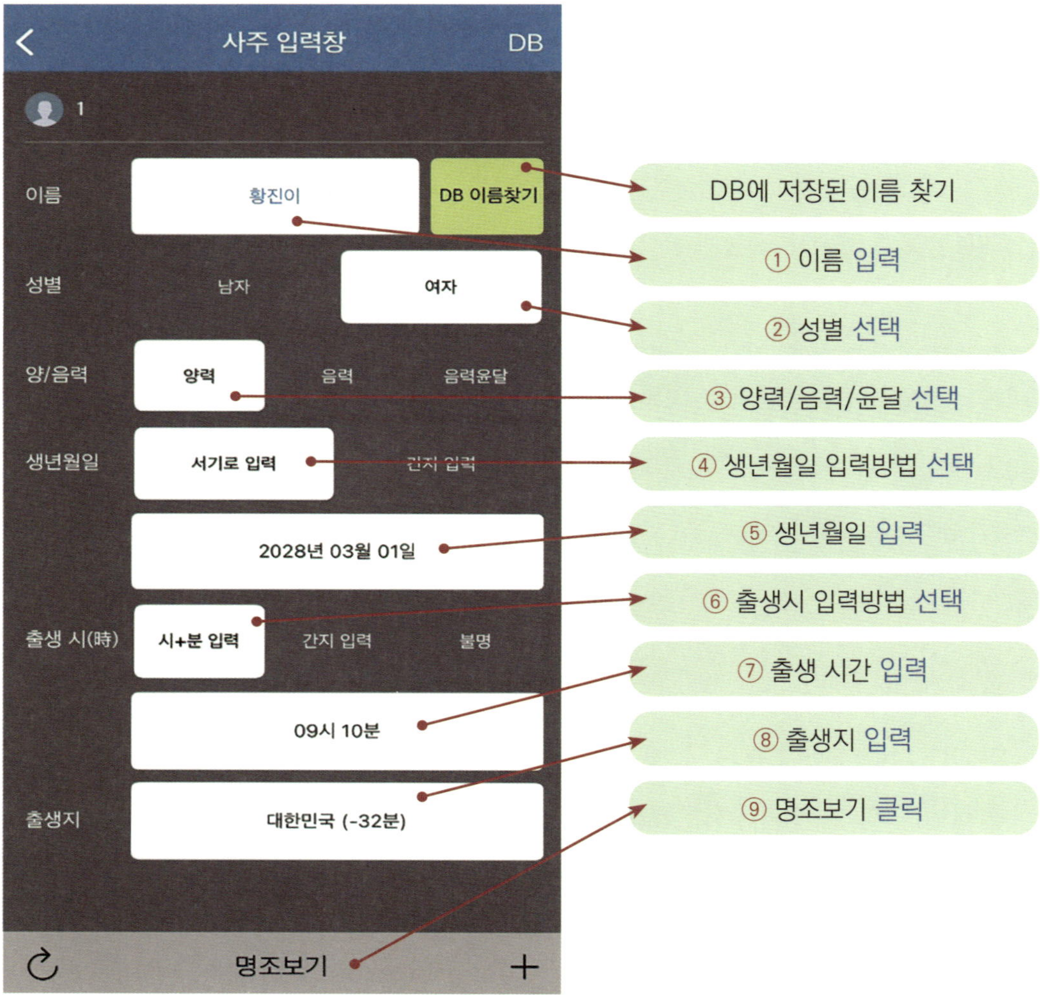

사주 입력창		DB
● 1		

이름	황진이	DB 이름찾기
성별	남자	여자
양/음력	양력	음력 · 음력윤달
생년월일	서기로 입력 · 간지 입력	
	2028년 03월 01일	
출생 시(時)	시+분 입력 · 간지 입력 · 불명	
	09시 10분	
출생지	대한민국 (-32분)	

↻   명조보기   +

- DB에 저장된 이름 찾기
- ① 이름 입력
- ② 성별 선택
- ③ 양력/음력/윤달 선택
- ④ 생년월일 입력방법 선택
- ⑤ 생년월일 입력
- ⑥ 출생시 입력방법 선택
- ⑦ 출생 시간 입력
- ⑧ 출생지 입력
- ⑨ 명조보기 클릭

▶ **사주 입력창에 다음과 같이 입력합니다.**

① 사주팔자를 세우기 위한 사람의 '이름' 입력

② '남자/여자' 성별 선택

③ 생년월일이 '양력', '음력', '음력 윤달' 중에 하나 선택

④ 생년월일을 아는 경우 '서기로 입력' 선택, 간지를 아는 경우 '간지입력' 선택하고

⑤ 에서 '생년월일' 또는 '간지' 입력

⑥ 출생 시를 아는 경우 '시+분' 선택, 모를경우 '불명'선택

⑦ 에서 출생시간 입력, 간지를 아는 경우 '간지입력'을 선택하고, 출생시간을 모를 경우는 '불명' 선택

⑧ 출생지를 선택하고 지도에서 '출생지' 선택. 정확한 출생지를 모를 경우 패스

⑨ 입력이 끝나고 '명조보기'를 클릭하면 아래와 같은 사주팔자 화면이 나옵니다.

이제 사주팔자(명조)의 천간지지와 대운과 세운, 사주정보를 한 눈에 보면서 사주를 해석할 수 있습니다.

예시) 2030년 양력 1월 1일12:00 출생 여자 사주

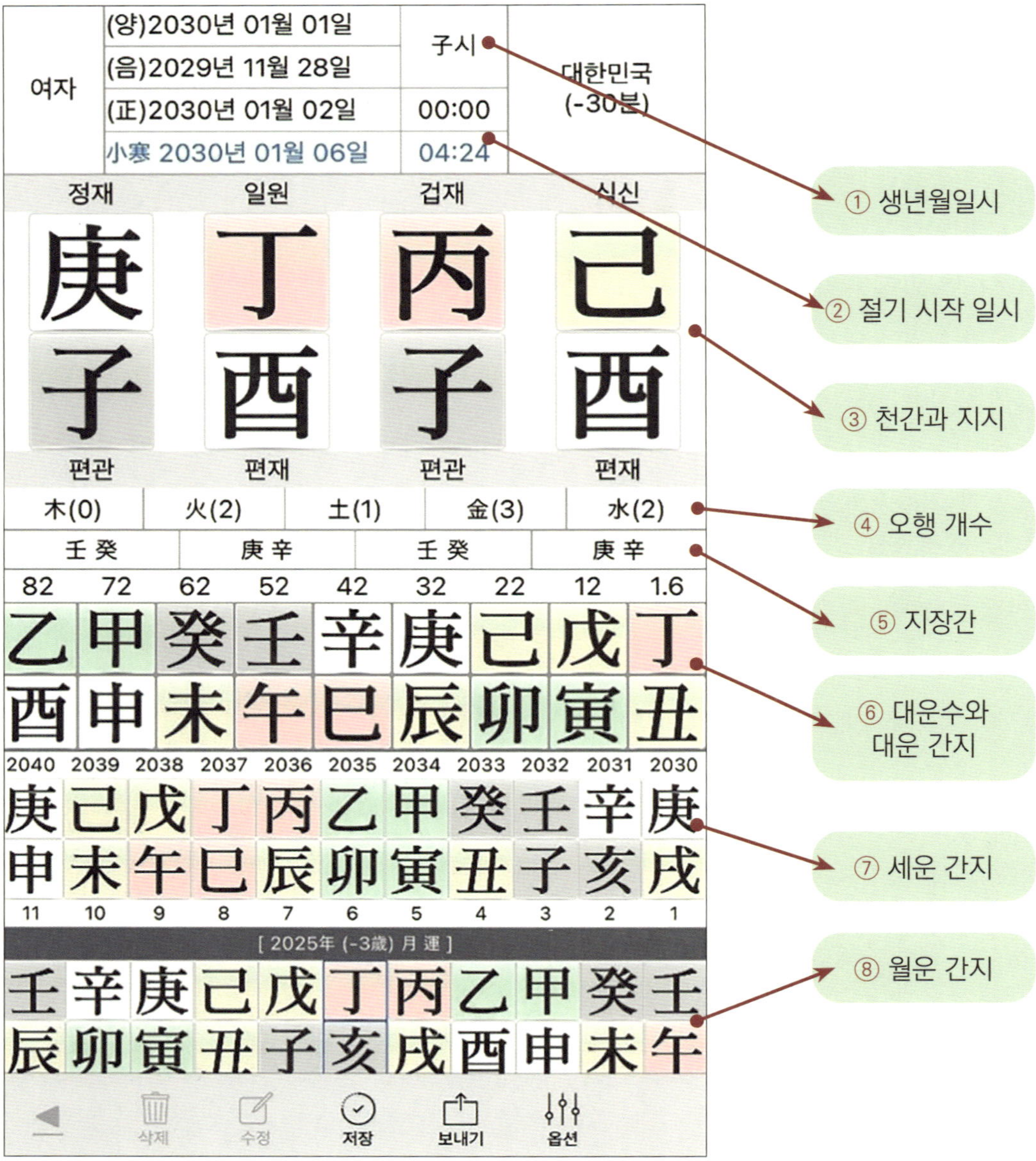

여자	(양)2030년 01월 01일	子시	대한민국 (-30분)
	(음)2029년 11월 28일		
	(正)2030년 01월 02일	00:00	
	小寒 2030년 01월 06일	04:24	

정재	일원	겁재	식신
庚	丁	丙	己
子	酉	子	酉
편관	편재	편관	편재

木(0)	火(2)	土(1)	金(3)	水(2)
壬 癸	庚 辛	壬 癸	庚 辛	

82	72	62	52	42	32	22	12	1.6
乙	甲	癸	壬	辛	庚	己	戊	丁
酉	申	未	午	巳	辰	卯	寅	丑

2040	2039	2038	2037	2036	2035	2034	2033	2032	2031	2030
庚	己	戊	丁	丙	乙	甲	癸	壬	辛	庚
申	未	午	巳	辰	卯	寅	丑	子	亥	戌
11	10	9	8	7	6	5	4	3	2	1

[2025年 (-3歲) 月 運]

壬	辛	庚	己	戊	丁	丙	乙	甲	癸	壬
辰	卯	寅	丑	子	亥	戌	酉	申	未	午

◀ 삭제 수정 ✓ 저장 ↥ 보내기 ↟↡↟ 옵션

① 생년월일시

② 절기 시작 일시

③ 천간과 지지

④ 오행 개수

⑤ 지장간

⑥ 대운수와 대운 간지

⑦ 세운 간지

⑧ 월운 간지

① 양력과 음력의 생년월일시를 보여 주고, (正)이라고 표시한 생년월일시는 지역에 의한 시간 조정의 결과를 보여줍니다.

② 생년월일시가 속한 절기(소한) 시작 일시를 보여줍니다.

③ 사주팔자의 천간과 지지와 십신을 표시합니다.

④ 사주팔자의 오행 구조를 보여줍니다.

⑤ 지지에 대한 지장간을 보여준다.

⑥ 대운수와 대운 간지를 보여줍니다.

⑦ 해당 대운의 세운 간지를 보여줍니다.

⑧ 해당 세운의 월운 간지를 보여줍니다.

이처럼 사주팔자는 모두 한자로 표기됩니다. 여기에 나오는 십신, 지장간, 대운, 세운, 월운 같은 생소한 용어 등은 뒤에서 하나씩 차근차근 공부합니다.

이제 당신의 사주팔자가 완성되었습니다. 다음 단계는 이 네 개의 기둥(四柱)과 그 안에 담긴 여덟 글자(八字)를 해석하는 것입니다. 일간을 중심으로 각 글자가 어떤 오행과 관계를 이루는지 분석하는 여정이 시작됩니다.

3. 태어난 시간을 알 수 없을 때 추정하는 방법

정확한 출생 시간을 모르면 사주팔자의 마지막 기둥인 시주(時柱)를 정할 수 없어, 사주 해석에 커다란 공백이 생깁니다. 이러한 경우에는 이미 알려진 인생의 정보를 바탕으로 시주를 역으로 추정하는 작업이 필요합니다. 이는 추측이 아닌, 논리와 검증을 거치는 체계적인 과정임을 기억해야 합니다.

1) 시주의 중요성: 왜 정확한 시간이 필요한가?

시주(時柱)는 한 사람의 인생에서 다음과 같은 중요한 영역을 나타냅니다.

말년 운세 ▶ 인생 결말과 은퇴 후 삶을 보는 중요한 창입니다.

자녀 관계 ▶ 자녀로 인한 복과 고통, 그리고 자녀와의 인연을 판단합니다.

내면 세계와 직업 ▶ 가장 사적인 마음가짐, 일상적인 행동 습관, 그리고 직업적 적성과 끝마무리의 모습을 보여줍니다.

사주의 균형 ▶ 시주는 사주 전반의 오행 균형을 마무리하는 역할을 합니다. 시주 하나가 달라지면 용신(用神)과 기둥에 담긴 힘의 균형이 크게 바뀌어 전체 해석이 달라질 수 있습니다.

2) 시주 추정의 세 가지 핵심 방법

어떤 방법도 100% 확실하지는 않으므로, 가능하다면 아래 방법들을 종합적으로 적용하여 상호 검증하는 것이 가장 바람직합니다.

일반적으로 정확도는 (3) 〉 (1) 〉 (2) 의 순으로 봅니다.

(1) 형제자매 관계 및 거주 패턴을 통한 추정법

가족 내 서열과 거주 이력은 시주의 지지(地支)와 깊은 연관이 있다고 알려진 전통적인 방법입니다.

자오묘유(子午卯酉)시 ▶ 집안의 장남/장녀이거나 그 역할을 하는 경우가 많습니다. 또는 일찍 집을 떠나 독립하거나, 사회적으로 자신의 자리를 일찍 잡는 경향이 있는 데, 이는 기운이 바르고 강하기 때문입니다.

인신사해(寅申巳亥)시 ▶ 둘째 또는 중간 서열에 해당하는 경우가 많습니다. 고향을 떠나 객지에서 자수성가 하거나 직업 특성상 이동이 많고 외부 활동이 활발한 삶을 사는 데, 이는 기운이 변하고 움직임이 많기 때문입니다.

진술축미(辰戌丑未)시 ▶ 막내이거나 막내 역할을 하는 경우가 많습니다. 장남/장녀가 아니어도 고향을 지키거나, 기반을 튼튼히 하는 안정적이고 보수적인 성향을 보이는 데, 이는 기운이 저장되어 안정되기 때문입니다.

(2) 신체적 특징 및 습관을 통한 추정 법

선천적인 신체 특징이나 무의식적 습관을 통해 유추하는 방법입니다. 경험적·민간전승의 성격이 강하므로, 보조적 참고 자료로 활용하는 것이 좋습니다.

자오묘유(子午卯酉)시 ▶ 몸을 똑바로 펴고 누워 자는 편입니다. 머리 가마(정수리 부근의 머리카락 선)가 가운데로 뻗은 일자형이나 원형인 경우가 많습니다.

인신사해(寅申巳亥)시 ▶ 엎드리거나 옆으로 누워 자는 편이며, 자는 동안 잠꼬대를 하거나 자주 뒤척입니다. 머리 가마가 앞이나 뒤, 혹은 양옆으로 뻗친 경우가 많습니다.

진술축미(辰戌丑未)시 ▶ 웅크리거나 무릎을 세우고 자는 편이며, 자는 동안 움직임이 적은 편입니다. 머리 가마는 가로지르는 경우가 많습니다.

(3) 중요한 인생 사건을 통한 추정법(가장 정확도가 높음)

사주 명리학의 원리를 가장 직접적으로 적용하는 방법으로, 전문가들이 주로 사용합니다. 과거에 일어난 주요 사건이 해당 연도의 운세와 정확히 일치하는 시주를 찾는 방식입니다.

사건 정보 수집 ▶ 결혼, 자녀 출생, 큰 취업/이직, 사업 시작/실패, 큰 재물의 흐름, 중대한 사고나 질병 등 정확한 연도를 확인합니다.

가설 설정 ▶ 모르는 출생 시간(12가지)을 각각 대입하여 12개의 서로 다른 사주팔자를 작성합니다.

운세 분석 ▶ 각 사주별로 확인된 사건의 연도에 해당하는 대운(大運)과 세운(歲運)을 꼼꼼히 분석합니다.

검증 및 채택 ▶ 해당 사건을 가장 논리적으로 설명할 수 있는 시주를 실제 출생 시간으로 추정합니다.

예시) 결혼한 해에 해당 사주에서 관성(남성의 경우 처성)이나 재성(여성의 경우 남편성)에 강한 작용((합(合), 충(沖), 화(化))이 일어나고, 혼인을 길하게 여기는 신살 등이 작용하는 시주가 실제 시간일 확률이 매우 높습니다.

3) 현대적 적용: 종합적 판단의 중요성

상호 검증 ▶ 형제 관계와 수면 습관으로 같은 결과가 나오고, 중요한 사건을 분석했을 때도 일치하면 그 확률은 매우 높아집니다.

사회적 변화의 반영 ▶ 현대는 출산율 감소, 핵가족화, 직업의 다양화로 인해 고전적인 방법만으로 판단하기 어려운 점이 있습니다. (예: 외동아이, 이사가 잦은 현대인 등)

따라서 (3) 중요한 인생 사건을 통한 추정법을 핵심 판단 도구로 삼고, (1)과 (2)의 방법은 이를 보조하고 검증하는 수단으로 활용하는 것이 가장 현명하고 정확한 접근법입니다.

이 과정은 사주에 대한 깊은 이해와 실전 경험이 동시에 요구되는 작업입니다.

만세력 책으로 사주 세우기

스마트폰 앱의 편리함보다는 만세력 책을 직접 펼쳐 사주를 세워보는 과정은 사주명리학의 구조를 깊이 이해하는 데 반드시 필요한 소중한 경험입니다. 이제 그 실전 과정을 단계별로 따라 가 보겠습니다.

준비물: 만세력 책, 필기구, 계산기(필요 시)

1. 년주(年柱) 세우기

명리학에서는 한 해의 시작을 양력 1월 1일이 아닌 입춘일(양력 2월 4일경)로 봅니다.

이를 '입춘세수설(立春歲首說)'이라 하며, 입춘일 이전에 태어난 사람은 전년도의 간지를, 입춘일 이후에 태어난 사람은 해당 연도의 간지를 년주로 정합니다.

예를 들어, 2026년 입춘일은 2월 4일입니다. 그런데 출생일이 다음과 같다면,

▶ 2월 3일생은 입춘일 이전에 출생하였다면 을사(乙巳)년생 뱀띠이고,

▶ 2월 4일생은 입춘일 이후로 출생하였다면 병오(丙午)년생 말띠라고 합니다

1) 실전 절차

(1) 만세력 책에서 출생년도를 찾습니다.

(2) 해당 년도의 입춘 정확한 시각(절입시간)을 확인합니다.

(3) 출생 시각이 입춘 시각보다 이전인지 이후인지를 비교합니다

2) 실전 예시

만세력 책에서 출생년도를 펼치고, 출생일이 입춘일 전이면 전년도의 간지를, 입춘일 후이면 해당 연도의 간지를 년주로 정합니다.

2월4일16시30분

예시) 2030년 입춘일: 양력 2월 4일 16시 30분

양력 2030년 2월 3일 출생자 ▶ 입춘 전으로 기유(己酉)년이 년주가 됩니다.

양력 2030년 2월 5일 출생자 ▶ 입춘 후로 경술(庚戌)년이 년주가 됩니다.

【참고】 방송이나 달력에서는 양력 또는 음력 1월 1일부터 경술(庚戌)년으로 표기하지만, 사주명리학에서는 절기 기준으로 판단하므로 입춘일 이전에 태어난 사람은 기유(己酉)년이고, 입춘일 이후에 비로소 경술(庚戌)년이 됩니다.

절입시간은 매년 조금씩 바뀌므로 한국천문연구원에서 발표하는 절입시간 정보를 확인하는 것이 가장 정확합니다.

절입시간이 매년 바뀌는 이유 ▶ 태양의 황경(태양이 황도 위를 이동하는 각도) 변화와 지구 공전 주기 때문에, 24절기 기준점이 매년 조금씩 달라집니다.

2. 월주 세우기

월주(月柱) 역시 양력이나 음력이 아닌 24절기로 구분합니다.

24절기를 12개월로 나누면 한달에 두 개의 절기가 배정됩니다.

절기	입춘 우수	경칩 춘분	청명 곡우	입하 소만	망종 하지	소서 대서	입추 처서	백로 추분	한로 상강	입동 소설	대설 동지	소한 대한
월(月)	1	2	3	4	5	6	7	8	9	10	11	12
지지	寅	卯	辰	巳	午	未	申	酉	戌	亥	子	丑

1) 실전 절차

(1) 위에서 구한 년주의 천간을 확인합니다.

(2) 출생 월이 절기력 기준으로 몇 월에 해당하는지 확인합니다.

　예: 입춘~경칩 전=인월(寅月), 경칩~청명 전=묘월(卯月)

입춘세수설(立春歲首說)

(3) **월두법 조견표**에서 년간과 월의 지지를 교차하여 월주의 천간을 찾습니다.

■ 월두법 조견표

구분			甲년 己년	乙년 庚년	丙년 辛년	丁년 壬년	戊년 癸년
1	寅월	입춘	丙寅	戊寅	庚寅	壬寅	甲寅
2	卯월	경칩	丁卯	己卯	辛卯	癸卯	乙卯
3	辰월	청명	戊辰	庚辰	壬辰	甲辰	丙辰
4	巳월	입하	己巳	辛巳	癸巳	乙巳	丁巳
5	午월	망종	庚午	壬午	甲午	丙午	戊午
6	未월	소서	辛未	癸未	乙未	丁未	己未
7	申월	입추	壬申	甲申	丙申	戊申	庚申
8	酉월	백로	癸酉	乙酉	丁酉	己酉	辛酉
9	戌월	한로	甲戌	丙戌	戊戌	庚戌	壬戌
10	亥월	입동	乙亥	丁亥	己亥	辛亥	癸亥
11	子월	대설	丙子	戊子	庚子	壬子	甲子
12	丑월	소한	丁丑	己丑	辛丑	癸丑	乙丑

【실전 예시】

예시) 2030년 1월 1일 출생 (년주: 기유(己酉))

월 확인 ▶ 입춘(2월 4일) 이전이므로 기유(己酉)년에 해당합니다. 소한(1월 6일) 이전이므로 자(子)월에 해당합니다.

월주 찾기 ▶ 년간이 기(己)이고 월지가 자(子)이므로, 월두법 조견표에서 병자(丙子)를 찾습니다.

월주 ▶ 병자(丙子)

2030년 1월 丁丑월: 소한 6일 04시 24분

양력	1	2	3	4	5	6	7	8	9	10	11	12	13	14	15	16	17	18	19	20	21	22	23	24	25	26	27	28	29	30	31
요일	화	수	목	금	토	일	월	화	수	목	금	토	일	월	화	수	목	금	토	일	월	화	수	목	금	토	일	월	화	수	목
음력	11.28	20	30	12.1	2	3	4	5	6	7	8	9	10	11	12	13	14	15	16	17	18	19	20	21	22	23	24	25	26	27	28
일진	丙申	丁酉	戊戌	己亥	庚子	辛丑	壬寅	癸卯	甲辰	乙巳	丙午	丁未	戊申	己酉	庚戌	辛亥	壬子	癸丑	甲寅	乙卯	丙辰	丁巳	戊午	己未	庚申	辛酉	壬戌	癸亥	甲子	乙丑	丙寅
대운 남	8	9	9	9	9	소한	1	1	1	2	2	2	3	3	3	4	4	4	5	5	5	6	6	6	7	7	7	8	8	8	9
대운 여	1	1	1	1	1		9	9	9	8	8	8	7	7	7	6	6	6	5	5	5	4	4	4	3	3	3	2	2	2	1

병자(丙子)월 ◀—▶ 정축(丁丑)월

1월 1일~6일 04시 24분 이전은 병자(丙子)월이고,

1월 6일 04시 24분 이후부터 다음 절기일(입춘)까지는 정축(丁丑)월입니다.

그러므로 2030년 1월 1일 출생자는 병자(丙子)월에 해당합니다.

3. 일주 세우기

일주(日柱)는 나 자신을 나타내는 가장 중요한 기둥으로, 별도의 계산 없이 만세력 책에서 출생일을 찾아 일진(日辰)을 그대로 적습니다.

1) 실전 절차

(1) 만세력 책에서 출생년, 월 페이지를 찾습니다.

(2) 출생일에 해당하는 날짜를 찾아 간지(干支)를 확인합니다.

2) 실전 예시

예시) 2030년 1월 1일 출생

만세력 책 확인 ▶ 1월 1일을 찾으면 병신(丙申)으로 표기되어 있습니다.

일주 ▶ 병신(丙申)

【주의】 자시(子時)출생자의 특별 규칙

전통자시(23:30~01:30): 23:30을 기준으로 일주가 변경됩니다. (23:30 이후는 다음 날 일주 적용)

야자시/조자시(00:30 기준): 00:30을 기준으로 일주가 변경됩니다.

적용 방식에 따라 사주가 달라지므로, 자신의 기준을 정하고 일관되게 적용하는 것이 중요합니다. 실전에서는 두 방식 모두로 세워보고 실제 인생 사건과 비교해 검증하기도 합니다.

■ 자시(子時)는 전통자시와 야자시, 조자시로 구분됩니다.

구분	기준시	표준시	일주 적용
전통자시	23:00~01:00	23:30~01:30	익일 일진
야자시	23:00~00:00	23:30~00:30	당일 일진
조자시	00:00~01:00	00:30~01:30	당일 일진

기준시 ▶ 기본적인 적용 시간입니다.

표준시 ▶ 시계상으로 보는 시간으로 우리나라 표준시(동경 135도)를 의미합니다. 기준시와 표준시는 약 30분의 차이가 납니다.

예시1) 2030년 1월 1일 23:40분 출생

전통자시 ▶ 표준시 23:30(기준시 23:00) 이후는 정유(丁酉)일 적용

야자시 ▶ 표준시 00:30(기준시 00:00) 이전은 병신(丙申)일 적용

예시2) 2030년 1월 2일 00:01분 출생

전통자시 ▶ 표준시 23:30(기준시 23:00) 이후는 정유(丁酉)일 적용

야자시 ▶ 표준시 00:30(기준시 00:00) 이전은 병신(丙申)일 적용

예시3) 2030년 1월 2일 00:31분 출생

전통자시 ▶ 표준시 23:30(기준시 23:00) 이후는 정유(丁酉)일 적용

조자시 ▶ 표준시 00:30(기준시 00:00) 이후는 정유(丁酉)일 적용

스마트폰 만세력 앱을 사용할 때도 전통자시와 야자시 중 어느 시간을 선택하는가에 따라 사주팔자가 달라지므로 정확히 입력해야 합니다. 실전 경험이 많은 명리학자들은 전통자시와 야자시 모두로 사주를 생성한 뒤, 실제 삶의 사건과 비교하여 더 적합한 일주를 선택하고 사주를 해석합니다.

4. 시주 세우기

스마트폰 만세력 앱에서는 시주를 자동 계산해 주지만, 만세력 책을 활용할 경우에는 시간을 간지로 변환해서 시주를 세워야 합니다.

특히. 기준시와 표준시 관계를 명확하게 알아야 하며, 전통자시, 야자시, 조자시의 선택에 주의를 기울여야 합니다.

◉ 사주의 지지는 2시간 단위의 12지지로 구분합니다.
◉ 시주의 천간은 일간을 기준으로 시두법 조견표를 통해 찾습니다.

1) 실전 절차

(1) 시간 보정(가장 중요)

기준시 ▶ 출생 시간에서 지역별 표준시 차이(약 30분)를 빼서 구합니다.

공식 ▶ 기준시 = 출생 표준시 − (135 − 출생지 경도) × 4분

간단 적용 예시 ▶ 서울/광주는 32분, 대구는 26분, 부산은 24분을 빼면 대략적인 기준시를 구할 수 있습니다.

(2) 지지 결정

보정된 기준시를 바탕으로 시두법 조견표에서 지지를 찾습니다.

(3) 천간 결정

일간과 찾은 지지를 바탕으로 시두법 조견표에서 시주의 천간을 찾습니다.

우리나라 표준시와 기준시 사이에는 약 30분의 차이가 있어, 이를 보정해야 정확한 사주팔자를 얻을 수 있습니다.

썸머타임(summer time)이 적용된 시기에는 시주 계산에 영향을 줍니다.

2) 표준시와 기준시의 차이

우리나라 표준시는 '동경 135도'를 기준으로 설정되어 있습니다. 하지만 대한민국 중앙(기준시)은 '동경 127.5도'로, 이로 인해 약 30분의 시간 차이가 발생합니다.

표준시의 기준 동경 135도와 실제 우리나라 중앙 위치의 동경 127.5와는 7.5도 차이로 인해 약 30분 차이가 납니다. (1도 = 4분)

3) 썸머타임적용

썸머타임(summer time)은 여름철 낮 시간을 더 활용하기 위해 시계를 1시간 앞당기는 제도입니다. 우리나라는 1948~ 1960년, 그리고 1987~ 1988년 서울 올림픽 기간에 시행되었으며, 현재는 폐지되었습니다.

해당 시기에 태어난 사람은 시주 계산 시 1시간을 더해 보정해 주어야 합니다.

■ 대한민국 썸머타임 적용 기간

해당 년도	시작일	종료일
1948년	06월01일 00:00	09월13일 00:00
1949년	04월03일 00:00	09월11일 00:00
1950년	04월01일 00:00	09월10일 00:00
1951년	05월06일 00:00	09월09일 00:00
1955년	05월05일 00:00	09월09일 00:00
1956년	05월20일 00:00	09월30일 00:00
1957년	05월02일 00:00	09월22일 00:00
1958년	05월04일 00:00	09월21일 00:00
1959년	05월03일 00:00	09월20일 00:00
1960년	05월01일 00:00	09월18일 00:00
1987년	05월10일 00:00	10월11일 03:00
1988년	05월08일 00:00	10월09일 03:00

■ 시두법 조견표

가준시 기준	일간 / 가준시 기준	甲일 己일	乙일 庚일	丙일 辛일	丁일 壬일	戊일 癸일
전통자시	23:00~00:00	甲子	丙子	戊子	庚子	壬子
조자시	00: 00~01:00	甲子	丙子	戊子	庚子	壬子
丑시	1:00~3:00	乙丑	丁丑	己丑	辛丑	癸丑
寅시	3:00~5:00	丙寅	戊寅	庚寅	壬寅	甲寅
卯시	5:00~7:0	丁卯	己卯	辛卯	癸卯	乙卯
辰시	7:00~9:00	戊辰	庚辰	壬辰	甲辰	丙辰
巳시	9:00~11:00	己巳	辛巳	癸巳	乙巳	丁巳
午시	11:00~13:00	庚午	壬午	甲午	丙午	戊午
未시	13:00~15:00	辛未	癸未	乙未	丁未	己未
申시	15:00~17:00	壬申	甲申	丙申	戊申	庚申
酉시	17:00~19:30	癸酉	乙酉	丁酉	己酉	辛酉
戌시	19:00~21:00	甲戌	丙戌	戊戌	庚戌	壬戌
亥시	21:00~23:00	乙亥	丁亥	己亥	辛亥	癸亥
야자시	23:00~00:00	丙子	戊子	庚子	壬子	甲子

4) 실전 예시

예시1) 2030년 1월 1일 23시40분 출생 여자(출생지 모름)

일주 ▶ 1월 1일은 **병신(丙申)**일에 해당

표준시를 기준시로 보정 ▶ 우리나라 중앙 경도 127.5도로 동경 135도와 30분 (7.5도x4분) 차이, 23.40분에서 30분 빼면 23:10분이 기준시

전통자시 적용 ▶ 기준시23:00분 이후는 1월 2일에 해당하므로 정(丁)일 시두법 적용 → 정유(丁酉)일 경자(庚子)시

야자시 적용 ▶ 기준시00:00분 이전은 1월 1일에 해당하므로 병(丙)일 시두법 적용 → 병신(丙申)일 경자(庚子)시

■ 전통자시와 야자시 적용시 사주 결과 비교

구분	시주	일주	월주	년주
전통자시	庚子(경자)	丁酉(정유)	丙子(병자)	己酉(기유)
야자시	庚子(경자)	丙申(병신)	丙子(병자)	己酉(기유)

따라서 전통자시를 적용할 경우에는 정유(丁酉)일이 되지만, 야자시를 적용할 경우에는 병신(丙申)일이 됩니다. 이처럼 적용방식에 따라 사주팔자가 달라지므로 어느 것을 적용할지에 대해서는 각자가 기준을 세워 판단해야 하는 이유입니다.

예시2) 2030년 1월 2일 00시01분 서울 출생 여자

일주 ▶ 1월 2일은 **정유(丁酉)**일에 해당

표준시를 기준시로 보정 ▶ 서울 경도 127도로 동경 135도와 32분(8도x4분) 차이, 00:01분에서 32분 빼면 23:29분이 기준시

전통자시 적용 ▶ 기준시23:00분 이후는 1월 2일에 해당하므로 정(丁)일 시두법 적용 → 정유(丁酉)일 경자(庚子)시

야자시 적용 ▶ 기준시00:00분 이전은 1월 1일에 해당하므로 병(丙)일 시두법 적용 → 병신(丙申)일 경자(庚子)시

◼ 전통자시와 야자시 적용시 사주 결과 비교

구분	시주	일주	월주	년주
전통자시	庚子(경자)	丁酉(정유)	丙子(병자)	己酉(기유)
야자시	庚子(경자)	丙申(병신)	丙子(병자)	己酉(기유)

예시3) 2030년 1월 2일 00시31분 부산 출생 여자

일주 ▶ 1월 2일은 정유(丁酉)일에 해당

표준시를 기준시로 보정 ▶ 부산 경도 129도로 동경 135도와 24분(6도x4분) 차이, 00:31분에서 24분 빼면 00:07분이 기준시

전통자시 적용 ▶ 기준시23:00분 이후는 1월 2일에 해당하므로 정(丁)일 시두법 적용 → 정유(丁酉)일 경자(庚子)시

야자시 적용 ▶ 기준시00:00분 이후는 1월 2일에 해당하므로 정(丁)일 시두법 적용 → 정유(丁酉)일 경자(庚子)시

■ 전통자시와 야자시 적용시 사주 결과 비교

구분	시주	일주	월주	년주
전통자시	庚子(경자)	丁酉(정유)	丙子(병자)	己酉(기유)
야자시	庚子(경자)	丁酉(정유)	丙子(병자)	己酉(기유)

05 대운 정하기

▶ YouTube

사주팔자가 타고난 나무(본질)라면, 대운(大運)은 그 나무가 겪는 계절의 변화(환경)입니다. 10년 단위로 바뀌는 이 큰 흐름을 통해 우리는 인생의 전반적인 기복과 방향성을 읽을 수 있습니다.

1. 대운 결정 3단계

1단계: 방향 결정(순행/역행)

양년(陽年) ▶ 甲(갑), 丙(병), 戊(무), 庚(경), 壬(임)년

음년(陰年) ▶ 乙(을), 丁(정), 己(기), 辛(신), 癸(계)년

규칙 ▶ 년주의 간지가 양남(陽男)/음녀(陰女) → 순행(順行)

　　　년주의 간지가 음남(陰男)/양녀(陽女) → 역행(逆行)

2단계: 간지 결정

순행 ▶ 월주의 간지에서 60갑자 순서대로 진행

　　예) 월주 경인(庚寅) → 신묘(辛卯) → 임진(壬辰)............

역행 ▶ 월주의 간지에서 60갑자 역순으로 진행

　　예) 월주 경인(庚寅) → 기축(己丑) → 무자(戊子)..............

3단계: 대운수(大運數) 계산(대운 시작 나이)

일수계산 ▶ 생일로부터 가까운 월입절기(月入節氣)까지의 일수를 계산합니다.

구분	양남음녀(陽男陰女)	음남양녀(陰男陽女)
대운 행로	순행	역행
일수 계산	생일 이후 월입절기	생일 이전 월입절기

예를 들어, 경칩일 10일 이후에 태어난 경우

- 양남음녀는 생일로부터 이후 월입절기인 청명일까지는 20일이 됩니다.
- 음남양녀는 생일로부터 이전 월입절기인 경칩일까지는 10일이 됩니다.

계산공식 ▶ (생일~절기까지의 일수) ÷ 3 = 대운수

환산법 ▶ 3일 = 1년, 1일 = 4개월, 1시간 = 5일

■ 월입절기표

절기	입춘	경칩	청명	입하	망종	소서	입추	백로	한로	입동	대설	소한
월(月)	1	2	3	4	5	6	7	8	9	10	11	12
지지	寅	卯	辰	巳	午	未	申	酉	戌	亥	子	丑

예시1) 2030년 1월 1일 23시 40분 출생 여자

	시	일	월	년
천 간	庚	丁	丙	己
지 지	子	酉	子	酉

대 운	8대운	7대운	6대운	5대운	4대운	3대운	2대운	1대운
대운수	71	61	51	41	31	21	11	1
대 운 간 지	甲 申	癸 未	壬 午	辛 巳	庚 辰	己 卯	戊 寅	丁 丑

己酉(기유)년은 음년 ▶ 여성이므로 양남/음녀에 의해 순행 대운이 됩니다.

생일 이후의 월입절기 ▶ 소한(2030년 1월 6일 04:24)

생일로부터 소한 절입일시 간의 시간 차 ▶ 4일 4시간 44분

대운수 환산법에 의해 환산하면 다음과 같습니다.

4일=1년 4개월, 4시간=20일, 44분=88시간(3일 16시간)

→ 1년 4개월 23일 16시간

첫 대운 ▶ 1세 4개월 23일 16시부터 丁丑(정축)대운 시작

→ 사사오입 적용: 1세 5개월 생일부터 대운시작

예시2) 2030년 1월 1일 23시 40분 출생 남자

		시		일		월		년
천 간		庚		丁		丙		己
지 지		子		酉		子		酉
대 운	8대운	7대운	6대운	5대운	4대운	3대운	2대운	1대운
대운수	78	68	58	48	38	28	18	8.4
대 운	戊	己	庚	辛	壬	癸	甲	乙
간 지	辰	巳	午	未	申	酉	戌	亥

己酉(기유)년은 음년 ▶ 남성이므로 음남양녀에 의해 역행 대운이 됩니다.

생일 이전의 월입절기 ▶ 대설(2029년 12월 7일 17:37)

생일로부터 대설 절입일시 간의 시간 차 ▶ 24일 30시간 3분

대운수 환산법에 의해 환산하면 다음과 같습니다.

24일=8년, 30시간=150일(5개월), 3분=6시간 → 8년 5개월 6시간

첫 대운 ▶ 8세 5개월 6시부터 乙亥(을해)대운 시작

→ 사사오입 적용: 8세 5개월 생일부터 대운시작

▶ 대운수 사사오입(四捨五入)의 적용

대운수는 첫 대운이 시작되는 나이를 의미하며, 생일과 기준 절기 사이의 시간 차이를 계산해 산출됩니다. 이때 나온 수치를 반올림(사사오입)하여 실제 대운 시작 나이를 정합니다.

성별	계산된 대운수	반올림 적용
예시1	1세 4개월 23일 16시	1.3 = 1세
예시2	8세 5개월 6시	8.4 = 8세

【참고】

대운수 적용 시점은 명리학자마다 해석이 다를 수 있습니다.

생일에 시작 ▶ 예시 1의 경우 1세 생일, 11세 생일⋯에 대운 시작

정확한 시점 ▶ 예시 1의 경우 1세 4개월 23일에 정확히 대운이 시작

대운수 적용 방식은 학문적 견해와 실전 경험에 따라 달라지므로, 초보자는 한 가지 이론에 의존하기보다는 실제 사례와 삶의 흐름을 분석하는 태도가 중요합니다.

▶ 대운수 환산법

대운은 월주를 기준으로 운행하므로, 월주의 30일이 대운에서는 10년에 해당합니다. 이를 환산하면 다음과 같습니다.

실제 일수	대운수
30일	10년
3일	1년
1일	4개월
1시간	5일
1분	2시간

2. 만세력 앱으로 대운수 확인

스마트폰 만세력 앱에는 대운이 아래와 같이 자동적으로 표시됩니다. 숫자는 해당 대운이 시작되는 나이를 표시하고, 간지는 해당 대운의 간지를 표시한 것입니다.

예시1) 2030년 1월 1일 오후 3시 40분 출생 여자의 만세력 앱

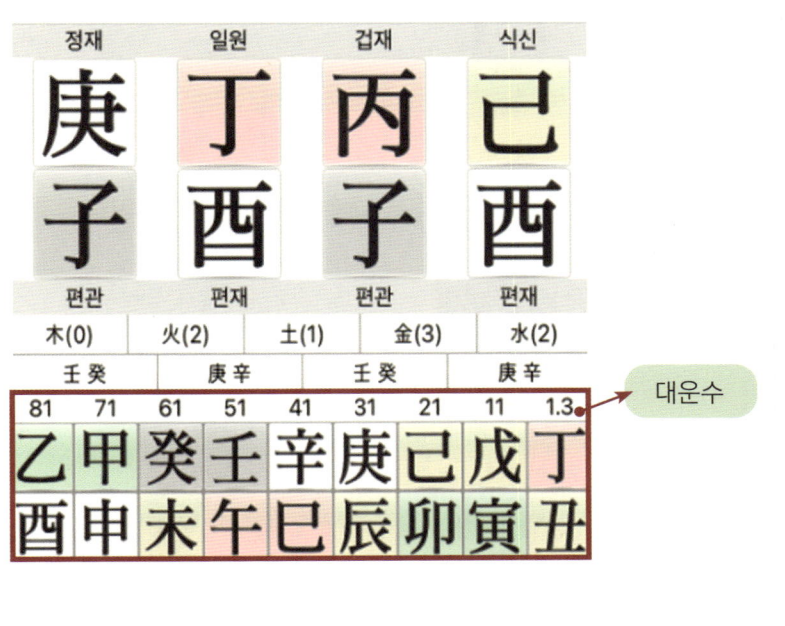

대운 간지 위에 있는 숫자는 대운수(大運數)입니다.
1대운은 丁丑(정축)대운으로 1세 5개월부터 시작되고,
2대운은 戊寅(무인)대운으로 11세 5개월부터 시작되고,
3대운은 己卯(기묘)대운으로 21세 5개월부터 시작됩니다. 나머지도 이와 같습니다.

※ 만세력 앱에는 1.3세로 표시되었지만, 이는 계산상 오류이므로 별도로 계산하는 것이 정확합니다.

예시2) 2030년 1월 1일 23시 40분 출생 남자의 만세력 앱

정재	일원	겁재	식신
庚	丁	丙	己
子	酉	子	酉
편관	편재	편관	편재

木(0)	火(2)	土(1)	金(3)	水(2)
壬 癸	庚 辛	壬 癸	庚 辛	

89	79	69	59	49	39	29	19	8.6
丁	戊	己	庚	辛	壬	癸	甲	乙
卯	辰	巳	午	未	申	酉	戌	亥

대운 간지 위에 있는 숫자는 **대운수(大運數)**입니다.

1대운은 乙亥(을해)대운으로 8세 6개월(9세)부터 시작되고,

2대운은 甲戌(갑술)대운으로 18세 6개월(19세)부터 시작되고,

3대운은 癸酉(계유)대운으로 28세 6개월(29세)부터 시작됩니다. 나머지도 이와 같습니다.

※ 6개월은 사사오입으로 1세로 계산합니다.

　8세 6개월을 사사오입 하면 9세가 됩니다.

3. 만세력 책으로 대운수 확인

만세력 책에는 생일 아래 남녀별로 대운수가 표기되어 있어 편리합니다.

【실전 예시】

예시) 양력 1월 1일 아래 '대운'란에 남녀로 구분되어 있습니다.

남자의 대운수는 9세이고, 여자의 대운수는 1세입니다.

■ 2030년 1월 丁丑월 만세력

양력		1	2	3	4	5	6	7	8	9	10	11	12	13	14	15	16	17	18	19	20	21	22	23	24	25	26	27	27	29	30	31
요일		화	수	목	금	토	일	월	화	수	목	금	토	일	월	화	수	목	금	토	일	월	화	수	목	금	토	일	월	화	수	목
음력		11.28	20	30	12.1	2	3	4	5	6	7	8	9	10	11	12	13	14	15	16	17	18	19	20	21	22	23	24	25	26	27	28
일진		丙申	丁酉	戊戌	己亥	庚子	辛丑	壬寅	癸卯	甲辰	乙巳	丙午	丁未	戊申	己酉	庚戌	辛亥	壬子	癸丑	甲寅	乙卯	丙辰	丁巳	戊午	己未	庚申	辛酉	壬戌	癸亥	甲子	乙丑	丙寅
대운	남	9	9	9	9	소한	1	1	1	1	2	2	2	3	3	3	4	4	4	5	5	5	6	6	6	7	7	7	8	8	8	9
	여	1	1	1	1		10	9	9	9	8	8	8	7	7	7	6	6	6	5	5	5	4	4	4	3	3	3	2	2	2	1

▶ 만세력으로 대운수를 확인할 경우,

일반적으로 1월 1일생 남자의 1대운은 9세 생일, 2대운은 19세 생일… 적용합니다.

여자의 1대운은 1세 생일, 2대운은 11세 생일… 적용합니다.

무공 사주명리 DAY **06** ▶ YouTube

음양오행

사주팔자와 대운은 인생의 지도이고, 음양오행(陰陽五行)은 이 지도를 읽고 해석하는 언어이자 문법입니다. 이 체계를 이해하면 비로소 사주를 통해 기운의 흐름과 인생의 패턴을 체계적으로 분석할 수 있습니다.

1. 음양(陰陽)의 이해

음양(陰陽)은 세상 만물을 구성하는 상반되면서도 세상을 움직이는 두 기운으로 톱니바퀴가 서로 맞물려 돌아가듯 뗄 수 없는 관계입니다.

1) 핵심 원리 세 가지

대립(對立) ▶ 서로 반대되는 성질 (낮/밤, 하늘/땅, 활동/휴식)

상호의존(相互依存) ▶ 한쪽이 없으면 다른 한쪽도 의미가 없음 (빛이 없으면 그림자도 없음)

상호전환(相互轉換) ▶ 끊임없이 변화하고 순환함 (낮이 지나면 밤이 옴)

사주에서 천간과 지지에 모두 음양이 적용됩니다. 이는 해석의 첫걸음으로, 음과 양의 균형과 태과불급(과다/과소)을 보는 것이 매우 중요합니다.

(1) 대립의 원리

음과 양은 서로 반대되는 성질을 가지며 세상을 구성합니다.

양(陽)	하늘, 낮, 밝음, 불, 따뜻함, 활동, 능동적, 남성, 상승, 팽창, 겉면
음(陰)	땅, 밤, 어둠, 물, 차가움, 휴식, 수동적, 여성, 하강, 수축, 속면

(2) 상호의존의 원리

하나의 존재는 다른 하나의 존재가 있어야만 그 의미를 가질 수 있습니다.

낮의 밝음(양)이 있기에 밤의 어두움(음)을 인식할 수 있습니다.

오르막(양)이 있으면 내리막(음)도 존재하게 됩니다.

그림자(음)는 빛(양)이 있어야만 생겨납니다.

(3) 상호전환의 원리

음과 양은 고정되어 있지 않고, 조건에 따라 서로 변화하고 순환합니다.

해가 뜨면 낮(양)이 되고 해가 지면 밤(음)이 되며 낮(양)과 밤(음)이 순환합니다.

겨울(음)이 지나면 봄과 여름(양)이 오고, 여름(양)이 지나면 가을과 겨울(음)이 오며 계절이 순환합니다.

음양은 세상이라는 거대한 프로그램을 움직이는 ON/OFF 스위치와 같습니다.

이 스위치의 끄고 켜는 상호작용만으로 세상의 모든 현상이 복잡하고 다채롭게 나타나고 우리 삶에도 깊은 영향을 줍니다.

2) 음양의 발생과 순환

태초에는 혼돈의 시기로서 음양이 뒤섞여 있었습니다. 이 혼돈에서 음양의 두 기운이 분리되며 태극(太極)이 생기고, 태극은 사상(四象)과 오행(五行)으로 나뉘게 됩니다.

▶ 음양의 순환에 의해 태극이 사상(四象)과 오행(五行)으로 나뉘게 됩니다.

구분	양陽		음陰	
사상	소양	태양	소음	태음
오행	木(목)	火(화)	金(금)	水(수)

土(토)는 태극의 중앙에서 사상의 순환을 조절하는 역할을 하며, 음양에 직접 속하지 않지만 내부적으로 음양적 성질을 모두 가집니다.

2. 오행(五行)의 이해

오행(五行)의 행(行)은 움직이다, 순환하다'의 의미입니다. 즉, 고정된 요소가 아니라 끊임없이 변화하며 상호작용하는 다섯 가지 에너지(기운)입니다.

1) 오행의 특성

오 행	특 성	상 징
木(목)	생장, 발산	나무처럼 위로 뻗어 나가는 기운 (봄, 새벽, 동쪽, 청색, 간·담)
火(화)	상승, 활발	불처럼 뜨겁고 밝게 타오르는 기운 (여름, 정오, 남쪽, 적색, 심·소장)
土(토)	중화, 조화	흙처럼 모든 것을 포용하고 키워내는 기운 (환절기, 중앙, 황색, 비·위장)
金(금)	수렴, 완성	금속처럼 단단하고 모아들이는 기운 (가을, 저녁, 서쪽, 백색, 폐·대장)
水(수)	하강, 저장	물처럼 아래로 흐르고 깊이 감추는 기운 (겨울, 북쪽, 흑색, 신·방광)

2) 오행의 상호작용

오행은 서로 돕거나(상생) 견제하며(상극) 균형을 유지합니다. 이 관계는 순환 구조이라는 점이 중요합니다.

(1) 상생(相生): 서로 도와주는 관계

상생 작용	에너지의 흐름
水生木(수생목)	물이 나무를 자라게 합니다.
木生火(목생화)	나무가 타서 불을 일으킵니다.
火生土(화생토)	불이 타고 남은 재가 흙이 됩니다.
土生金(토생금)	흙이 굳어 광물(금속)을 만들어냅니다.
金生水(금생수)	금속(바위)에서 물이 나옵니다. (차가운 금속 표면에 물이 맺히는 현상)

(2) 상극(相剋): 서로 견제하는 관계

상극 작용	에너지의 흐름
水剋火(수극화)	물은 불을 끌 수 있습니다.
火剋金(화극금)	불은 금속을 녹일 수 있습니다.
金剋木(금극목)	금속(도끼)은 나무를 자를 수 있습니다.
木剋土(목극토)	나무는 뿌리로 흙을 파헤칠 수 있습니다.
土剋水(토극수)	흙(둑)은 물의 흐름을 조절할 수 있습니다.

▶ 핵심 포인트

상극은 나쁜 것이 아닙니다. 지나치게 강한 기운을 적절히 제어하여 균형을 잡아주는 필수적인 관계입니다. 상생만 있고 상극이 없다면, 마치 풍선이 한없이 부풀듯 한 기운이 끝없이 강해져 풍선이 터지듯 오히려 문제를 일으킵니다.

3. 음양(陰陽)과 오행(五行)의 통합

1) 역사적 배경

춘추전국시대(BC403~BC221) 이전에는 음양학과 오행론이 별도로 발전했지만, 제나라 추연(鄒衍, BC305 ~ BC240)이 이를 통합하여 음양오행(陰陽五行) 이론을 정립했습니다. 이후 한나라의 동중서(董仲舒)가 『춘추번로(春秋繁露)』에서 생극(生剋) 이론을 체계화했습니다. 사주명리학은 이렇게 음양과 오행을 결합하여 인간과 운명을 해석하며, 오행에 음양을 적용한 것이 바로 천간과 지지입니다.

2) 천간과 지지의 음양오행 체계

오행 각각에 음양을 부여해 10개의 천간과 12개의 지지를 만듭니다.

사상과 오행	소양 木(목)		태양 火(화)		소음 金(금)		태음 水(수)	
음양(陰陽)	양	음	양	음	양	음	양	음
천간	甲(갑)	乙(을)	丙(병)	丁(정)	庚(경)	辛(신)	壬(임)	癸(계)
지지	寅(인)	卯(묘)	巳(사)	午(오)	申(신)	酉(유)	亥(해)	子(자)

3) 토(土)의 특수성

다른 오행들은 계절과 방위에 명확히 대응하지만, 土(토)는 사계절의 마지막 달(辰, 未, 戌, 丑)을 담당하며 중앙에서 모든 기운을 조화롭게 만드는 중재자 역할을 합니다.

구분		양陽	음陰
천간		戊(무)	己(기)
지지	에너지	봄:진(辰), 여름:미(未)	겨울:축(丑), 가을:술(戌)
	형상	진(辰), 술(戌): 무토(戊土)정기	축(丑), 미(未): 기토(己土)정기

에너지에 의한 구분 ▶ 辰(진)과 未(미)는 봄과 여름의 따뜻한 기운을 머금어 양(陽)의 에너지를 갖고, 丑(축)과 戌(술)은 겨울과 가을의 차가운 기운을 머금어 음(陰)의 에너지를 갖습니다.

형상에 의한 구분 ▶ 辰(진)과 戌(술)은 그 본질(정기)이 戊土(무토)이므로 양(陽)에 가깝고, 丑(축)과 未(미)는 본질이 己土(기토)이므로 음(陰)에 가깝습니다.

이 같은 현상은 모든 만물에 음양이 적용됨을 보여주는 좋은 예라고 할 수 있습니다.

예시)

아래 사주팔자에서 음양과 오행을 구분하고 해석해 봅니다.

	시	일	월	년
천간	癸	乙	丁	辛
지지	未	巳	酉	未

1) 오행 분석표

음양	양		중앙	음	
오행	木	火	土	金	水
천간	을(乙)	정(丁)		신(辛)	계(癸)
지지		사(巳)	미(未)	유(酉)	

2) 음양 균형 분석

천간 ▶ 외부적으로는 木火(양의 기운)과 金水(음의 기운)이 균형을 이루는 것처럼 보입니다.

하지만 내부적으로는 乙, 丁, 己, 辛, 癸는 모두 음의 천간으로 구성되어 있어 음의 성향(내향적, 수동적)을 강하게 가집니다.

지지 ▶ 사(巳)는 양, 유(酉)와 미(未)는 음으로, 음의 기운이 더 강합니다. 이 경우 미토(未土)는 여름의 양(陽) 에너지를 가을의 음(陰) 에너지로 전환하는 중립적인 역할을 수행합니다.

3) 해석

이 사주는 전체적으로 음의 기운이 강하고, 오행은 金(금)과 火(화)의 기운이 두드러지며, 일간(나)을 나타내는 乙木(을목)은 상대적으로 약해 보입니다. 이렇게 기운의 강약과 균형을 보는 것이 사주 해석의 출발점입니다.

음양의 핵심 원리에 의한 분석

음양의 대립: 음의 성분이 강하므로 조용하고 깊이 생각하는 성향을 가지고 있습니다. 하지만 동시에 양의 성분을 강하게 지니고 있으므로 적극적이고 당당하게 자신의 의견을 피력하기도 합니다.

음양의 상호의존: 양의 강한 에너지는 음의 강한 에너지를 만들기 위해 서로 의존하며 존재합니다. 그러므로 혼자 있기 보다는 활동하는 성향을 갖게 됩니다.

음양의 상호전환: 양의 강한 성향으로 활동하며 음의 강한 성분으로 성취를 추구하게 됩니다. 즉, 왕성한 활동은 성취를 위한 동력으로 전환합니다.

【학습 방향 지침】

다음 7일차 부터는 오행과 천간, 지지의 한자에 대한 한글음을 별도로 표기하지 않습니다. 이들 한자는 눈으로 반복하며 익혀야 사주팔자를 읽을 수 있으며 해석할 수도 있기 때문입니다.

천간과 지지는 오행을 붙여서 읽는 습관을 들이며 익히는 것이 좋습니다.

甲木(갑목)	乙木(을목)	子水(자수)	丑土(축토)
丙火(병화)	丁火(정화)	寅木(인목)	卯木(묘목)
戊土(무토)	己土(기토)	辰土(진토)	巳火(사화)
庚金(경금)	辛金(신금)	午火(오화)	未土(미토)
壬水(임수)	癸水(계수)	申金(신금)	酉金(유금)
		戌土(술토)	亥水(해수)

무공 사주명리 DAY

07 오행의 생극

▶ YouTube

100일 완성 사주명리

음양오행의 기본을 익혔다면, 이제 그 에너지들이 실제로 어떻게 상호작용하는지 이해할 차례입니다. 이러한 상호작용을 오행의 상생(相生)과 상극(相剋)이라고 하며, 이를 통칭하여 생극(生剋)작용이라 부릅니다.

이 원리는 사주팔자를 해석하는 가장 핵심적인 문법으로, 사주를 구성하는 글자들의 관계를 읽어낼 수 있는 틀을 제공합니다.

오행은 우주의 모든 에너지와 현상을 오행이라는 다섯가지(木火土金水) 기운으로 분류한 것입니다. 이 기운들은 고립되어 존재하지 않으며, 서로 돕는 상생과 서로 견제하는 상극을 통해 끊임없이 관계를 맺습니다. 이러한 생극의 원리는 만물의 성장과 순환, 질서와 균형을 유지하기 위한 필수적인 상호작용입니다.

1. 오행의 상생

1) 상생의 원리

상생(相生)은 한 오행이 다음 오행에게 에너지를 공급하여 생장(生長)을 돕는 관계입니다. 마치 어머니가 자식을 낳아 기르듯 조화로운 에너지의 흐름을 만들어냅니다. 이는 에너지의 주는 관계와 받는 관계를 통해 순리적인 발전과 순환을 이루는 것입니다.

■ 오행의 상생 순환도

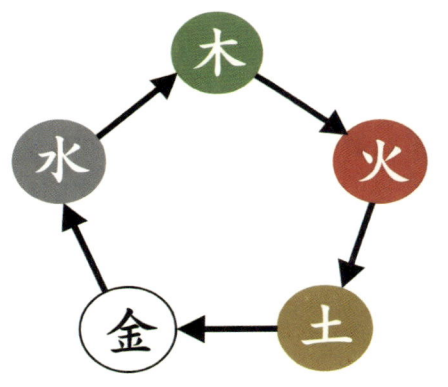

水生木: 水는 木을 생하고
木生火: 木은 火를 생하고
火生土: 火는 土를 생하고
土生金: 土는 金을 생하고
金生水: 金은 水를 생합니다.
이처럼 오행은 끊임없이 상생하며 순환합니다.

2) 상생의 구체적 작용

(1) 水生木 ▶ 물이 나무를 자라게 합니다.
물(水) 없이는 나무(木)가 자랄 수 없듯이, 물은 나무에 생명력을 불어넣는 생명의 원천입니다. 水는 지식과 휴식을 뜻하며, 木은 새로운 아이디어와 성장을 뜻합니다. 즉, 지식으로 새로운 아이디어를 만들고, 휴식은 성장을 위한 동력을 제공합니다.

(2) **木生火** ▶ 나무가 불을 일으킵니다.

나무(木)는 불(火)의 땔감이 되어 불을 타오르게 합니다. 나무는 스스로를 희생하며 불을 피우는 역할을 합니다. 木은 아이디어와 성장을 뜻하며, 火는 열정과 활동을 뜻합니다. 즉, 아이디어와 성장은 열정을 만들고, 그 열정은 활동으로 이어집니다.

(3) **火生土** ▶ 불이 흙을 만듭니다.

불(火)이 물질을 태운 후 남은 재는 비옥한 흙(土)이 됩니다. 불은 변화를 통해 새로운 기반을 창조합니다. 火는 열정적인 활동을 뜻하고, 土는 안정적인 기반과 신뢰를 뜻합니다. 즉, 열정적인 활동으로 안정적인 기반을 만들고 신뢰를 구축합니다.

(4) **土生金** ▶ 흙이 금속을 만듭니다.

단단한 흙(土) 속에서 광물과 보석인 금속(金)이 생성됩니다. 흙은 오랜 시간에 걸쳐 가치 있는 성과를 만들어냅니다. 土는 안정적인 기반을 뜻하고 金은 가치 있는 결실을 뜻합니다. 즉, 안정적인 기반 위에서 오랜 경력이 비로소 전문성과 원칙으로 발전합니다.

(5) **金生水** ▶ 금속에서 물이 나옵니다.

차가운 금속(金)의 표면에 공기 중의 수분이 맺혀 물방울(水)이 됩니다. 金은 응축을 통해 물을 생성합니다. 金은 완성된 성과를 뜻하고, 水는 새로운 통찰로 승화되는 과정입니다. 즉, 성공과 실패의 경험이 삶의 지혜가 됩니다.

2. 오행의 상극

1) 상극(相剋)의 원리

상극은 한 오행이 다른 오행을 억제하거나 통제하는 관계입니다. 이는 상대를 파괴하기 위한 일방적인 공격이 아닙니다. 특정 기운이 지나치게 강해지는 것을 막아 방향과 한계를 제시하는 견제 장치입니다.

▣ 오행의 상극 작용도

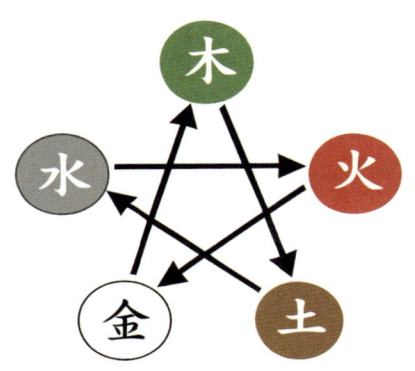

木은 土를 극하며 견제하고
土는 水를 극하며 견제하고
水는 火를 극하며 견제하고
火는 金을 극하며 견제하고
金은 木을 극하며 견제합니다.
이처럼 오행은 서로를 제어하고 조율하며 균형을 이룹니다.

2) 상극의 구체적 작용

(1) 水剋火(수극화) ▶ 물이 불을 끕니다.

거센 불(火)은 물(水)에 의해 적절하게 제어될 때 유용한 온기를 제공합니다. 이성적인 지혜(水)는 지나친 열정과 충동(火)을 제어하여 실수를 막아줍니다.

(2) 火剋金(화극금) ▶ 불이 금속을 녹입니다.

단단한 금속(金)은 불(火)에 의해 단련되어야 비로소 쓸모 있는 도구로 변모합니다. 창의적 열정과 의지(火)는 경직된 원칙(金)을 유연하게 변화시켜 조화를 이룹니다.

(3) 金剋木(금극목) ▶ 금속이 나무를 자릅니다.

무성하게 자라는 나무(木)는 금속(金)으로 만든 도구로 가지치기를 해야 더 건강하고 곧게 자랄 수 있습니다. 결단력과 원칙(金)은 무분별하게 뻗어 나가는 성장 욕구(木)에 방향과 절제를 부여합니다.

(4) 木剋土(목극토) ▶ 나무가 흙을 파고 듭니다.

나무(木)는 뿌리로 단단한 흙(土)을 헤치고 움켜쥐어야 생존할 수 있습니다.

흙이 나무에게 도전을 제공함으로써 오히려 뿌리의 안정을 돕는 관계입니다. 성장과 도전 정신(木)은 안주하려는 현실(土)을 흔들어 발전의 계기로 만듭니다.

3. 상생(相生) 상극(相剋)의 조화

1) 상생이 상극보다 많은 경우

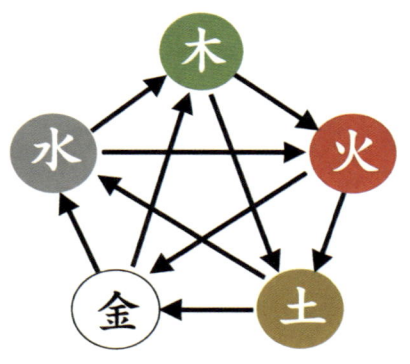

생산과 발전에 최적화되어 있으며, 창의성, 성장력, 유연성의 장점이 있습니다. 하지만 상극의 제어가 부족하므로 방향성을 상실하고 무절제한 확장의 위험이 상존합니다.

2) 상극이 상생보다 많은 경우

안정과 질서에 최적화되어 있으며, 안정성, 예측 가능성, 견고함의 장점이 있습니다. 하지만 상생의 기운이 부족하므로 정체되고 유연성을 상실할 위험이 상존합니다.

3) 상생과 상극이 균형을 이루는 경우

변화에 적응에 최적화되어 있으며 상황 대응력과 복원력의 장점이 있습니다. 하지만 내적 갈등과 일관성 부족의 위험이 상존합니다.

【실전 예시】

아래 사주팔자에서 상생과 상극 관계를 분석해 봅니다.

	시	일	월	년
천간	癸	乙	丁	辛
지지	未	巳	酉	未

1) 상생 상극 분석

오행	木	火	土	金	水
천간	乙(음)	丁(음)		辛(음)	癸(음)
지지		巳(양)	未 未(음)	酉(음)	

상생 ▶ 辛金은 癸水를 생하고, 癸水가 乙木을 생하고, 乙木은 丁火를 생함.

상극 ▶ 癸水는 丁火를 극하고, 丁火는 辛金을 극하고, 辛金은 乙木을 극함.

2) 상생 상극의 조화 판단

상생과 상극의 조화로 변화와 적응에 최적화되어 있습니다.

단지 乙木과 癸水가 약하므로 내적 갈등이 상존합니다.

乙木은 癸水의 생에 의지하지만, 癸水는 힘이 없어 辛金에 의지하고 있습니다. 그러므로 원활한 생이 이루어 지지 않습니다.

丁火와 辛金은 강한 기세로 극하므로 서로 피해가 불가피 하지만, 이로인해 발전될 가능성이 있습니다.

오행의 왕쇠강약

오행은 '기세(氣勢)'라고 부르는 에너지와 세력이 있습니다. 기(氣)는 양의 속성으로 왕쇠(旺衰)의 에너지, 세(勢)는 음의 속성으로 강약(强弱)의 세력을 나타냅니다.

왕쇠(旺衰) ▶ 오행의 기운(에너지)의 상태를 나타냅니다.

강약(强弱) ▶ 오행의 세력(힘)의 규모를 나타냅니다.

군대에 비유하면 왕(旺)은 사기가 충천한 정예부대, 쇠(衰)는 사기가 저하된 부대, 강(强)은 대군을 거느린 군대, 약(弱)은 병력이 적은 군대를 말합니다.

이를 조합하면 왕강(旺强), 왕약(旺弱), 쇠강(衰强), 쇠약(衰弱)의 네 가지 유형으로 구분할 수 있습니다.

왕약(旺弱)	왕강(旺强)
에너지는 넘치나 세력은 약함	에너지도 넘치고 세력도 강함
쇠약(衰弱)	쇠강(衰强)
에너지도 없고 세력도 약함	에너지는 없으나 세력은 강함

1. 오행의 왕쇠(旺衰) 판단

오행의 왕쇠는 계절의 에너지, 즉 하늘의 때인 천시(天時)를 얻었는지를 보는 것입니다. 왕(旺)하다는 것은 마치 제왕(帝王)처럼 그 계절의 절대적인 권력을 가진 것을 의미합니다. 왕쇠를 판단하는 가장 중요한 기준은 월지(月支, 태어난 달)의 기운이며, 이를 월령(月令)이라고 합니다. 월령의 기운은 가장 왕성한 계절적 에너지를 가지고 있으며, 에너지의 원천입니다.

1) 득령(得令)과 실령(失令)

득령 ▶ 천간이 월령의 왕성한 기운을 얻어 왕(旺)의 상태가 된 것입니다.

예를 들어, 甲木이 봄(寅월, 卯월)에 태어나면 득령하여 계절의 기운을 얻으므로 기운이 왕성합니다.

실령 ▶ 천간이 월령의 왕성한 기운을 얻지 못해 쇠(衰)의 상태가 된 것입니다.

예를 들어. 甲木이 가을(申월, 酉월)에 태어나면 실령하여 계절의 기운을 얻지 못하므로 기운이 쇠약합니다.

2) 왕쇠 판단의 두 가지 관점

왕상휴수(旺相休囚)와 왕상휴수사(旺相休囚死), 이 두 개념은 초보자가 가장 혼동하기 쉬운 부분으로, 두 관점을 명확히 구분해야 합니다.

(1) 왕상휴수(旺相休囚)

자연의 순환 질서, 즉 만물의 생장수장(生長收藏)의 흐름을 기준으로 한 4단계 구분입니다. 순수하게 계절적 에너지의 흐름으로 이해할 수 있습니다.

■ 왕상휴수의 의미

구분	의미	자연
상(相)	해당 계절의 도움으로 기운을 만드는 상태 **비유:** 씨앗이 발아하는 상태	생(生)
왕(旺)	해당 계절에서 가장 기운이 왕성한 상태 **비유:** 새싹이 자라며 꽃을 피우는 상태	장(長)
휴(休)	해당 계절에서 힘을 모두 소모하고 힘을 쉬는 시기 **비유:** 수확을 하고 휴식하는 상태	수(收)
수(囚)	반대의 계절에 에너지가 억제되어 갇힌 상태 **비유:** 씨앗을 저장하는 상태	장(藏)

■ 오행의 왕상휴수

오행	왕(旺)	상(相)	휴(休)	수(囚)
木	봄(寅卯辰월)	겨울(亥子丑월)	여름(巳午未월)	가을(申酉戌월)
火, 土	여름(巳午未월)	봄(寅卯辰월)	가을(申酉戌월)	겨울(亥子丑월)
金	가을(申酉戌월)	여름(巳午未월)	겨울(亥子丑월)	봄(寅卯辰월)
水	겨울(亥子丑월)	가을(申酉戌월)	봄(寅卯辰월)	여름(巳午未월)

▶ 화토동근(火土同根) 이론에 따라 土오행은 火와 동일하게 판단합니다.

(2) 왕상휴수사(旺相休囚死)

월령 오행과의 생극(生剋)관계에 따라 오행의 기운을 5단계로 나눈 개념입니다. 월령의 생조를 받은 오행은 왕상(旺相)하고, 월령의 극설(克洩)을 받는 오행은 휴수사(休囚死)로 판단합니다.

① 오행의 왕상휴수사

구분	봄 寅卯월	여름 巳午월	가을 申酉월	겨울 亥子월	환절기 辰戌丑未월
木	旺	休	死	相	囚
火	相	旺	囚	死	休
土	死	相	休	囚	旺
金	囚	死	旺	休	相
水	休	囚	相	旺	死

예를 들어, 봄(寅卯월)의 월령 오행은 木입니다. 甲乙木은 월령과 같은 오행이므로 왕(旺), 丙丁火는 월령이 생해주므로 상(相), 壬癸水는 월령을 생해주므로 휴(休), 庚辛金은 월령을 극하므로 수(囚), 戊己土는 월령에게 극을 당하므로 사(死)합니다.

② 왕상휴수사(旺相休囚死)의 의미

구 분	의 미
왕(旺)	월령과 같은 오행으로 가장 왕성한 상태
상(相)	월령의 생을 받는 오행으로 기운 상승 상태
휴(休)	월령을 생하는 오행으로 쉬는 상태
수(囚)	월령을 극하는 오행으로 구속되는 상태
사(死)	월령의 극을 받는 오행으로 완전히 사멸하는 상태

盛德乘時日旺　如春木旺　旺則生火　火乃木之子　子乘父業　故火相　木用水生　生我
성덕승시왈왕　여춘목왕　왕즉생화　화내목지자　자승부업　고화상　목용수생　생아

者父母　今子嗣得時　登高明顯赫之地　而生我者當知退矣　故水休　休者　美之無極
자부모　금자사득시　등고명현혁지지　이생아자당지퇴의　고수휴　휴자　미지무극

休然無事之義　火能克金　金乃木之鬼　被火克制　不能施設　故金囚　火能生土　土為
휴연무사지의　화능극김　금내목지귀　피화극제　불능시설　고금수　화능생토　토위

木之財　財為隱藏之物　草木發生　土散氣塵　所以春木克土則死　夏火旺火　生土則
목지재　재위은장지물　초목발생　토산기진　소이춘목극토즉사　하화왕화　생토즉

土相　木生火則木休　水克火則水囚火克金則金死　六月土旺　土生金則金相　火生土
토상　목생화즉목휴　수극화즉수수화극금즉금사　유월토왕　토생금즉금상　화생토

則火休　木克土則木囚　土克水則水死秋金旺　金生水則水相　土生金則土休　火克金
즉화휴　목극토즉목수　토극수즉수사추금왕　금생수즉수상　토생금즉토휴　화극금

則火囚　金克木則木死　冬水旺　水生木則木相　金生水則金休　土克水則土囚　水克
즉화수　금극목즉목사　동수왕　수생목즉목상　금생수즉금휴　토극수즉토수　수극

火則火死
화즉화사

덕이 성대하여 때를 만나면 왕(旺)이라 한다.

예를 들어 봄에【木】이 왕(旺)성하면, 火 자식을 생한다. 자식이 아버지의 업을 이어받으므로 火는 상(相)이 된다. 木은 水의 생을 받는데, 나를 생하는 것은 부모이다. 이제 자식이 때를 얻어 높고 밝은 빛나는 자리에 오르니, 나를 생한 부모는 물러날 때임을 알아야 한다.

따라서 水는 휴(休)가 된다. 휴란 지극히 아름다운 상태로, 아무 일 없이 편안한 의미이다. 火는 金을 극제할 수 있는데, 金은 木의 귀신이다. 火에 의해 제압당하면 능히 쓸 수 없으므로, 金은 수(囚)가 된다. 火는 土를 생할 수 있고, 土는 木의 터전이다. 초목이 발생할 때 흙은 흩어져 기운이 먼지가 되므로 봄에 木이 土를 극하면 土는 사(死)가 된다.

여름【火】가 왕(旺)하면 土를 생하므로 土는 상(相)이 되고, 木가 火을 생하므로 木은 휴(休)가 되며, 水이 火을 극하므로 水는 수(囚)가 되고, 火가 金을 극하므로 金은 사(死)가 된다.

【土】가 왕(旺)하면 土가 金을 생하므로 金은 상(相)이 되고, 火는 土를 생하므로 火는 휴(休)가 되며, 木이 土를 극하므로 木은 수(囚)가 되고, 土가 水를 극하므로 水는 사(死)가 된다.

가을【金】이 왕(旺)하면 金이 水를 생하므로 水는 상(相)이 되고, 土가 金을 생하므로 土는 휴(休)가 되며, 火는 金을 극하므로 火는 수(囚)가 되고, 金은 木을 극하므로 木은 사(死)가 된다.

겨울【水】가 왕(旺)하면 水이 木을 생하므로 木은 상(相)이 되고, 金은 水를 생하므로 金은 휴(休)가 되며, 土는 水을 극하므로 土는 수(囚)가 되고, 水는 火을 극하므로 火는 사(死)가 된다.

(3) 왕상휴수와 왕상휴수사의 차이 비교

구분	왕상휴수	왕상휴수사
개념	오행의 기운을 4단계로 구분	오행의 기운을 5단계로 구분
자연현상	생장수장(生長收藏)	생사소멸(生死消滅)
기준	계절의 자연스런 에너지 흐름	월령 오행과의 생극 관계
왕쇠판단	방합 오행으로 판단 예) 봄 오행 木: 寅卯辰	개별 오행으로 판단 예) 木오행: 寅卯, 土오행: 辰
실전활용	오행 자체의 계절적 기운 판단	간지 오행의 월령 대비 세력 판단

예시)

왕상휴수 ▶ 木 오행은 봄(寅卯辰월)에 왕(旺), 겨울(亥子丑월)에 상(相), 여름(巳午未월)에 휴(休), 가을(申酉戌월)에 수(囚)입니다.

왕상휴수사 ▶ 甲乙木이 겨울(亥子월)에 태어나면 월령(水)의 생을 받아 상(相)이지만, 丑월에 태어나면 월령(土)을 극하므로 수(囚)가 됩니다.

3) 土오행의 왕쇠 특수성

왕상휴수 ▶ 화토동근(火土同根)의 이론을 적용하여 土는 火와 같이 봄에 상(相), 여름에 왕(旺),

가을에 휴(休), 겨울에 수(囚)로 판단합니다.

왕상휴수사 ▶ 월령과의 생극에 의해 판단하므로, 辰戌丑未월의 월령 오행은 土로 간주합니다.

▶ 辰戌丑未월은 각 계절의 환절기로, 계절과 계절의 사이에서 교량 역할을 합니다.

1년 360일중 계절의 마지막 18일을 주관하여 土 기운이 왕성해집니다.

계절	봄		여름		가을		겨울	
월	寅卯	辰	巳午	未	申酉	戌	亥子	丑
오행	木	土	火	土	金	土	水	土
왕성한 일수	72	18	72	18	72	18	72	18

寅卯월 ▶ 土는 木의 극을 받아 사(死) **辰월 ▶** 왕성한 土 기운으로 왕(旺)함

巳午월 ▶ 土는 火의 생을 받아 상(相) **未월 ▶** 왕성한 土 기운으로 왕(旺)함

申酉월 ▶ 土는 金을 생하여 휴(休) **戌월 ▶** 왕성한 土 기운으로 왕(旺)함

亥子월 ▶ 土가 水를 극해 수(囚) **丑월 ▶** 왕성한 土 기운으로 왕(旺)함

2. 오행(五行)의 강약(强弱) 판단

강약(强弱)은 오행 간의 상대적 세력을 비교하여 판단합니다.

【고서 탐색】 ▶ 적천수 중과론(衆寡論)

왕성한 다수의 무리를 소수의 무리가 대적하면 세력으로 소수의 무리를 제거하고, 왕성한 소수의 무리가 다수의 무리와 대적하면 다수의 무리가 세력을 이룬다. 이처럼 다수의 무리는 세력이 강하고, 소수의 무리는 세력이 약합니다.

1) 강약 판단 요소

강약의 세력은 다음 요소에 의해서 판단합니다.

요 소	판단 질문
통근(通根)	천간이 지지에 같은 오행의 뿌리를 많이 가지고 있는가?
생조(生助)	생해주거나 도와주는 오행이 있는가?
설기(洩氣)	기운을 소모 시키는 오행이 있는가?
극제(剋制)	극하거나 억제하여 힘을 못쓰게 하는 오행이 있는가?

2) 강약 판단 방법

강약 판단에서 가장 중요한 요소는 통근(通根)입니다. 천간이 지지에 통근처가 많으면 세력이 강하고, 없으면 약하다고 판단합니다. 예를 들어, 甲木이 지지에 통근처가 3개 있고, 庚金이 1개 있다면 甲木의 세력이 더 강합니다.

(1) 통근(通根)

천간이 지지에 뿌리를 내릴 때 통근한다고 표현합니다. 지지의 지장간에 천간과 같은 오행이 있으면 뿌리를 내린 것으로 힘을 발휘할 수 있습니다. 통근이 없으면 뿌리 없는 나무처럼 공허 해져 힘을 쓰기 어렵습니다.

■ 천간이 통근 가능한 지지

천간	甲乙(木)	丙丁(火)	戊己(土)	庚辛(金)	壬癸(水)
통근 지지	寅卯辰 亥未	巳午未 寅戌	辰戌丑 未午寅 申巳亥	申酉戌 巳丑	亥子丑 申辰

(2) 생조(生助)

다른 오행이 자신을 생해주거나, 같은 오행이 도와주는 작용입니다.

예를 들어, 水는 木을 생하여 木을 강하게 합니다.

(3) 설기(洩氣)

자신의 기운을 다른 오행에게 빼앗겨 소모되는 작용입니다.

예를 들어, 木이 火를 낳으면, 木의 기운이 火에게 빼앗겨 설기 됩니다.

(4) 극제(剋制)

다른 오행에게 극 당하거나 제압당하여 힘이 약해지는 작용입니다.

예를 들어, 金은 木을 극하여 木의 힘을 약화시킵니다.

▶ 설기와 극제를 합쳐 극설(剋洩)이라고 합니다.

예시1) 다음 사주에서 천간의 기운을 왕상휴수와 왕상휴수사로 판단해 봅니다.

사주	시	일	월	년
천간	辛	乙	壬	丁
지지	巳	丑	寅	未

▶ 왕상휴수 판단: 기준 봄木

오행	木	火, 土	金	水
천간	乙	丁	辛	壬
왕상휴수	왕	상	수	휴

寅월은 봄(寅卯辰 木월)에 속하므로 木·火·土는 왕성하고, 金·水는 쇠약합니다.

▶ 왕상휴수사 판단: 기준 寅木

구분	木	火	土	金	水
천간	乙	丁		辛	壬
왕상휴수사	왕	상	사	수	휴

寅월(월령 木) 기준으로 木·火는 왕성하고, 土·金·水는 쇠약합니다.

예시2) 다음 사주의 천간의 세력에 대한 강약을 판단해 봅니다.

사주	시	일	월	년
천간	辛	乙	壬	丁
지지	巳	丑	寅	未

▶ 강약 판단

오행	木	火	土	金	水
천간	乙	丁		辛	壬
통근	寅, 未	寅, 巳, 未	未, 丑, 寅, 巳	巳, 丑	丑
생조	壬	乙	丁		辛
설기	丁		辛	壬	乙
극제	辛	壬	乙	丁	土
강약 판단	약간 강함	매우 강함		약간 강함	매우 약함

乙木 일간 ▶ 자체로 寅未에 통근해 뿌리가 단단하지만, 丁火의 설기가 매우 강하고 壬水의 생은 약한데, 辛金의 극을 받아 뿌리가 점차 약해지고 있습니다.

丁火 ▶ 자체로 寅巳未에 통근해 뿌리가 단단하고, 乙木 일간의 생을 받지만 壬水의 약한 극을 충분히 감당할 수 있어 사주에서 가장 강한 세력을 형성하고 있습니다.

辛金 ▶ 자체로 巳丑에 통근해 뿌리가 단단하지만, 土의 생이 없고. 壬水와 乙木이 설기하며 丁火의 강한 극으로 인해 약한 상태입니다.

壬水 ▶ 자체로 丑에 미약하게 통근하고, 辛金의 생을 받지만 乙木의 설기로 인해 사주에서 가장 약한 세력을 형성하고 있습니다.

예시3) 다음 사주의 천간의 세력에 대한 왕쇠강약을 종합 판단해 봅니다.

사주	시	일	월	년
천간	**辛**	**乙**	**壬**	**丁**
지지	**巳**	**丑**	**寅**	**未**

▶ 왕쇠 판단

천간	乙	丁	辛	壬
통근	寅, 未	寅, 巳, 未	巳, 丑	丑
왕쇠	왕	상	수	휴
강약	약간 약함	매우 강함	약간 강함	매우 약함
종합	왕약	왕강	쇠약	쇠약

乙木 일간 ▶ 寅월에 왕(旺)하고, 자체로 寅未에 통근해 강하지만, 생은 약한데 설기와 극이 심하므로 왕약한 상태입니다.

丁火 ▶ 寅월에 상(相)하고, 자체로 寅巳未에 통근해 강하며, 생은 강하고 극은 약하므로 왕강한 상태입니다.

辛金 ▶ 寅월에 수(囚)하고, 자체로 巳丑에 통근해 강하지만, 생이 없고. 설기가 심하며 강한 극을 받으므로 쇠약한 상태입니다.

壬水 ▶ 寅월에 휴(休)하고, 자체로 丑에 미약하게 통근하고, 생은 약한데 설기가 심하므로 쇠약한 상태입니다.

이 사주에는 土는 천간에 없으므로 강약을 판단하기 어렵지만, 만약 戊土나 己土가 있다면 가장 강한 세력을 형성하게 됩니다.

09

▶ YouTube

기세의 태과불급

1. 태과불급(太過不及)의 개념

태과불급(太過不及)은 사주팔자에서 오행의 기세(氣勢), 즉 에너지의 균형 상태를 분석하는 매우 중요한 개념입니다.

태과(太過) ▶ 특정 오행의 기운이 지나치게 강해 전체적인 균형을 무너뜨리는 상태입니다. 마치 한 가지 음식만 과식하여 소화불량이 난 것과 같습니다.

불급(不及) ▶ 특정 오행의 기운이 너무 약해 제 역할을 하지 못하고, 전체 시스템을 약화시키는 상태입니다. 마치 영양 결핍으로 몸이 힘을 쓰지 못하는 것과 같습니다.

사주명리는 균형의 학문입니다. 따라서 태과나 불급으로 인한 병(病)을 찾아내고, 이를 고치는 중화(中和)를 이루는 것이 사주분석의 궁극적 목표입니다. 이상적인 명식은 모든 오행이 조화를 이룬 중화 상태라 할 수 있습니다. 오늘은 이 기세의 태과불급을 정확히 이해하고, 실전에서 적용하는 방법을 집중적으로 익혀보겠습니다.

2. 태과불급(太過不及)의 판단

1) 태과불급 판단 기준

앞서 배운 기세의 왕쇠와 통근의 강약이 태과불급을 판단하는 핵심 기준이 됩니다.

왕쇠(旺衰)	계절(월령)에 따라 오행이 왕상, 쇠약 여부로 기운 판단
강약(强弱)	지지에 뿌리(통근)가 많고, 생조 여부로 세력 판단

이 두가지가 합쳐져 실질적인 균형(중화)과 불균형(태과불급)을 결정합니다.

(1) 태과(太過)의 조건

▶ 특정 오행의 에너지가 넘치고 그 세력이 막강한 상태입니다.

왕쇠(旺衰)	월령에서 득령(得令)하여 왕(旺)한 상태.
강약(强弱)	지지에 통근(通根)한 세력이 많다.
	생(生)해주고 도와(助)주는 기운이 많다.
	자신을 극(剋)하거나 설기(洩氣)시키는 오행의 기운이 매우 약하다.

예시) 甲木이 寅월(봄木 월령)에 태어나고, 지지에 亥, 卯, 未 등 통근 세력이 강하고, 생조하는 水의 기세가 많고, 극제하는 金과 설기하는 火의 기세가 사주에 전혀 없거나 매우 미약한 경우에 해당합니다.

(2) 불급(不及)의 조건

▶ 특정 오행의 기운이 지나치게 약하거나 부족하여 균형을 잃은 상태입니다.

왕쇠(旺衰)	월령에서 실령(失令)하여 쇠(衰)한 상태.
강약(强弱)	지지에 통근(通根)한 세력이 없거나 약하다.
	생(生)해주고 도와(助)주는 기운이 없다.
	자신을 극(剋)하거나 설기(洩氣)시키는 오행의 기운이 매우 강하다.

예시) 甲木이 申월(가을金 월령)에 태어나고, 지지에 寅, 卯 등 통근 세력이 없으며, 생조하는 水의 기세도 없는데, 극제하는 金과 설기하는 火의 기세가 사주에 강하게 있는 경우에 해당합니다.

3. 태과불급의 조절

태과불급이라는 병(病)을 치료하는 약(藥)이 생극제화(生剋制化)의 원리입니다.

1) 태과불급의 조절 수단

태과불급을 조절하는 수단으로 생조(生助), 극제(剋制), 설기(洩氣)를 활용합니다.

▣ 생극제화 시스템

구분	개념	태과/불급 적용	비유
생(生)	생하여 도움	불급한 오행을 생조	영양제 먹이기
극(剋)	직접 공격	태과한 오행을 극제	뿌리를 뽑아 죽이기
제(制)	제압하여 막음	태과한 오행을 제압	적을 제압하여 가두기
화(化)	유도하여 순화	태과한 오행을 설기	물줄기를 유도하여 발전

2) 태과한 오행의 조절 방법

(1) 설기(洩氣)

태과한 오행이 생해주는 오행을 이용해 기운을 자연스럽게 빼내는 유인 작전에 비유할 수 있습니다.

예시) 木의 기세가 태과하면 火를 사용해서 木의 과한 기세를 빼내어 火의 에너지로 화(化)시킵니다.

(2) 극제(剋制)

태과한 오행을 직접 공격하거나 제압하여 그 힘을 약화시키는 **공격 작전입니다.**

예시) 木의 기세가 태과하면 木을 극하는 金을 사용하여 木의 기세를 제압합니다.

(3) 종격(從格)

태과한 오행을 설기하거나 극제할 수단이 사주와 운에 전혀 없을 경우, 그 막강한 기운을 거스를 수 없어 그대로 따르며 복종하는 항복 전략입니다. 이는 극단적인 태과 상태에서만 성립하는 특별한 격국으로 종격(從格)이라 합니다.

3) 불급한 오행의 조절 방법

생조(生助): 불급한 오행을 직접 돕거나, 그것을 생해주는 오행을 통해 기운을 보충해주는 지원 작전입니다.

예시) 木오행이 불급하면, 木오행으로 돕거나, 木을 생해주는 水오행으로 도와 줍니다.

■ 오행의 태과불급 조견표

오행	태과불급	현상
水	수다목부(水多木浮)	물이 많으면 나무가 물에 떠다닌다
	수다화식(水多火熄)	물이 많으면 불이 꺼진다
	수다토류(水多土流)	물이 많으면 제방이 무너지고 흙이 흘러내린다
	수다금침(水多金沈)	물이 많으면 쇠가 가라 앉아 빛을 잃는다
木	목다수축(木多水縮)	나무가 많으면 물을 다 빨아들인다
	목다화식(木多火熄)	나무가 많으면 불이 꺼진다
	목다토붕(水多土崩)	나무가 많으면 흙이 무너진다
	목다금결(水多金缺)	나무가 많으면 쇠가 금이 간다
火	화다수갈(火多水渴)	불이 많으면 물이 고갈된다
	화다목분(火多火焚)	불이 많으면 나무가 타버린다
	화다토초(火多土焦)	불이 많으면 흙이 타버린다
	화다금용(火多金鎔)	불이 많으면 쇠가 녹는다
土	토다수색(土多水塞)	흙이 많으면 물이 막힌다
	토다목절(土多木折)	흙이 많으면 나무가 구부러진다
	토다화매(土多火晦)	흙이 많으면 불이 어두워진다
	토다금매(土多金埋)	흙이 많으면 쇠가 묻힌다
金	금다수탁(金多水濁)	쇠가 많으면 물이 탁하게 된다
	금다목분(金多木粉)	쇠가 많으면 나무가 가루가 된다
	금다화식(金多火熄)	쇠가 많으면 불이 꺼진다
	금다토변(金多土變)	쇠가 많으면 흙이 돌로 변한다

【실전 예시】

다음 사주의 오행에 대한 태과불급의 기세를 판단해 봅니다.

	시	일	월	년
천간	庚	丁	丙	己
지지	子	酉	子	酉

① 태과불급 판단

오행	왕쇠	강약	태과불급 판단
木	득령(상)	통근 없음	극히 불급
火	실령(사)	통근 없음, 극제 많음	극히 불급
土	실령(수)	통근 없음, 설기 많음	불급
金	실령(휴)	통근 강함, 설기 많음	강함
水	득령(왕)	통근 강함, 생조 많음	태과

② 태과불급 조절

이 사주는 水의 기세가 태과하고, 金은 강한 기세를 갖고 있습니다. 나머지 오행은 불급하거나 극히 불급한 상태로 金水의 기세를 극제할 수단이 약합니다.

따라서 丁火일간은 생조하는 木이 없고, 丙火가 있지만 통근처도 없어 기세가 불급하므로 부득이 金水의 강한 세력에 복종하게 됩니다.

▶ YouTube 십이운성

1. 십이운성의 개념

십이운성(十二運星)이란 오행의 기운이 시간의 흐름에 따라 변화하는 에너지의 상태입니다. 이를 인간의 일생(탄생 → 성장 → 쇠퇴 → 소멸)에 비유하여 12단계로 세분화한 개념입니다.

십이운성은 특정 천간(오행)이 특정 지지에 위치했을 때 그 오행이 어떤 상태에 있는지를 설명합니다.

예를 들어, 천간 甲木은 亥水 지지에서 장생(長生)에 해당하여 힘차게 시작하는 에너지가 됩니다. 그러나 申金 지지에서는 절(絶)에 해당하여 기운이 끊어진 에너지가 됩니다.

【자평진전】의 설명

지지에는 12달이 있으므로 천간마다 장생에서부터 태(胎)와 양(養)까지 12가지의 자리로 나누어진다. 기는 왕성하여지면 쇠약해지고 쇠약해지면 다시 왕성해지면서 12마디로 세분하여 이루어진다.

2. 십이운성의 12단계

십이운성의 12단계는 에너지의 순환 과정을 보여주며, 이를 왕상휴수(旺相休囚)의 세분화된 개념으로 이해할 수 있습니다.

1) 십이운성과 왕상휴수

오행별 에너지의 왕쇠(旺衰)를 왕상휴수(旺相休囚)로 구분하고, 이를 세밀하게 분석해, 천간의 성쇠 변화를 인간의 일생에 비유하여 표현한 것이 십이운성입니다.

왕상휴수	상(相)	왕(旺)	휴(休)	수(囚)
십이운성	장생, 목욕, 관대	건록, 제왕, 쇠	병, 사, 묘	절, 태, 양
일생	소년기	청장년기	노년기	태아기

소년기: 태동기로서 태어나고 자라고 재능을 개발하는 시기입니다.

청장년기: 활동기로서 사회에 진출하여 활동하다 은퇴하는 시기입니다.

노년기: 쇠퇴기로서 병들고 죽음에 이르는 시기입니다.

태아기: 준비기로서 새로운 삶을 준비하는 시기입니다.

2) 십이운성의 각 단계

십이운성의 각 단계는 오행(천간)이 특정 지지에 위치하면서 어떤 상태를 나타내는지, 그리고 삶의 흐름이 어떻게 이어지는지 설명합니다.

주요 특징과 순서를 정리하면 아래와 같습니다.

◼ 12운성표 단계

12운성	인생 비유	주요 특징
장생(長生)	탄생	새로운 시작, 창의력, 활력,
목욕(沐浴)	유아기	감성적, 불안정, 천진난만, 유혹
관대(冠帶)	소년기	사회 진출 준비, 자아 형성, 야망과 자신감
건록(建祿)	청년기	실질적 능력 발휘, 독립, 리더십
제왕(帝旺)	장년기	최고의 힘, 지배 욕구, 독선적
쇠(衰)	은퇴기	안정 추구, 의욕저하, 무기력, 겸손
병(病)	노년기	근심 걱정, 예민함, 심신 쇠약
사(死)	활동 정지	체념과 순응
묘(墓)	매장	에너지 저장, 잠재력
절(絶)	완전 소멸	고립과 단절, 새로운 도전 기회
태(胎)	잉태	새로운 계획, 내면 성장기
양(養)	양육	수동적 의존성, 인내

3. 오행의 십이운성

십이운성은 오행 자체의 에너지 상태를 보므로 '음간'과 '양간'을 구분하지 않습니다. 천간의 음간과 양간을 구분한 음생양사(陰生陽死)와 양생음사(陽生陰死)의 이론은 포태법(胞胎法)으로 별도로 운용합니다.

■ 천간 오행의 십이운성 조견표

	甲乙木	丙丁火, 戊己土	庚辛金	壬癸水
寅	건록(建祿)	장생(長生)	절(絶)	병(病)
卯	제왕(帝旺)	목욕(沐浴)	태(胎)	사(死)
辰	쇠(衰)	관대(冠帶)	양(養)	묘(墓)
巳	병(病)	건록(建祿)	장생(長生)	절(絶)
午	사(死)	제왕(帝旺)	목욕(沐浴)	태(胎)
未	묘(墓)	쇠(衰)	관대(冠帶)	양(養)
申	절(絶)	병(病)	건록(建祿)	장생(長生)
酉	태(胎)	사(死)	제왕(帝旺)	목욕(沐浴)
戌	양(養)	묘(墓)	쇠(衰)	관대(冠帶)
亥	장생(長生)	절(絶)	병(病)	건록(建祿)
子	목욕(沐浴)	태(胎)	사(死)	제왕(帝旺)
丑	관대(冠帶)	양(養)	묘(墓)	쇠(衰)

DAY 010

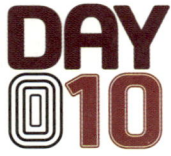

▶ 土오행의 천간인 戊己土가 火오행의 십이운성을 따르는 이유

십이운성은 계절의 흐름(봄 木, 여름 火, 가을 金, 겨울 水)을 따르므로 중앙의 土는 독립적인 위치가 없습니다. 따라서 화토동근(火土同根)의 이론에 따라 戊土와 己土는 丙火와 丁火의 십이운성을 그대로 따릅니다.

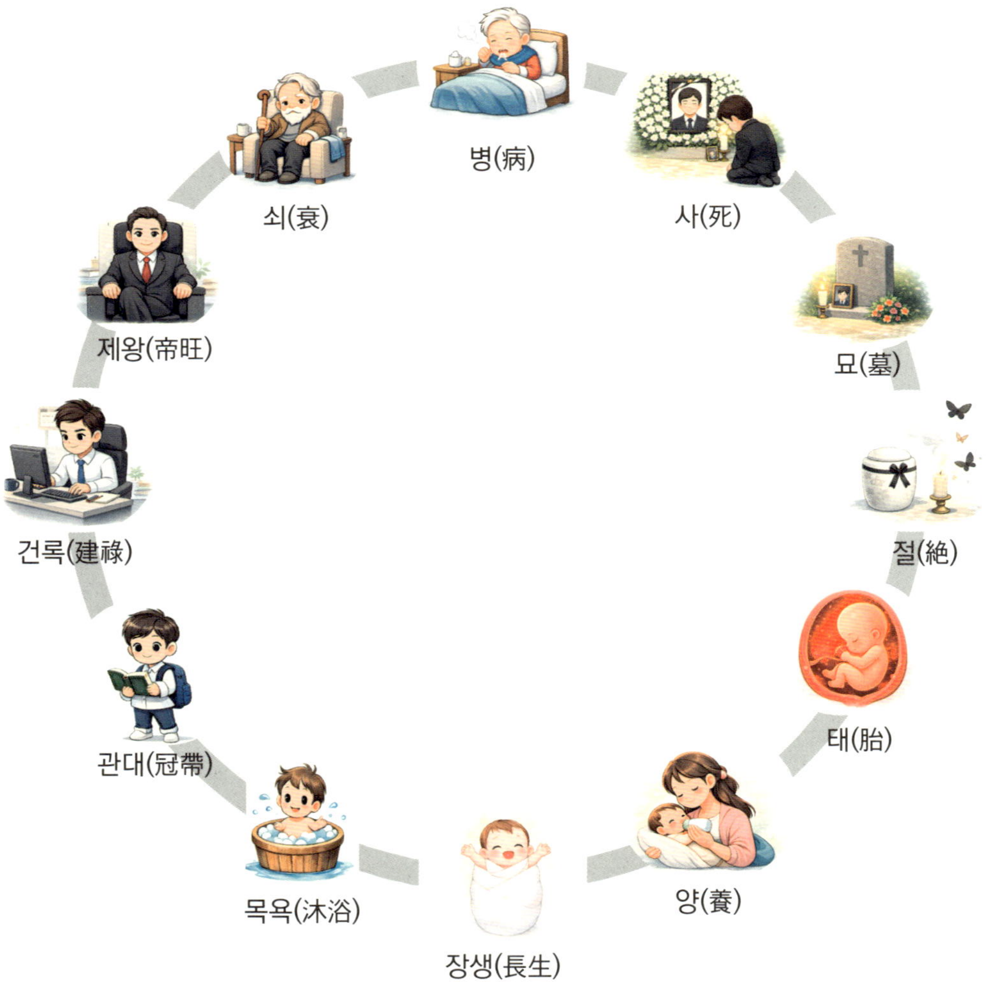

병(病)
사(死)
묘(墓)
절(絶)
태(胎)
양(養)
장생(長生)
목욕(沐浴)
관대(冠帶)
건록(建祿)
제왕(帝旺)
쇠(衰)

4. 실전적 활용

십이운성은 사주 내 특정 오행의 왕쇠(旺衰)를 읽어내는 것입니다. 천간 오행의 성향과 기운을 파악하는 데 결정적인 단서를 제공합니다.

■ 십이운성 에너지 순환도

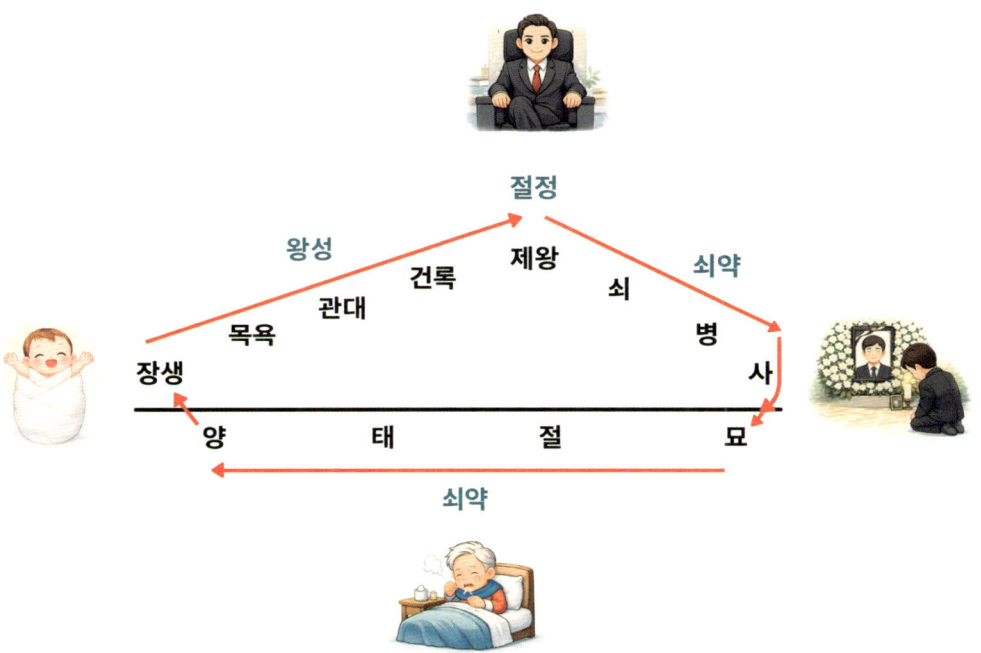

에너지는 '양(養)'에서 출발해 제왕(帝旺)에서 정점을 찍은 후, 사(死)와 묘(墓)를 거쳐 쇠퇴하게 됩니다. 쇠약함이 극에 이르면 다시 양(養)에서 장생(長生)으로 진행하며 새로운 시작을 준비하는 순환 구조를 가집니다.

【실전 예시】

예시1) 다음 사주의 오행에 대한 십이운성으로 왕쇠로 특성을 판단해 봅니다.

사주	시	일	월	년
천간	**庚**	**丁**	**丙**	**己**
지지	**子**	**酉**	**子**	**酉**

▶ 십이운성으로 왕쇠 판단

구분	시간 庚金	일간 丁火	월간 丙火	년간 己土
酉金	제왕	사	사	사
子水	사	태	태	태

【사주분석】

1) 일간 丁火, 월간 丙火, 년간 己土 ▶ 년지·일지에서 사(死)의 기운으로 활동이 정지된 에너지로 체념과 순응하는 태도로 임하게 됩니다. 월지·시지에서 태(胎)의 기운으로 내면에서 성장하며 준비하게 됩니다.

따라서 일간과 월간 丙火, 년간 己土는 전반적으로 미약한 에너지를 갖고 있어 사회 활동 및 자신의 내면 관리에 어려움을 겪게 됩니다.

2) 시간 庚金 ▶ 년지·일지에서 제왕의 기운으로 독선적이며 지배욕구가 강하지만, 월지·시지에서 사(死)의 기운으로 활동이 정지되면 체념하고 순응하는 편입니다.

따라서 시간 庚金은 왕성한 에너지를 갖고 있으나 실질적인 면에서는 활동을 제대로 하지 못하므로 제왕의 에너지를 효율적으로 활용하지 못합니다.

【실전 예시】

예시2) 다음 사주의 오행에 대한 십이운성으로 특성을 판단해 봅니다.

사주	시	일	월	년
천간	**戊**	**癸**	**庚**	**癸**
지지	**午**	**丑**	**申**	**卯**

▶ 십이운성으로 왕쇠 판단

구분	시간 戊土	일간 癸水	월간 庚金	년간 癸水
년지 卯木	목욕	사	태	사
월지 申金	병	장생	건록	장생
일지 丑土	양	쇠	묘	쇠
시지 午火	제왕	태	목욕	태

【사주분석】

1) 癸水 일간과 년간 ▶ 월지에서 장생의 기운으로 새로운 시작과 창의력이 강합니다. 년지·일지·시지에서는 사, 쇠, 태의 기운으로 무기력하고 의욕이 저하되어 내면의 성장이 필요합니다.

2) 庚金 월간 ▶ 월지에서 건록의 기운으로 실질적 능력을 발휘하며 왕성한 활동을 합니다. 년지·일지·시지에서는 태, 묘, 목욕의 기운으로 무기력하고 불안한 감정을 보입니다.

3) 戊土 시간 ▶ 월지에서 병의 기운으로 심신이 쇠약하고, 년지·일지에서 목욕·양의 기운으로 수동적이며, 시지에서 제왕의 기운으로 독선적이고 지배 욕구가 강하게 작용합니다.

▶ YouTube

포태법

100일 완성 사주명리

1. 포태법의 개념

포태법(胞胎法)은 기존의 일반적인 십이운성이 오행 자체의 에너지 왕쇠를 본다면, 음양 간의 차이를 구분하여 분석하는 고급 기법입니다.

양간(陽干)은 십이운성의 흐름을 순행(順行)하는 양포태(陽胞胎), 음간(陰干)은 역행(逆行)하는 음포태(陰胞胎)의 원리를 따릅니다.

십이운성의 절(絕)을 포(胞)로 재해석합니다. 이는 기운의 완전한 소멸이 아닌, 새로운 생명의 씨앗이 되는 순환의 시작점임을 의미하며, 끝이 곧 시작이라는 동양 철학의 심오한 원리를 반영합니다.

【자평진전】의 설명

甲乙로써 말하자면 甲은 木의 양이고 천지의 생기를 모든 나무에 흐르게 하므로 亥에서 생하고 午에서 죽는 것이다. 乙은 木의 음이고 나무의 가지와 잎으로서 하늘의 생기를 받으므로 午에서 생하고 亥에서 죽는 것이다. 대개 나무는 亥월에 잎이 떨어지는 것이 당연하지만 생기는 안으로 이미 저장되므로 봄이 오면 발설하는 기틀이 되는 것이다. 이로써 亥에서 생한다는 것이다.

나무가 午월에는 가지와 잎이 번성하는 계절인데 甲이 어찌하여 죽는다고 하는가? 외부로는 이미 번성하여도 내부로는 이미 생기가 소진되었다는 것을 모르는 것이다. 이로써 午에서 죽는다는 것이다. 乙木은 이와 반대로 午월에 가지와 잎이 번성하므로 생한다는 것이며 亥월에는 가지와 잎이 떨어지므로 죽는다는 것이다. 질과 기의 다른 점이다. 甲乙을 예로 하였는데 나머지 천간도 마찬가지다.

【무공설명】

甲木은 나무의 본질로서 겨울(亥월)에 땅속에서 생명력을 저장(장생 長生)하고, 여름(午)에 외부로 다 드러나 소진(사 死)되는 반면, 乙木은 가지와 잎의 형태로서 여름(午월)에 무성해지고(생 生) 겨울(亥월)에 낙엽이 되어 떨어져(사 死) 소멸되는 자연의 이치를 잘 보여줍니다.

2. 포태법의 원리

포태법의 가장 큰 특징은 음양에 따라 생과 사의 위치가 정반대라는 점입니다.

양생음사 (陽生陰死)	양간이 생(生)하는 곳에서 같은 오행의 음간은 사(死)한다
음생양사 (陰生陽死)	음간이 생(生)하는 곳에서 같은 오행의 양간은 사(死)한다

▶ 음생양사, 양생음사는 학자들 간에 오랜 논쟁이 있는 민감한 주제이지만, 포태법을 통해 재해석하면 보다 유연하고 심도 있는 통변이 가능합니다.

포태법은 양간(甲丙戊庚壬)에는 양생음사(陽生陰死)의 이론, 음간(乙丁己辛癸)에는 음생양사(陰生陽死)의 이론을 따릅니다. 예를 들어, 木오행을 천간에서 음양으로 나누면 甲木과 乙木이 됩니다. 甲木은 양간으로서 순행하는 양포태(陽胞胎)법을 따르고, 乙木은 음간으로서 역행하는 음포태(陰胞胎)법을 따르게 됩니다.

이때 사주팔자나 운에서 亥水를 만나면 甲木은 장생(長生)에 해당하지만, 乙木은 사(死)에 해당합니다. 이를 양생음사, 음생양사라고 부릅니다.

甲木은 亥에서 장생(長生)에 해당하므로 뿌리를 내리고 새로운 출발을 하는 생명력을 가지지만, 乙木은 사(死)에 해당하므로 낙엽이 지듯 에너지가 쇠약해지는 시기로서 함부로 나서지 말고 순리에 따라야 합니다.

■ 양생음사, 음생양사 조견표

	木		火		土		金		水	
	甲	乙	丙	丁	戊	己	庚	辛	壬	癸
寅	록(祿)	왕(旺)	생(生)	사(死)	생(生)	사(死)	포(胞)	태(胎)	병(病)	욕(浴)
卯	왕(旺)	록(祿)	욕(浴)	병(病)	욕(浴)	병(病)	태(胎)	포(胞)	사(死)	생(生)
辰	쇠(衰)	대(帶)	대(帶)	쇠(衰)	대(帶)	쇠(衰)	양(養)	묘(墓)	묘(墓)	양(養)
巳	병(病)	욕(浴)	록(祿)	왕(旺)	록(祿)	왕(旺)	생(生)	사(死)	포(胞)	태(胎)
午	사(死)	생(生)	왕(旺)	록(祿)	왕(旺)	록(祿)	욕(浴)	병(病)	태(胎)	포(胞)
未	묘(墓)	양(養)	쇠(衰)	대(帶)	쇠(衰)	대(帶)	대(帶)	쇠(衰)	양(養)	묘(墓)
申	포(胞)	태(胎)	병(病)	욕(浴)	병(病)	욕(浴)	록(祿)	왕(旺)	생(生)	사(死)
酉	태(胎)	포(胞)	사(死)	생(生)	사(死)	생(生)	왕(旺)	록(祿)	욕(浴)	병(病)
戌	양(養)	묘(墓)	묘(墓)	양(養)	묘(墓)	양(養)	쇠(衰)	대(帶)	대(帶)	쇠(衰)
亥	생(生)	사(死)	포(胞)	태(胎)	포(胞)	태(胎)	병(病)	욕(浴)	록(祿)	왕(旺)
子	욕(浴)	병(病)	태(胎)	포(胞)	태(胎)	포(胞)	사(死)	생(生)	왕(旺)	록(祿)
丑	대(帶)	쇠(衰)	양(養)	묘(墓)	양(養)	묘(墓)	묘(墓)	양(養)	쇠(衰)	대(帶)

3. 포태법의 4대 운용 이론

포태법은 일본의 명리학자 아부태산(阿部泰山)이 그의 저작 아부태산 전집에서 12운성 간명기법을 4개로 체계화시켜 처음으로 소개되었습니다. 아부태산의 적용법은 이후 12운성의 간명기법을 체계화하는데 선구자적 역할을 하였는데, 우리나라는 일본과 비교하여 용어와 간명기법에 약간의 차이는 있지만, 운성포태의 체계와 적용법은 일본의 기법을 그대로 원용하고 있는 실정입니다.

포태법에는 거법(居法), 봉법(逢法), 좌법(坐法), 인종법(引從法) 등 4가지 운용 이론이 있습니다.

1) 거법(居法)

거법은 '천간'을 기준으로 '네 기둥'(년, 월, 일, 시)이 각각의 지지로 수직으로 적용, 그 관계를 보는 포태법으로, 그 기둥이 내포한 고유의 성향과 에너지를 읽는 방법으로 일주 분석이 특히 중요합니다.

예시 1) 丙寅일주

寅木은 丙火일간에게 장생(長生)에 해당합니다. 일지는 배우자궁으로서 생기를 받는 구조입니다. 즉, 배우자가 나를 돌보고 지원해주는 존재가 됩니다.

예시 2) 壬寅일주

寅木은 壬水일간에게 병(病)에 해당합니다. 배우자궁에서 에너지가 쇠약해지는 구조입니다. 배우자 관계로 인한 스트레스나 건강 문제가 발생할 수 있으며, 배우자 관리와 자기 관리가 중요합니다.

100일 완성 사주명리

2) 봉법(逢法)

봉법은 '일간'이 외부 환경(년지, 월지, 시지, 대운, 세운)을 만났을 때, 그 환경 속에서 일간이 어떤 상태에 놓이는지를 분석합니다.

예시) 庚金일간이 卯木대운을 만난 경우

卯木은 庚金일간에게 태(胎)에 해당합니다. 이 시기는 외부로 크게 활동하기보다는, 내실을 다지고 미래를 준비하며 조용히 힘을 기르는 시기입니다. 무리한 도전은 자제하는 것이 유리합니다.

3) 좌법(坐法)

좌법은 "지지"에 숨겨진 '지장간'이 그 지지와 어떤 관계를 맺는지 분석하여, 표면에 드러나지 않은 잠재력, 내면 심리, 관계의 숨은 흐름을 읽습니다.

예시) 庚金일간의 일지가 辰土인 경우

辰土의 지장간에는 乙木(정재), 癸水(상관), 戊土(편인)이 암장되어 있습니다.

乙木 정재: 辰土는 乙木의 관대(冠帶)지입니다. 사회적으로 성장하려는 욕구와 야망이 강합니다.

癸水 상관: 辰土는 癸水의 양(養)지입니다. 표현력과 감정이 내면에서 서서히 자라나고 있지만, 아직 외부로 드러내기에는 미약한 상태입니다.

戊土 편인: 辰土는 戊土의 관대(冠帶)지입니다. 자기 철학과 주관이 뚜렷하며, 이를 사회에서 펼치고자 하는 성향이 있습니다.

4) 인종법(引從法)

인종법은 사주 원국에 "존재하지 않는 천간"을 가상으로 끌어와, 그 글자가 대운/세운에서 어떤 지지를 만나 어떤 상태가 되는지 분석하는 방법입니다. 결핍된 에너지가 운에서 어떻게 채워지는지를 보는 고급기법입니다.

예시) 사주에 木이 전혀 없는 丁火 일간

戊寅 대운: 寅은 甲木의 건록(建祿)에 해당합니다. 甲木은 丁火 일간의 정인(正印)이므로, 이 시기에는 학문, 공부, 자격증 취득에 매우 유리하고, 정인의 에너지가 가득 차게 됩니다.

庚辰 대운: 甲木 정인이 辰에서 쇠(衰)에 해당합니다. 이 시기에는 학업에 대한 의욕이 줄고, 안정을 추구하는 시기로 변합니다.

◼ 4대 운용 이론의 비교

구분	거법(居法)	좌법(坐法)	봉법(逢法)	인종법(引從法)
의미	있을 거(居) 천간이 거주하는 지지	앉을 좌(坐) 지지 속에 앉아 있는 지장간	만날 봉(逢) 일간이 외부에서 만나는 지지	이끌 인(引) 십신을 끌어옴
분석 기준	동주(同柱)	해당 지지	일간	특정 십신
분석 대상	각 기둥의 천간이 앉아 있는 지지 간의 관계	특정 지지의 지장간과 그 지지 간의 관계	사주의 다른 지지와 대세운의 지지 관계	사주에 없거나 미약한 천간의 십신을 대세운의 지지에 대입
주요 용도	해당 육친궁의 세력 및 변화 파악	지지의 내부적 상황과 상세한 특성 파악	일간이 외부와 소통하는 양상 파악	사주에 없는 십신의 상태와 세력의 향배 파악

【실전 예시】

예시1) 다음 여성 사주를 포태법에 의해 분석해 봅니다.

	시	일	월	년
천간	**辛**	**乙**	**壬**	**丁**
지지	**巳**	**丑**	**寅**	**未**
대운	71	61	51	41	31	21	11	1

대운	71	61	51	41	31	21	11	1
	庚戌	己酉	戊申	丁未	丙午	乙巳	甲辰	癸卯

1) 거법 분석 – 각 기둥의 고유 성향

천간이 자신이 앉아있는 지지로 수직으로 적용, 관계를 보는 법

	시	일	월	년
천간	辛↓	乙↓	壬↓	丁↓
지지	巳	丑	寅	未

기둥		포태법	분석
년주	**丁未**	**관대(冠帶)**	소년기에 丁火 식신의 재능을 발휘하려는 사회성과 야망이 있음
월주	**壬寅**	**병(病)**	청년기에 壬水 정인이 쇠약하므로 자립을 위한 고민과 어려움이 따름
일주	**乙丑**	**쇠(衰)**	장년기에 일간이 쇠약하므로 안정을 추구하며 활력과 주도성이 다소 부족할 수 있음
시주	**辛巳**	**사(死)**	노년기에 辛金 칠살이 쇠약하므로 외부 활동보다 내면 안정을 추구하게 됨

2) 봉법 분석 – 일간 '乙'을 기준으로 년.월.일에 적용

		시	일	월	년
천간		辛	乙	壬	丁
지지		巳	丑	寅	未

▣ 년.월.일.시 지지 분석

기둥	포태법	분석
년지 未	양(養)	소년기에 부모에게 의존
월지 寅	제왕(帝旺)	청년기에 자존감 최고조, 주도권을 잡고자 함
일지 丑	쇠(衰)	장년기에 활동력이 감소되고 안정지향 추구
시지 巳	목욕(沐浴)	노년기에 자유분방하며 감정 기복이 많게 됨

▣ 대운 분석 – 乙(木)일간 기준 봉법 적용

대운	포태법	분석
癸卯	건록(建祿)	자립성 조기 형성, 영적 성향 추구
甲辰	관대(冠帶)	사회적 조직 또는 가정에 의존하며 안정 추구
乙巳	목욕(沐浴)	이성문제로 혼란, 감정 기복 관리 필요.
丙午	장생(長生)	새로운 도전과 성장 기회
丁未	양(養)	안정적 기반 마련을 위한 변화 추구
戊申	태(胎)	새로운 삶의 변화 도모
己酉	포(胞)	관계 정리, 자신만의 삶 시작
庚戌	묘(墓)	잠재력을 저장하고 내면 성찰

3) 좌법 분석 - 일지 丑土의 잠재력을 봄

일지 丑土을 기준으로 지장간: 癸水, 辛金, 己土에 12운성을 대입한다.

	시	일	월	년
천간	辛	乙	壬	丁
지지	巳	丑	寅	未
지장간		癸 辛 己		

癸水 편인: 丑土에서 관대(冠帶). 내면에 학문, 지식, 정신적 성장에 대한 욕구가 강하며, 이는 삶에서 본격적으로 발현될 잠재력으로 존재.

辛金 편관: 丑土에서 양(養). 내면의 책임감과 완벽주의 경향은 있지만, 외부로 드러내기보다는 조용히 키워 나가는 에너지로 존재.

己土 편재: 丑土에서 묘(墓). 근면 성실한 생활을 유지하며 여유 자금을 저축하는 에너지로 존재.

4) 인종법 분석 - 壬水 정인의 상태와 향배

壬水 정인은 일지 丑土에 미약하게 통근했지만 존재감 부재로 인해 어머니로부터 도움을 받지 못하고 오히려 도와주어야 할 상황이 일어납니다.

戊申 대운: 壬水의 장생지 대운이지만 戊土 정재에 의해 극제를 당하므로 어머니를 보호해주어야 할 책임감을 느끼게 됩니다.

己酉 대운: 壬水의 목욕지 대운으로서 己土 편재로 인해 혼탁하게 되므로 역시 어머니를 마치 자식처럼 돌보아야 함을 느끼게 됩니다.

예시2) 다음 여성 사주를 포태법으로 판단해 봅니다.

		시	일	월	년
천간		庚	丁	丙	己
지지		子	酉	子	酉

대운	8대운	7대운	6대운	5대운	4대	3대운	2대운	1대운
대운수	71	61	51	41	31	21	11	1.3
천간	甲	癸	壬	辛	庚	己	戊	丁
지지	申	未	午	巳	辰	卯	寅	丑

1) 거법 분석 – 각 기둥의 고유 성향

기둥		포태법	분석
년주	己酉	장생(長生)	소년기에 己土 식신의 창의력으로 새로 시작하려는 기운이 왕성함
월주	丙子	태(胎)	청년기에 丙火 겁재의 밝은 빛으로 내면을 성장시키게 됨
일주	丁酉	장생(長生)	장년기에 일간이 쇠약하지만 새로운 계기를 만들고자 하는 노력을 하게 됨
시주	庚子	사(死)	노년기에 庚金 정재의 활동이 정지되므로 은퇴하며 노후 생활을 하게 됨

2) 봉법 분석 – 정화(丁火)일간이 마주하는 환경

년주·일주 酉金 ▶ 장생(長生)으로 주변의 환경에 굴하지 않고 다시 시작하려는 의지가 강하게 작용함

월주·시주 子水 ▶ 포(胞)로 기운이 소멸되었지만, 새로운 생명의 씨앗을 품고 재기의 움직임이 강하게 작용함.

■ **대운 분석** - 정화(丁火)일간 기준 봉법 적용

대운	포태법	분석
丁丑	묘(墓)	잠재력을 개발하는 시기
戊寅	사(死)	가정에 의존하며 순응
己卯	병(病)	예민하고 심신이 쇠약한 시기
庚辰	쇠(衰)	무기력하고 의욕이 저하되는 시기
辛巳	제왕(帝旺)	독선적이며 지배 욕구가 강하게 형성
壬午	건록(建祿)	실질적 능력 발휘하는 시기
癸未	관대(冠帶)	가정에 의존하며 안정 추구
甲申	목욕(沐浴)	감정 기복 관리 필요

3) 인종법 분석 - 甲木 정인과 乙木 편인의 향배

정인과 편인은 일간을 돕는 십신으로 이들이 없음으로 인해 어머니의 도움을 받지 못하게 되며, 공부에 대한 에너지가 없게 됩니다.

戊寅대운 ▶ 甲木 정인은 건록(建祿), 乙木 편인은 제왕(帝旺)에 해당. 이 시기는 학문적 재능이 왕성해지고, 상급 학교 진학 등 지식과 정신적 성장이 극대화되는 황금기이며, 어머니의 적극적인 도움이 있게 됩니다.

己卯대운 ▶ 甲木 정인은 제왕(帝旺), 乙木 편인은 건록(建祿)에 해당. 이 시기는 독립하기 위한 준비를 하는 시기입니다.

庚辰대운 ▶ 甲木 정인은 쇠(衰), 乙木 편인은 양(養)에 해당. 공부를 마치고 사회에 진출하는 시기로서 庚金 정재의 도움으로 직장 생활을 하지만, 무기력하고 의욕이 저하되는 시기입니다.

무공 사주명리 DAY

12 천간과 지지

▶ YouTube

1. 천간과 지지의 개념

천간(天干) ▶ 하늘의 기운을 상징하는 10개의 글자(甲, 乙, 丙, 丁, 戊, 己, 庚, 辛, 壬, 癸)입니다.
이는 눈에 보이지 않는 동(動)적 에너지와 삶의 의지와 목적의 방향성을 나타냅니다.

지지(地支) ▶ 땅의 기운을 상징하는 12개의 글자(子, 丑, 寅, 卯, 辰, 巳, 午, 未, 申, 酉, 戌, 亥)입니다.
이는 천간의 기운이 드러나는 정(靜)적 기반이며 구체적인 현실과 환경을 나타냅니다.

■ 천간과 지지의 위치별 명칭과 의미

위치	천간 명칭	지지 명칭	의미
년	년간(年干)	년지(年支)	조상, 사회적 기반, 소년기
월	월간(月干)	월지(月支)	부모형제, 사회적 배경, 청년기
일	일간(日干)	일지(日支)	자신과 배우자, 자신의 의식과 정신, 장년기
시	시간(時干)	시지(時支)	자식, 내면의 목표, 재능의 성향, 노년기

천간과 지지의 관계 비유

천간은 정신, 경영 전략이고, 지지는 육체, 경영 환경입니다.

사주 해석의 핵심은 천간에서 내리는 명령을, 지지라는 환경에서 얼마나 잘 실행하는가를 보는 것입니다.

2. 천간

천간은 하늘의 기운이며 정신적 에너지로 10글자로 이루어져 있습니다.

1) 천간의 음양과 오행

음양	양(陽)				중앙		음(陰)			
오행	木		火		土		金		水	
음양	양	음	양	음	양	음	양	음	양	음
천간	甲	乙	丙	丁	戊	己	庚	辛	壬	癸

음양에서 木火土金水의 오행이 분류되었고, 각 천간은 다시 음양으로 분류되어 양간과 음간
으로 구분합니다.

2) 천간의 기와 질

천간의 음양을 기(氣)와 질(質)의 개념으로 설명할 수 있습니다.

음양	기질	상징
양간 甲.丙.戊.庚.壬	기(氣)	눈에 보이지 않는 순수한 에너지, 생명력, 추진력
음간 乙.丁.己.辛.癸	질(質)	양간의 기운을 받아 구체적인 형태를 갖춘 형질

3) 천간의 성향과 물상(物象)

천간	물상적 이미지	성향
甲	큰 나무	주도적, 추진력, 리더십
乙	덩굴, 화초	유연, 감성, 적응력
丙	태양	열정, 활발, 배려, 화려함
丁	등불, 촛불	정밀, 섬세, 집중력, 예의
戊	큰 산, 대지, 성벽, 제방	신뢰, 포용, 현실적, 고집
己	논밭, 정원	수용, 중재, 세심함, 실용적
庚	무쇠, 철강석	의리, 결단, 개혁
辛	보석, 정밀 도구	치밀함, 섬세함, 완벽주의
壬	바다, 강	지혜, 활동적, 관용
癸	빗물, 이슬	은밀함, 감수성, 직관력

3. 지지

지지(地支)는 땅의 기운으로, 하늘의 기운인 천간이 땅에서 실현되는 시간과 공간을 의미합니다. 사주팔자에서 지지는 현실, 환경, 그리고 구체적인 사건이 일어나는 무대와 같습니다.

지지는 12가지 글자로 이루어져 있으며, 내면적이고 잠재적인 에너지로서 사주팔자에서 간지의 지(支)에 해당합니다.

지지 속에는 지장간(支藏干)을 품고 있으며, 사주팔자의 잠재적 성향과 천간의 뿌리 역할을 합니다.

1) 지지의 음양과 오행

음양	양(陽)				중앙		음(陰)			
오행	木		火		土		金		水	
지지	寅	卯	午	巳	辰戌	丑未	申	酉	子	亥
음양(체)	양	음	양	음	양	음	양	음	양	음
음양(용)	양	음	음	양	양	음	양	음	음	양

음양에서 오행이 분류되고, 오행에서 천간과 지지가 분류되어 활용됩니다.

지지(水, 火)의 음양은 체용(體用)으로 구분하여 활용됩니다.

2) 지지의 체용(體用)

체(體)	지지의 본래 고유 속성(60갑자 배열 시의 음양)
용(用)	사주 해석 시 실제 작용하는 방식(지장간의 주된 음양 기준)

60갑자에서 지지를 순서대로 배치할 때는 천간을 싣는 용도로 체(體)가 되지만, 사주를 해석하고 통변 할 때는 실제 작용력인 용(用)을 기준으로 판단합니다.

▣ 子.午와 巳.亥는 체용의 음양이 뒤바뀌어 적용됩니다.

구분	체(體)	용(用)	설명
子	양 ⟶	음	본래 양이지만, 지장간 癸水가 주 기운이므로 음으로 작용
午	양 ⟶	음	본래 양이지만, 지장간 丁火가 주 기운이므로 음으로 작용
巳	음 ⟶	양	본래 음이지만, 지장간 丙火가 주 기운이므로 양으로 작용
亥	음 ⟶	양	본래 음이지만, 지장간 壬水가 주 기운이므로 양으로 작용

사주 해석 시에는 용(用)의 원칙에 따라 子와 午는 음, 巳와 亥는 양으로 활용하여 해석합니다.

3) 지지의 속성

양지(陽支)는 움직임이 빠르고, 음지(陰支)는 움직임이 느립니다.

구분	양지(陽支)	음지(陰支)
지지(용)	寅, 申, 巳, 亥, 辰, 戌	子, 午, 卯, 酉, 丑, 未
속성	가볍고 빠르다	무겁고 느리다

양지는 양기의 속성을 가지고 있어 성정이 동적이므로 움직임이 빠르고 길흉도 신속하게 나타납니다.

음지는 음기의 속성을 가지고 있어 성정이 정적이므로 움직임이 느리고 변화가 거의 없어 길흉도 천천히 나타납니다.

고전 근거 ▶ 적천수

陽支動且强 速達顯災祥 陰支靜且專 否泰每經年
양지동차강 속달현재상 음지정차전 비태매경년

양지는 동적이며 강하므로 길흉이 빠르게 나타나며, 음지는 정적이며 집중되어 행불행이 매년 반복되어 나타난다.

4) 지지의 계절과 방향 분류

구분	봄	여름	가을	겨울
오행	木	火	金	水
지지	寅卯辰	巳午未	申酉戌	亥子丑
방향	동	남	서	북

천간에서는 土가 음양의 중앙에 위치하지만, 지지에서는 辰戌丑未를 각 계절의 환절기에 배치되어 운용됩니다. 그래서 辰戌丑未를 사계(四季)라고 부릅니다.

5) 지지의 십이신(十二神)

지지	子	丑	寅	卯	辰	巳
동물상	쥐	소	호랑이	토끼	용	뱀
월/음력	11월	12월	1월	2월	3월	4월
지지	午	未	申	酉	戌	亥
동물상	말	양	원숭이	닭	개	돼지
월/음력	5월	6월	7월	8월	9월	10월

지지의 십이신은 동물상입니다.

동물의 상징적 이미지는 일반적으로 생년 띠로 많이 활용되고 있으며, 기운의 특성을 유추하는 참고 자료로만 활용합니다.

예시) 寅은 호랑이처럼 용맹하고 적극적인 기운을 가졌으며, 卯는 토끼처럼 부드럽고 온순하며 번식력이 강한 기운을 가졌다고 해석할 수 있습니다.

6) 지장간

지장간은 천간이 지지에 뿌리를 내렸는가를 판단하는 핵심 기준이며, 사주팔자가 가진 잠재된 에너지를 나타냅니다.

■ 지지 속에서 암장된 지장간

지지	子	丑	寅	卯	辰	巳	午	未	申	酉	戌	亥
지장간	壬	癸	戊	甲	乙	戊	丙	丁	戊	庚	辛	戊
		辛	丙		癸	庚	己	乙	壬		丁	甲
	癸	己	甲	乙	戊	丙	丁	己	庚	辛	戊	壬

100일 완성 사주명리

지장간 암기법

4정(四正): **子, 午, 卯, 酉**

해당 지지 오행의 천간(예: 子의 지장간 → 壬癸). 단, 午는 丙丁이외 己 포함

사생(四生): **寅, 申, 巳, 亥**

戊土 + 삼합 오행의 양간 + 해당 오행의 양간

(예: 寅의 지장간 → 戊土, 寅午戌 火삼합의 양간 丙火, 木오행의 양간 甲木)

사고(四庫): **辰戌丑未**

해당 계절 오행의 음간 + 삼합 오행의 음간 + 辰戌은 戊土, 丑未는 己土

(예: 辰의 지장간 → 봄木의 乙木, 申子辰 水삼합의 음간 癸水, 戊土)

【실전 예시】

다음 사주팔자의 천간, 지지, 지장간을 분석해 봅니다.

	시	일	월	년
천간	辛	乙	壬	丁
지지	巳	丑	寅	未

■ 지지의 음양과 오행, 지장간

	시주	일주	월주	년주
천간	음간 辛金	음간 乙木	양간 壬水	음간 丁火
지지	양지 巳火	음지 丑土	양지 寅木	음지 未土
지장간	戊 庚 丙	癸 辛 己	戊 丙 甲	丁 乙 己

巳火는 본래 속성인 체(體)로는 음(陰)이지만, 지장간의 주된 기운이 丙火이므로 사주해석시에는 양(陽)으로 작용합니다.

▶ YouTube

육십갑자와 공망

1. 육십갑자의 개념

육십갑자(六十甲子)는 천간 10자와 지지 12자를 조합하여 만든 60개의 짝으로, 동양 역학의 가장 기본적인 시간 단위입니다.

사주명리학은 바로 이 육십갑자를 통해 한 사람이 태어난 년(年) 월(月), 일(日), 시(時)라는 네 개의 시간적 흐름을 기록하고 해석하는 학문입니다.

『연해자평』의 고대 전설

황제(黃帝)가 하늘로부터 받은 간지를 대요씨가 60가지로 조합하여 시간을 계산하고 악귀를 물리쳤다.

이는 육십갑자가 날짜를 기록하는 법이 아닌 우주의 기운을 담은 상징 체계임을 의미합니다. 육십갑자를 이해하면 전체적인 사주의 에너지 구조를 파악할 수 있으며, 이로 비롯된 공망을 이해하면 사주 기운의 허와 실을 판단할 수 있습니다.

2. 육십갑자의 조합 원리

60갑자는 천간과 지지 두 그룹의 글자를 순서대로 하나씩 짝지어 만듭니다.
양간(陽干)은 반드시 양지(陽支)와 짝을 짓고, 음간(陰干)은 반드시 음지(陰支)와 짝을 짓게 됩니다. 이를 체(體)의 음양이라고 합니다.

1) 조합 순서

구분	양(陽)	음(陰)
천간	甲. 丙. 戊. 庚. 壬	乙. 丁. 己. 辛. 癸
지지(체)	子. 寅. 辰. 午. 申. 戌	丑. 卯. 巳. 未. 酉. 亥

첫 번째 조합 ▶ 양간의 첫 번째 甲과 양지의 첫 번째 子가 결합한 甲子입니다.

두 번째 조합 ▶ 음간의 첫 번째 乙과 음지의 첫 번째 丑이 결합한 乙丑입니다.

이처럼 양과 음이 번갈아 천간과 지지의 순서대로 조합하면 총 60개의 짝이 만들어지고, 60번째에 만들어진 癸亥 이후에는 다시 甲子로 돌아오며 끝없는 순환을 이루게 됩니다.

■ 육십갑자 순환도

甲子	乙丑	丙寅	丁卯	戊辰	己巳	庚午	辛未	壬申	癸酉
甲戌	乙亥	**丙子**	丁丑	戊寅	己卯	庚辰	辛巳	壬午	癸未
甲申	乙酉	丙戌	丁亥	**戊子**	己丑	庚寅	辛卯	壬辰	癸巳
甲午	乙未	丙申	丁酉	戊戌	己亥	**庚子**	辛丑	壬寅	癸卯
甲辰	乙巳	丙午	丁未	戊申	己酉	庚戌	辛亥	**壬子**	癸丑
甲寅	乙卯	丙辰	丁巳	戊午	己未	庚申	辛酉	壬戌	癸亥

위 표에서 甲子에서 癸酉가 있는 열을 甲子순(旬)이라고 부릅니다. 순(旬)이란 10일을 의미하는 단위로, 한 순에는 10개의 간지가 포함됩니다. 이 개념은 '공망'을 이해하는 핵심이 됩니다.

2) 사주팔자와의 관계

고대 중국에서는 시간, 공간, 기운의 변화를 육십갑자를 통해 표현했습니다.

육십갑자를 통해 표현한 년, 월, 일, 시의 시간 단위가 바로 날짜 간지입니다.

사주팔자는 년, 월, 일, 시의 네 기둥을 뜻하며, 각 기둥에는 천간 4자와 지지 4자로 구성되므로 총8개의 글자가 만들어지며, 이를 팔자(八字)라고 합니다.

따라서 육십갑자는 사주의 최소 기본 단위이자, 사주 에너지의 전체적인 구조와 흐름을 파악하는 출발점입니다.

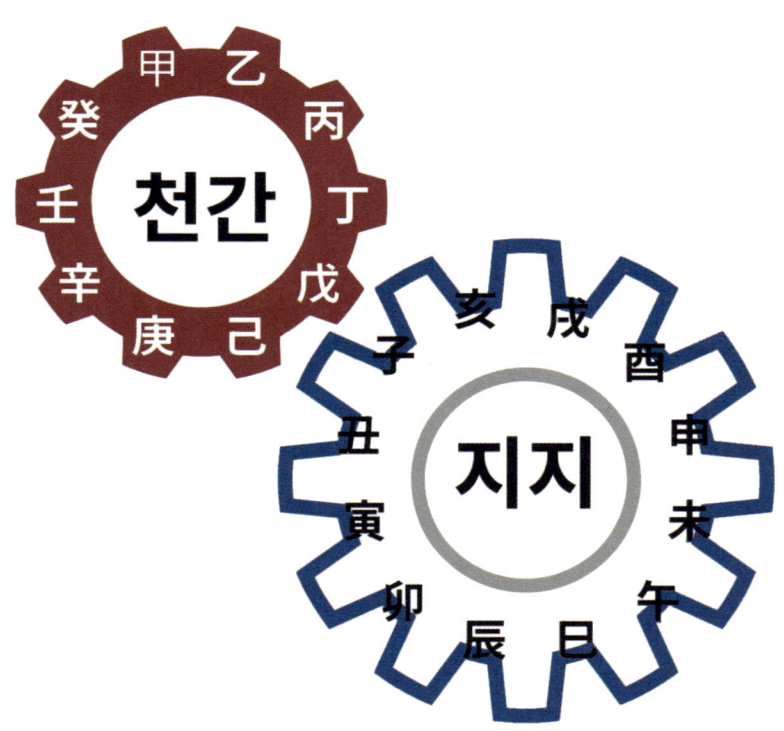

육십갑자 순환도

3. 공망의 이해

공망(空亡)이란 비어 있음(공)과 소멸됨(망)을 의미합니다. 천간 10개와 지지 12개가 조합되면서, 10개의 간지가 만들어질 때마다 2개의 지지가 짝을 잃고 남게 되는 현상에서 비롯됩니다. 이렇게 남은 지지는 하늘의 기운을 제대로 받지 못하는 공백 상태가 되는데 이를 공망이라 부릅니다.

예를 들어, 육십갑자 순환도에서 甲子순은 戌亥가 천간과 짝을 이루지 못해 공망에 해당하며, 甲戌순은 申酉가 천간과 짝을 이루지 못해 공망에 해당합니다.

공망은 블랙홀과 같은 공백 지대에 비유할 수 있습니다. 이 곳에 들어간 기운은 그 힘을 발휘하기 어렵거나, 혹은 흡수되어 사라집니다.

희신(喜神, 좋은 기운)이 공망에 빠지면 좋은 영향력이 약화되거나 결과를 내가 어렵습니다. 기신(忌神, 나쁜 기운)이 공망에 빠지면 나쁜 영향력이 약화되거나 사라져 오히려 흉(凶)이 길(吉)로 변할 수 있습니다.

공망은 하늘의 기운을 받지 못하는 경우이기에 삼명학에서는 신살의 한 부류로 공망살(空亡煞) 또는 천중살(天中煞)이라고 하여 공허함, 단절, 작용력 상실을 상징하며 매우 흉하게 여겼습니다.

사주명리학에서는 공망의 활용에 대해 학자마다 호불호가 갈리기도 합니다. 자평학의 고서인 적천수, 자평진전 등의 일부 고서에서는 활용도가 극히 낮은 편이지만, 연해자평, 삼명통회 등 고전에는 삼명학의 신살이 소개되며 일부 학자들은 중요하게 여기고 있습니다.

1) 공망의 종류와 찾는 법

일주 기준 공망 ▶ 일주를 기준으로 찾은 공망이 가장 중요하게 적용됩니다. 일주는 자신이므로 가장 밀접한 영향을 미칩니다.

년주 기준 공망 ▶ 년주를 기준으로 찾은 공망은 조상이나 사회적 기반과 관련된 공백을 나타냅니다.

■ 육갑공망표

육 십 갑 자										공 망	
甲子	乙丑	丙寅	丁卯	戊辰	己巳	庚午	辛未	壬申	癸酉	戌	亥
甲戌	乙亥	丙子	丁丑	戊寅	己卯	庚辰	辛巳	壬午	癸未	申	酉
甲申	乙酉	丙戌	丁亥	戊子	己丑	庚寅	辛卯	壬辰	癸巳	午	未
甲午	乙未	丙申	丁酉	戊戌	己亥	庚子	辛丑	壬寅	癸卯	辰	巳
甲辰	乙巳	丙午	丁未	戊申	己酉	庚戌	辛亥	壬子	癸丑	寅	卯
甲寅	乙卯	丙辰	丁巳	戊午	己未	庚申	辛酉	壬戌	癸亥	子	丑

2) 공망의 활용

공망의 비어있다는 의미는 해당 분야에서 인연이 얕거나, 노력을 더 기울여야 하며, 실속이 없거나, 현실화되기 어렵다고 해석합니다.

(1) 궁위(宮位)에 따른 해석

구분	궁위	의미/해석
년주	조상/부모궁	조상이나 부모와의 인연이 얕거나, 직접적인 도움을 느끼지 못함. 유년기 환경에 대한 확신이 부족할 수 있음.
월주	사회/형제궁	형제, 동료, 친구와의 깊은 관계가 어렵거나 실속 없음. 사회적 기반이 다소 약하게 느껴질 수 있음.
일주	자신/배우자궁	자기 자신에 대한 확신이 부족하거나, 내면이 공허하게 느껴질 수 있음. 배우자와 평생 해로하려면 더 많은 이해와 노력이 필요함.
시주	자식/노후궁	자식과의 인연이 느슨하거나, 자식 때문에 마음 고생이 있을 수 있음. 노후가 다소 외로울 수 있음.

(2) 십신(十神)에 따른 해석

공망에 해당하는 글자가 어떤 십신(十神)인지, 희신(喜神)인지 기신(忌神)인지를 보면, 삶의 어떤 부분에서 공허함이나 어려움이 발생하는지, 또는 새로운 기회를 얻을 수 있는지를 알 수 있습니다.

예를 들어, 재성이 희신이면 공망으로 인해 희신의 역할을 하지 못해 재물운이 불안정하고 재물이 허무해지기 쉽다고 판단합니다. 반대로 재성이 기신이면 오히려 그 흉의가 사라져 새로운 기회를 얻을 수 있기도 합니다.

(3) 운에 대한 작용

대운이나 세운에서 들어오는 글자가 공망에 해당하면, 그 시기 동안의 사건이나 기회가 실속 없이 지나가거나, 결과를 내기 어려운 상황이 될 수 있습니다.

이 경우에도, 희신인지 기신인지를 구분해서 판단하면 정확한 운세 판단을 할 수 있습니다.

3) 공망의 해소

공망이 사주팔자에 있으면 완전히 사라지지 않지만, 그 작용이 약화되거나 일시적으로 채워지며 공망이 해소되는 경우가 있습니다.

(1) 전실 작용

전실(塡實)이란 빈 자리가 채워진다는 뜻으로, 공망의 글자가 운에서 오면 그 자리가 채워지며, 운의 기간 동안에는 공망의 효과가 사라집니다.

예를 들어, 공망이 子,丑인데, 子년이나 丑년에는 공망이 채워집니다.

(2) 합.형.충의 작용

합(合) 작용 ▶ 운에서 공망과 합이 되는 글자가 나타나면, 합으로 묶이면서 공망의 작용이 약화됩니다. 예를 들어, 戌공망이 있는데 卯운이 오면 卯戌합으로 해소됩니다.

형(刑).충(沖) 작용 ▶ 운에서 형.충이 되는 글자가 나타나면, 충격으로 인해 공백 상태가 깨지며 해소됩니다. 예를 들어, 戌공망이 있는데 辰운이 오면 辰戌충으로 해소되고, 未운이 와도 戌未형으로 해소됩니다.

 손가락으로 공망 쉽게 찾는 법

1. 왼손 손바닥을 펴고 손가락 마디에 차례로 12지지를 그림처럼 배정합니다.
2. 일주의 지지가 있는 마디에서 시작하여, 일주의 천간을 놓습니다.
3. 천간의 순서대로 마디를 따라 차례로 짚어 내려갑니다.
4. 癸에 도달한 후, 그 다음에 오는 두 마디의 지지가 바로 공망입니다.

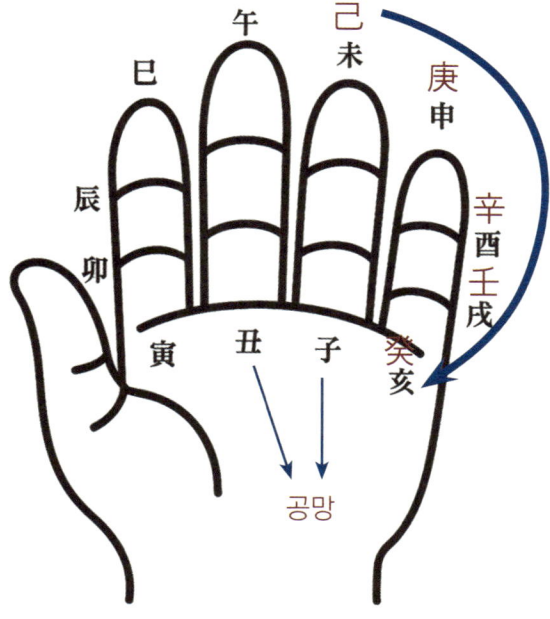

일주가 己未인 경우
넷째 손가락에 己未를 놓고 차례로 庚申, 辛酉, 壬戌, 癸亥순으로 육십갑자를 짚어 나갑니다.
癸로 끝나면, 다음 子와 丑이 己未일주의 공망이 됩니다.

만약, 癸巳일주이면 다음 午와 未가 공망이 됩니다.
다른 일주도 이와 같은 방법으로 공망을 쉽게 찾을 수 있습니다.

【실전 예시】

다음 사주팔자에서 공망을 찾고 해석해 봅니다.

	시	일	월	년
천간	辛	乙	壬	丁
지지	巳	丑	寅	未

【사주분석】

일주 기준 공망 ▶ 乙丑일주는 甲子순에 속하므로 **戊亥**가 공망

년주 기준 공망 ▶ 丁未년주는 甲辰순에 속하므로 **寅卯**가 공망

壬寅월주가 년주 기준 공망에 해당하므로 부모형제와의 인연이 얕거나, 사회적 기반이나 직업적 안정성이 다소 약해질 수 있습니다. 이는 조상이나 부모형제의 도움이 없이, 평생 자신의 기반을 스스로 닦아 나가야 한다고 해석할 수 있습니다.

대운이나 세운에서 공망운이 올 경우

일주 기준 공망 ▶ 일주(나 자신)의 중심축이 흔들리거나 비워지는 시기가 됩니다. 이 시기에는 자아 정체성 혼란, 방향성 상실, 대인관계 변화 등이 일시적으로 발생할 가능성이 많으나, 한편으로 기존의 틀을 깨고 새로운 자신을 발견하는 긍정적 계기로 구속에서 벗어나 자유로움을 느낄 수 있습니다.

년주 기준 공망 ▶ 사회적 기반과 가문적 배경이 약화되는 시기가 됩니다. 이 시기에는 직장에서의 입지가 일시적으로 흔들리거나, 친가와의 갈등이 표면화될 수 있습니다. 한편으로 기존의 사회적 굴레에서 벗어나 자유로운 활동이 가능하며 새로운 분야 개척에 유리합니다.

▶ YouTube

木의 천간과 지지

1. 木의 개념과 특성

1) 木의 개념

木은 생명과 성장을 상징하는 에너지입니다. 마치 나무가 땅에서 뿌리를 내리고 하늘을 향해 자라듯, 만물에게 생기를 주는 기운입니다.

겨울 동안 씨앗에 응축된 기운을 뚫고 봄에 새싹이 오르듯 땅 위로 솟아오르려는 진취적이고 거침없이 나아가는 강한 상승 에너지입니다.

2) 木의 기운을 가진 사람의 특성

진취적 ▶ 나무처럼 위로 뻗어가며 성장하려는 욕구가 강합니다.

공정함 ▶ 어진 마음(仁, 인)을 바탕으로 자비로운 성정을 지녔습니다.

추진력 ▶ 위로 솟아오르려는 강한 생명력과 추진력을 지니며, 목표를 향해 끊임없이 나아가려는 힘이 있습니다.

순발력 ▶ 창의적인 아이디어로 변화에도 빠르게 적응하는 순발력을 갖추고 있습니다.

3) 성격적 경향

긍정적인 면: 밝고 명랑하며 사람들과 잘 어울립니다.

부정적인 면: 뻗어 나가는 성향으로 인해 고집이 세고, 융통성이 부족하며, 주변을 살피지 않고 앞만 보고 달리는 경향이 있습니다.

4) 木의 덕목

木은 측은지심(惻隱之心)을 지니고 있습니다. 측은지심은 남을 사랑하여 측은하게 여기는 마음입니다.

기르고 베푸는 마음으로 사랑의 덕목을 가지고 교육하고 보호하고 기르는 일을 합니다.

▣ 木오행의 음양 구분

구분	木오행	
	양(楊)	음(陰)
천간(天干)	甲木	乙木
지지(地支)	寅木	卯木

2. 甲木

1) 甲木의 개념

甲木은 천간의 첫 번째 글자로, 오행으로는 木에 속하며, 음양으로는 양(陽)의 기운을 가집니다. 하늘로 뻗어 오르는 큰 나무나 대들보를 상징하여 웅장함과 강한 리더십을 의미합니다.

(1) 甲木의 물상

분류	물상	상징
자연	큰 나무, 대들보	웅장함, 곧은 기상, 리더십, 책임감
계절	초봄	시작, 출발, 강한 생명력, 추진력, 희망
방위/색	동쪽, 청색	발전, 진취적, 도전, 활력
날씨	바람, 번개	변화, 움직임, 급속한 발전, 고집과 갈등
인체	머리, 척추, 담, 신경	성장, 발육, 생명력

▶ 물상(物象)과 상징(象徵)

물상은 실제로 존재하는 사물의 형상(形象)을 말하며, 상징은 그 사물이 지니고 있는 추상적·의미적 가치를 나타냅니다. 예를 들어, 해는 밝음과 새벽을, 호랑이는 용맹함을 상징합니다.

(2) 甲木의 성향

구분	성향	특성
장점	용감성 진취적	목표를 향한 추진력이 강하며, 새로운 일을 두려워하지 않는 용감성이 있습니다.
	자존심	남에게 지기 싫어하며, 자신의 가치와 명예를 중시하는 경향이 있습니다.
	솔직성	숨기려하지 않고 솔직하고 정직합니다.
	독립심	스스로 서려는 기질이 강하여, 자수성가하려는 경향이 강합니다.
단점	독선적	쉽게 굽힐 줄 모르는 독선적인 경향이 있습니다.
	단절성	자신만의 영역을 만들고 고수하려는 경향이 있습니다.

(3) 甲木의 직업 및 사회 활동

특성	직업 및 사회 활동
리더십	최고 경영자(CEO), 정치인, 장군, 고위 공무원, 단체장
교육자	교사, 교수, 멘토, 종교인
건축가	건축가, 설계사, 토목 기술자
특수직	군인, 경찰, 검사, 판사
문화/예술	작가, 서예가, 출판인

3) 다른 천간과의 관계

상대천간	관계 설명
甲木	자신과 똑같은 나무를 만난 모습입니다. 독립심과 주체성이 강해지며, 서로 협력하면 큰 성과를 거둘 수 있습니다. 그러나 경쟁심과 고집이 부딪히면 다툼이 생기기도 합니다.
乙木	乙木 넝쿨이 큰 나무를 타고 올라가는 형상입니다. 협력이 되기도 하지만, 甲木 입장에서는 자신의 힘을 빼앗거나 간섭한다고 느낄 수 있으며, 재물이나 이성 문제로 갈등이 쉽게 발생합니다.
丙火	丙火 태양빛은 큰 나무가 잘 자라도록 돕는 가장 좋은 조건입니다. 능력이 드러나고 재능이 커지며, 활동력이 왕성해 집니다.
丁火	丁火 불씨가 과하면 에너지를 소모하며 구설수·관재 문제가 발생할 수 있고, 적절하면 따뜻한 조명과 같은 도움을 받게 됩니다.
戊土	戊土 대지에 뿌리를 깊게 내리는 형상으로, 재물과 활동의 기회를 확대하므로 큰 사업을 꾸리는 데 유리합니다.
己土	己土 밭에 안정적으로 뿌리를 내려 자라는 모습으로, 꾸준하고 안정적인 재물과 생활을 상징합니다.
庚金	庚金 도끼가 나무를 베는 것처럼, 부담과 시련을 주지만 이를 극복하면 더 단단한 나무로 성장하는 강한 변화의 계기가 됩니다.
辛金	辛金 전지 가위가 나무를 잘 다듬어 쓸모 있는 재목으로 만들어줍니다. 이를 통해 사회나 조직에서 인정받고 명예와 책임감을 얻습니다.
壬水	壬水 강물에 큰 나무가 물에 떠내려가는 불안정한 기운으로, 방황, 고독, 직업이나 학업의 불안정성이 유발될 수 있습니다.
癸水	癸水 비가 내려 나무 뿌리에 스며드는 자양분처럼, 학문과 지혜가 자라나고, 성장을 보호하며 내면의 성숙과 안정에 기여합니다.

▶ 甲木의 체상【적천수】

甲木參天 脫胎要火 春不容金 秋不容土 火熾乘龍 水宕騎虎 地潤天和 植立千古
갑목참천 탈태요화 춘불용금 추불용토 화치승룡 수탕기호 지윤천화 식립천고

甲木은 하늘을 찌를 듯 치솟으며, 탈태(脫胎)하려면 火의 도움이 필요하다. 봄에는 金을 용납하지 않고, 가을에는 土를 용납하지 않는다. 火가 치열하면 辰土를 타고 안전하며, 水가 넘치면 寅木을 타고 안정한다. 지지가 윤택하고 천간이 온화하면 천년을 제자리에 뿌리내린다.

【무공 해설】

甲木은 겨울의 음기 속에 저장되었다가, 봄이 되어 火의 온기를 얻으면 씨앗의 껍질을 벗고 새싹을 틔웁니다. 이는 하늘 높이 치솟는 기상을 상징합니다.

봄철 甲木의 생기(生氣)는 만물을 성장시키는 힘이며, 金의 살기(殺氣)는 결실을 위해 생장을 멈추게 하는 기운이므로, 봄에는 金을 용납하지 않습니다.

가을에는 金의 기세가 왕성하고 甲木은 쇠약하므로 土를 받아들일 수 없으며, 역시 용납하지 않습니다.

용(龍)은 辰土의 물상, 호(虎)는 寅木의 물상입니다. 甲木이 辰土를 타면 습기를 머금은 土가 火의 치열함을 완화하여 안전하고, 寅木을 타면 깊은 뿌리로 水의 범람에도 흔들리지 않습니다. 甲木은 지지에 윤택한 옥토를 얻고, 천간에서 온화한 기운을 받으면 천년을 뿌리내려 생존할 수 있습니다.

3. 乙木

1) 乙木의 개념

乙木은 천간의 두 번째 글자로, 오행으로는 木에 속하며, 음양으로는 음(陰)의 기운을 가집니다. 甲木이 크고 단단한 나무라면, 乙木은 부드러운 풀, 꽃, 덩굴을 상징합니다.

乙木의 넝쿨은 甲木의 큰 나무에 의지하여 성장하는 등라계갑(藤蘿繫甲)의 형상으로서 생존과 적응, 유연한 전략을 의미합니다.

(1) 乙木의 물상

분류	물상	물상적 상징
자연	**풀, 화초, 넝쿨**	유연성, 적응력, 친화력, 생존력
계절	**늦봄, 초여름**	번성, 활발, 교류, 왕성한 활동력
방위/색	**동남쪽, 청녹색**	섬세함, 성장, 예술성
날씨	**안개, 은은한 바람**	섬세한 감정, 은은한 영향력
인체	**간, 목, 말초신경**	유연성, 감각, 정서적 민감성

(2) 乙木의 성향

구분	성향	특성
장점	유연성	환경 변화에 빠르게 적응하며, 어려운 상황에서도 잘 견뎌내는 융통성이 있습니다.
	친화력	부드러운 성품으로 대인관계가 원만하며, 주변 사람들과 잘 어울립니다.
	생존력	잡초처럼 끈질긴 생명력과 지구력으로 목표를 이룹니다.
	예술성	아름다움을 추구하고 감성이 발달하여 예술, 디자인, 미용 분야에 재능이 있습니다.
단점	의존성	넝쿨처럼 타인이나 환경에 의지하려는 경향이 있어 독립심이 약할 수 있습니다.
	소심함	세밀하고 예민한 감성으로 인해 스트레스에 취약하며, 큰 일을 대하며 소심한 면이 있습니다.
	집착성	넝쿨이 다른 나무를 감싸는 것처럼, 때때로 집착하는 경향이 있습니다.

(3) 乙木의 직업 및 사회 활동

특성	직업 및 사회 활동
친화력	서비스업, 영업직, 중개업, 외교관, 상담가, 컨설턴트
유연성	교육자, 보육교사, 간호사, 심리 치료사
예술가	디자이너, 화가, 플로리스트, 미용사, 패션 스타일리스트
글쓰기	작가, 기자, 출판기획자, 카피라이터

2) 乙木의 성장 조건

乙木은 작은 풀이기에 생존에 대한 집착과 아름다움을 유지하려는 노력이 있습니다. 水와 火는 성장에 필수 요소이며, 부드러운 土에 뿌리를 내려야 번성할 수 있고, 金(전지가위)으로 적절히 가지 치기를 해주어야 알찬 결실을 맺을 수 있습니다.

3) 다른 천간과의 관계

상대천간	관계 설명
甲木	넝쿨이 큰 나무(甲木)를 타고 올라가 생존하는 형상입니다. 협력하여 어려움을 극복할 수 있지만, 지나치면 독립심을 잃거나 서로 간섭하는 관계가 될 수 있습니다.
乙木	서로 의지하고 협력하여 어려움을 극복하는 좋은 동료 관계가 됩니다. 하지만 뭉쳐 있으면 서로 경쟁이 심화되고 양분이 부족해질 수 있습니다.
丙火	따뜻한 햇살을 받아 꽃을 피우면 재능이 발휘되고 명예가 높아집니다. 사교성이 좋아지고 활발하게 활동합니다.
丁火	풀에 꽃이 피는 형상으로, 지나치면 기운이 소모되지만, 적절하면 창의력과 미적 감각이 돋보입니다.
戊土	넓고 단단한 대지에 풀이 번성하면 재물 운이 안정적이며, 활동 영역을 넓혀 큰 성과를 거둘 수 있습니다.
己土	부드러운 밭에 뿌리를 안정적으로 뿌리를 내릴 수 있습니다. 다만 너무 습하면 뿌리가 썩을 수 있습니다.
庚金	庚金은 乙木이 기대어 오를 수 있는 견고한 지지대로서 의지하며 성장하므로 사회적 인정을 얻고, 결실을 얻을 수 있습니다.
辛金	辛金은 乙木의 줄기를 자르는 칼로, 고통과 스트레스를 일으킬 수 있습니다.
壬水	壬水 강물에 휩쓸리는 작은 풀이 표류하거나 방황하기 쉬우며, 학업이나 직업에서 불안정성을 겪을 수 있습니다.
癸水	癸水는 필요한 수분을 공급해 성장을 도우므로 지혜와 학문이 발달하고, 정신적인 안정과 성장에 큰 도움을 줍니다.

100일 완성 사주명리

▶ 乙木의 체상【적천수】

乙木雖柔 刲羊解牛 懷丁抱丙 跨鳳乘猴 虛濕之地 騎馬亦憂 藤蘿繫甲 可春可秋
을목수유 규양해우 회정포병 과봉승후 허습지지 기마역우 등라계갑 가춘가추

乙木은 비록 유약하나 未土를 가르고 丑土를 해체할 수 있으며, 丙丁火를 품으면 봉황(酉)과 원숭이(申)에 올라탈 수 있다. 허습(虛濕)한 지지에서는 午火가 있어도 근심이 따르고, 甲木에 의지하면 봄과 가을 모두 생장이 가능하다.

【무공 해설】

乙木은 음간(陰干)으로 본래 연약하나, 뿌리를 내릴 힘을 지니므로 未土(양)와 丑土(소)를 가를 수 있습니다. 酉金은 봉황, 申金은 원숭이에 비유되며, 乙木은 이 지지에서 휴수되어 힘을 쓰지 못하지만, 丙丁火가 있으면 金의 기세를 제어하여 가을의 왕성한 금(金)의 기운을 감당할 수 있습니다.

허습(虛濕)한 지지는 습기가 지나쳐 뿌리내리기 어려운 곳으로, 주로 子水를 가리킵니다. 반면 亥水는 지장간에 甲木을 품고 있어 뿌리내리기에 유리하므로 허습하다고 하지 않습니다. 午火는 말의 물상으로, 乙木이 허습한 지지에 있으면 비록 午火가 있어도 子午충으로 인해 생장이 어렵게 됩니다.

등라계갑(藤蘿繫甲)은 乙木이 甲木에 의지하는 모습을 뜻합니다. 甲木은 큰 나무로, 乙木은 넝쿨처럼 기대어 자라므로, 가을과 겨울에도 甲木의 기세가 허약하더라도 의지하면 생존이 가능합니다.

4. 寅木

1) 寅木의 개념

寅木은 봄의 지지(寅卯辰) 중 첫 번째로(음력 1월), 입춘(立春)과 우수(雨水)의 절기에 해당하며 본격적인 봄의 시작을 알리는 기운입니다.

삼양삼음(三陽三陰)으로 음양의 조화를 이루며, 火의 기운이 포함되어 얼음이 녹고 새싹이 땅을 뚫고 나오는 시기입니다. 寅木이 만물의 성장을 더 높은 수준으로 발전시키기 위해서는 午의 기운을 만나야 합니다. 申은 寅을 파괴하고 상하게 하므로 신중히 경계해야 합니다. 사주에서 火의 기운과 합을 이루면 火 기운의 태과로 인해 木을 태울 수 있으므로 이에 대한 대비가 필요합니다.

2) 특성

계절기운: 겨울의 저장된 기운이 해동되며 봄의 생명력이 분출되는 시기

절기	시기(양력)	기운 작용
입춘(立春)	2월 3~4일	봄의 시작, 생명력 발동
우수(雨水)	2월 18~19일	얼음이 녹고 흙이 촉촉해지며 발아 준비

하루기운: 寅시(기준시: 03~05시), 하루의 새로운 시작을 준비하는 시간

방위: 동북 간방(東北 艮方)

십이신: 호랑이를 상징하며 활발하고 용맹하며 변화를 추구하고 한 곳에 머무르지 않는 기질을 가집니다.

음양조화: 삼양삼음(三陽三陰)으로 균형 잡힌 힘과 활동성이 나타납니다.

건강: 寅시에는 폐경(肺經)으로 기운이 흐르며 호흡이 활발해지므로, 명상과 깊은 호흡으로 신선한 공기를 마시는 것이 좋습니다.

■ 에너지(지장간)

구분	지장간	담당일수	에너지 작용
정기	甲木	16	강한 추진력, 성장, 개척
중기	丙火	7	온기, 활동성, 발전력
여기	戊土	7	안정, 현실적 기반

3) 寅木의 형(刑)충(沖)회(會)합(合)

구분	형	충	회	합
지지	寅巳申	寅申	寅午戌	寅亥

4) 십이운성

천간 오행	甲乙木	丙丁火	戊己土	庚辛金	壬癸水
십이운성	건록(建祿)	장생(長生)	장생(長生)	절(絶)	병(病)

■ 포태법

구 분	양(陽)포태				음(陰)포태			
천 간	甲	丙, 戊	庚	壬	乙	丁, 己	辛	癸
포태법	건록 (建祿)	장생 (長生)	포 (胞)	병 (病)	제왕 (帝旺)	사 (死)	태 (胎)	목욕 (沐浴)

5. 卯木

1) 卯木의 개념

卯木은 봄의 지지(寅卯辰) 중 두 번째로(음력 2월), 경칩(驚蟄)과 춘분(春分)의 절기에 해당하며 본격적으로 봄의 생명력이 왕성하게 뻗어 나가는 기운입니다.

寅木이 움트는 새싹이라면, 卯木은 이미 땅 위로 올라와 가지와 잎을 뻗으며 성장하는 푸른 기운입니다.

酉金은 卯木을 충(沖)하여 상하게 하므로 신중히 경계해야 합니다.

사주에서 水의 기운이 지나치게 많으면, 卯木의 뿌리가 약해져 흔들리고 불안정해질 수 있습니다.

2) 특성

계절 기운: 봄의 생명력이 본격적으로 발산되는 시기

절기	시기(양력)	기운 작용
경칩(驚蟄)	3월 5~6일	만물이 잠에서 깨어나고 생명력이 활발해짐
춘분(春分)	3월 20~21일	낮과 밤이 같아지고 균형과 조화의 기운

하루기운: 卯시(기준시: 05~07시), 하루의 활동이 본격적으로 시작되는 시간

방위: 정동 진방(正東 震方)

십이신: 토끼를 상징하며 민첩하고 온순하며 교류와 화합을 중시합니다. 변화에 민감하고 감수성이 풍부하여 예술적, 사회적 활동에 강점을 보입니다.

음양조화: 사양이음(四陽二陰)으로 양의 에너지가 활발하게 발현됩니다.

건강: 대장경(大腸經)이 왕성해지는 시간으로, 배설과 정화 작용이 활발해지므로 잠에서 깨어나 물을 한 잔 마시는 것이 좋습니다.

■ 에너지(지장간)

구분	지장간	담당일수	에너지 작용
정기	乙木	20	부드러운 성장, 관계 확장, 조화
여기	甲木	10	추진력·결단력 보강

3) 卯木의 형(刑)충(沖)회(會)합(合)

구분	형	충	회	합
지지	子卯	卯酉	亥卯未	卯戌

4) 십이운성

천간오행	甲乙木	丙丁火	戊己土	庚辛金	壬癸水
십이운성	제왕(帝旺)	목욕(沐浴)	목욕(沐浴)	태(胎)	사(死)

■ 포태법

구 분	양(陽)포태				음(陰)포태			
천간	甲	丙, 戊	庚	壬	乙	丁, 己	辛	癸
포태법	제왕(帝旺)	목욕(沐浴)	태(胎)	사(死)	건록(建祿)	병(病)	포(胞)	장생(長生)

【실전 예시】

다음 사주팔자에서 木의 천간과 지지의 특성, 지장간 잠재력은?

	시	일	월	년
천간	辛	乙	壬	丁
지지	巳	丑	寅	未

1) 乙木 일간의 특성

乙木 일간의 본질은 부드럽고 유연하며 대인관계를 중시하는 성향입니다. 온화하고 조율 능력이 뛰어나 주변과의 균형을 잘 맞추려 합니다. 세밀하고 섬세한 감성과 예술적 감각을 지녔습니다.

2) 寅木 월지의 특성

봄철 초입의 왕성한 기운을 불어넣습니다. 움직임이 빠르고 활동성이 탁월하여 새로운 영역을 열고 적극적으로 움직이는 동력을 제공합니다.

3) 지장간 잠재력(월지 寅木)

정기 甲木 ▶ 강한 생명력과 추진력의 원천입니다. 새로운 시작을 이끌고 방향성을 제시하는 내면의 리더십과 자신감으로 작용합니다.

중기 丙火 ▶ 성장의 동력을 제공합니다. 활동성, 표현력, 열정을 강화시켜 주며, 추진력을 실질적인 성과로 연결시키는 데 기여합니다.

여기 戊土 ▶ 현실적인 기반과 안정성을 부여합니다. 목적성 있는 성장을 가능하게 하며, 이상만이 아닌 현실 감각을 유지할 수 있도록 도와줍니다.

【실전 예시】

다음 사주팔자에서 木의 천간과 지지의 특성, 지장간 잠재력은?

	시	일	월	년
천간	乙	甲	庚	癸
지지	丑	寅	申	卯

【사주분석】

1) 甲木 일간의 특성

우뚝 솟은 큰 나무처럼 원칙과 중심을 중시하는 성향이 있습니다. 강한 자존심과 주관 그리고 진취적이고 개척 정신이 강합니다. 申월의 숙살지기로 인해 끊임없이 다듬어져 전문성과 카리스마를 형성하게 됩니다.

2) 乙木 시간의 특성

덩굴 풀처럼 상황에 유연하게 대처하는 지혜를 지니고, 겉으로는 순하게 보이나 속은 끈기 있고 야망이 있습니다. 甲木 일간의 뿌리가 단단하므로 등라계갑으로 의지하며 동시에 甲木을 보좌하는 역할을 하게 됩니다.

3) 지장간 잠재력

년지 卯木 ▶ 왕성한 번식력과 확장욕으로 甲木 일간과 乙木 일간의 뿌리 역할을 하면서 년간 癸水의 수분을 공급해줍니다.

일지 寅木 ▶ 甲木 일간의 뿌리 역할을 하면서 왕성한 활동력의 에너지를 공급합니다.

여기 戊土는 기반을 다지고, 중기 丙火는 열정적 추진력과 자신을 드러내며, 정기 甲木은 일간의 정체성을 강화하며 독립심을 나타냅니다.

무공 사주명리 DAY

15

▶ YouTube

火의 천간과 지지

156

100일 완성 사주명리

1. 火의 개념과 특성

1) 火의 개념

火는 활동과 발산, 그리고 빛과 명예를 상징하는 에너지입니다. 자연에서 태양과 불로써 만물을 번성하게 하는 火는 세상에서 없어서는 안 될 기운입니다.

火는 여름의 기운을 대표합니다. 모든 것이 가장 활발하게 움직이고, 밖으로 뻗어 나가며 열정적으로 빛나는 기운입니다.

2) 火의 기운을 가진 사람의 특성

태양처럼 밝고 정열적이며, 예의를 중시하고 명랑한 성격입니다.

자신의 감정과 존재를 솔직하게 표현하며 드러내는 경향이 있습니다.

누구에게나 공평하고 정직하며 거짓말을 잘 하지 못하는 성향이 있습니다.

좋아하는 일에는 열정을 불태우며 활발하게 움직입니다.

기분이나 의향을 감추기보다는 시원하게 표현하는 스타일입니다.

3) 성격적 경향

긍정적인 면: 쾌활하고 사교성이 뛰어나며, 분위기를 밝게 만드는 역할을 자주 합니다.

부정적인 면: 급한 성격으로 인해 인내심이 부족할 수 있고, 감정 기복이 심하며, 쉽게 열정이 타오르고 또 쉽게 식는 경향이 있습니다.

4) 火의 덕목

火는 사양지심(辭讓之心)을 지니고 있습니다. 사양지심은 타인을 존중하는 마음입니다.

밝고 드러나는 마음으로 예절의 덕목을 가지고 밝고 화사한 사교성을 지닙니다.

▣ 火오행의 음양 구분

구분		火오행	
		양(陽)	음(陰)
천간(天干)		丙火	丁火
지지(地支)	체(體)	午火	巳火
	용(用)	巳火	午火

2. 丙火

1) 丙火의 개념

丙火는 천간의 세 번째 글자로, 오행으로는 火에 속하며, 음양으로는 양(陽)의 기운을 가집니다. 이는 모든 생명체에게 없어서는 안 되는 존재로서 만물을 비추는 태양을 상징합니다. 丙火의 태양은 공명정대함과 모든 것을 포용하는 배려와 광명을 상징합니다.

(1) 丙火의 물상

분류	물상	물상적 상징
자연	태양, 빛, 열	밝음, 명랑, 정열, 생명력, 희망, 광명
계절	초여름	활동적, 화려함, 공개적, 강한 열기
방위/색	남쪽, 적색	명예, 권력, 열정, 발산
날씨	맑은 날씨	쾌활함, 명랑함, 밝은 시야, 명료함
인체	눈, 소장, 혈액, 정신	시력, 순환기 계통, 정신력, 활발

(2) 丙火의 성향

구분	성향	특성
장점	명랑성	밝고 쾌활하며, 긍정적인 에너지로 주변을 즐겁게 함
	공명정대	숨김없이 솔직하며, 공정하고 의협심 강함
	정열적	목표를 향한 열정이 강하며, 추진력 탁월
	포용력	태양이 만물을 비추듯, 넓은 마음으로 품고 리드
단점	조급함	쉽게 흥분하고 감정 기복이 심하며, 인내심 부족
	경솔함	비밀이 없으며, 신중하지 못하고 경솔할 수 있음
	허례허식	명예와 체면을 중시하고 실속 없이 과장 경향

(3) 丙火의 직업 및 사회 활동

특성	직업 및 사회 활동
공직자	정치인, 법조인, 공무원, 경영자, 단체장
언론인	방송인, 아나운서, 기자, 홍보/광고 기획자, 강연자
에너지 분야	전기/전자 엔지니어, 통신 전문가, IT 개발자, 에너지 산업
교육직	교수, 강사, 교육 연수원, 멘토
문화/예술	연예인, 배우, 무대 예술가, 영화 감독

2) 丙火의 성장 조건

丙火는 壬水를 전용하여 강물이나 호수가 태양 빛을 받아 반사해주는 것을 가장 기뻐합니다. 반면, 癸水는 구름이나 안개와 같아 태양 빛을 가리므로 丙火가 명예를 빛내는 것을 방해합니다.

3) 다른 천간과의 관계

상대천간	관계 설명
甲木	甲木은 丙火의 역할을 충실하게 해주므로, 그 빛과 열정을 마음껏 발산할 수 있습니다.
乙木	초목이 태양빛을 받아 아름다운 꽃을 피우고, 丙火의 에너지로 섬세하고 예술적인 방식을 한껏 나타냅니다.
丙火	두 개의 태양이 만나면 세상을 태워버릴 만큼 에너지가 과잉됩니다. 서로의 빛을 가리는 경쟁 구도가 되어 다투기 쉽습니다.
丁火	丙火가 丁火의 빛을 압도하는 관계로, 丁火 입장에서는 자신의 능력을 발휘하기 어려울 수 있습니다.
戊土	태양이 광활한 대지를 비추며 丙火의 열정을 현실적인 성과로 만들어내는 기반이 되어줍니다.
己土	丙火의 빛과 열정을 흐리게 하고, 의지와 활력을 약화시킬 수 있습니다.
庚金	丙火는 庚金을 제련하여 쓰임 있는 도구로 만들 수 있습니다. 丙火가 庚金이라는 큰 재물을 다루는 힘을 얻습니다.
辛金	丙火는 辛金을 통해 더 정교하고 귀한 성과와 명예를 얻습니다. 빛을 발해야 그 가치가 빛나는 관계입니다.
壬水	태양이 맑은 호수를 비추는 형상으로 서로의 가치를 빛나게 하는 최고의 조합입니다.
癸水	작은 비와 이슬이 태양을 가리는 형상입니다. 癸水가 丙火를 직접 극하는 관계로서 구설수나 작은 시련이 따를 수 있습니다.

丙火猛烈 欺霜侮雪 能煅庚金 逢辛反怯 土衆成慈 水猖顯節 虎馬犬鄕 甲來焚滅
병화맹렬 기상모설 능단경금 봉신반겁 토중성자 수창현절 호마견향 갑래분멸

丙火는 맹렬하여 서리와 눈을 업신여기며, 庚金을 능히 단련할 수 있으나 辛金을 만나면 오히려 겁을 낸다. 土가 많으면 자애로움을 이루고, 水가 창성해도 절개를 지킨다. 寅·午·戌의 방위에서 甲木이 오면 불타 소멸한다.

【무공 해설】

丙火는 양 중의 양으로, 오행 중 가장 강한 기세를 지닌 불입니다. 그 열기는 맹렬하여 가을의 서리나 겨울의 눈도 두려워하지 않습니다.

丙火는 강건하므로 庚金과 같이 강한 金을 만나면 이를 제어하고 단련할 수 있습니다. 그러나 辛金은 부드러운 음의 성질을 지니므로 丙火의 강함을 누그러뜨리고, 丙火와 辛金이 합하여 水로 변하면 丙火는 곤란 해져 겁을 내게 됩니다.

土는 火의 자식이므로 많아도 포용할 수 있어 자애로움을 보입니다. 반면 水가 강해도 丙火는 양 중의 양으로서 최고의 기개를 지니므로 굴복하지 않고 절개를 지킵니다.

호마견향(虎馬犬鄕)은 寅·午·戌의 삼합으로 火局을 이루는 방위입니다. 이때 火의 기세는 극도로 강해지며, 甲木이 오면 그 열기를 감당하지 못해 더욱 치열해지고, 결국 甲木은 불타 소멸합니다.

3. 丁火

1) 丁火의 개념

丁火는 천간의 네 번째 글자로, 오행으로는 火에 속하며, 음양으로는 음(陰)의 기운을 가집니다.

丁火는 촛불, 등불, 별빛, 달빛 등을 상징하며, 때로는 庚金을 제련하는 숯불이나 용광로의 강한 열기로 작용하기도 합니다.

만물을 은은하게 밝히고 덥히는 지혜로운 빛으로 희망의 불씨와 내면의 지혜를 상징합니다.

(1) 丁火의 물상

분류	물상	물상적 상징
자연	촛불, 등불, 별빛, 불씨	지혜, 집중력, 예절, 문명, 희생, 정신성
계절	늦여름	정점, 성숙, 여운, 집중된 열기
방위/색	남쪽, 적색	정열, 세밀함, 우아함
날씨	무더운 날씨	내면의 열기, 고집, 집요함
인체	심장, 혀, 혈맥	말솜씨, 혈액 순환, 미세한 에너지 흐름

(2) 丁火의 성향

구분	성향	특성
장점	섬세함	관찰력이 예리하고, 세밀한 부분까지 주의를 기울입니다.
	예의	예절과 형식을 중시하며, 조화와 균형을 추구합니다.
	집중력	한 가지 일에 깊이 몰두하는 집중력과 인내력을 가졌습니다.
	통찰력	등불이 어둠을 밝히듯, 상황의 본질을 꿰뚫는 통찰력이 있습니다.
단점	의심	너무 세밀하게 관찰하다 보니, 쉽게 의심을 품고 신중함이 지나쳐 우유부단할 수 있습니다.
	내향적	겉으로는 차분해 보여도 내면에 강한 열정과 고집을 지녀 화를 내면 오래 갑니다.
	소극성	촛불이 바람에 쉽게 꺼지듯, 외부의 압력이나 비판에 쉽게 위축됩니다.

(3) 丁火의 직업 및 사회 활동

특성	직업 및 사회 활동
연구/기술	연구원, 과학자, 엔지니어, 기술자, 프로그래머
정밀/의료	의사, 약사, 심리상담사, 수련사, 정밀기계 엔지니어
문화/예술	장인, 공예가, 디자이너, 시인, 작곡가
교육/지도	교사, 멘토, 종교인, 철학자
메니지먼트	기획자, 감독, 프로듀서, 품질 관리

2) 丁火의 성장 조건

丁火는 甲木이라는 땔감을 얻고 庚金이라는 도구로 이를 잘게 쪼개어 끊임없이 火기를 공급받는 벽갑인정(劈甲引丁)이 전 계절을 관통하는 성공의 핵심 원리입니다

3) 다른 천간과의 관계

상대천간	관계 설명
甲木	甲木은 丁火의 불을 지속시키는 역할을 합니다. 丁火는 甲木의 에너지가 있어야 庚金을 제련할 수 있습니다.
乙木	乙木은 丁火의 안정적인 연료가 되기에는 부족합니다. 오히려 丁火의 기운을 꺼뜨리게 할 수 있습니다.
丙火	丙火는 丁火의 존재감을 흐리게 합니다. 丁火 입장에서는 자신의 능력을 발휘하기 어려운 관계입니다.
丁火	두 개의 등불이 서로를 보완하며 어둠을 밝힙니다. 서로의 섬세함과 지혜를 이해하는 좋은 동반자 관계가 됩니다.
戊土	戊土는 丁火의 빛을 가립니다. 丁火의 재능을 발휘하는 데 방해가 될 수 있습니다.
己土	열기(丁火)로 흙(己土)을 구워 가치를 주는 관계입니다. 丁火가 己土를 통해 자신의 능력을 발휘할 수 있는 좋은 관계입니다.
庚金	촛불로 단단한 쇠를 녹이려면 甲木이 필요합니다. 甲木이 매개가 되면 丁火는 庚金을 제련해 큰 성과를 낼 수 있습니다.
辛金	보석을 빛으로 비추는 형상으로 가장 빛나는 명예를 얻을 수 있습니다. 辛金은 丁火의 열기가 가까이 오는 것을 두려워합니다.
壬水	등불을 맑은 물 위에 비추는 형상으로, 丁火는 壬水를 만나면 지혜가 크게 발현됩니다. 하지만 壬水에 잠기면 등불이 꺼지므로 스트레스와 불안감을 느끼게 됩니다.
癸水	안개나 이슬비가 등불을 꺼뜨리는 형상입니다. 구설수나 예상치 못한 장애, 건강의 문제를 야기할 수 있어 주의가 필요합니다.

100일 완성 사주명리

丁火柔中 內性昭融 抱乙而孝 合壬而忠 旺而不烈 衰而不窮 如有嫡母 可秋可冬
정화유중 내성소융 포을이효 합임이충 왕이불열 쇠이불궁 여유적모 가추가동

丁火는 유순하면서도 중도를 지키며, 내성은 밝고 따뜻하다. 乙木을 감싸 효를 다하고, 壬水와 합하여 충성을 나타낸다. 왕성하더라도 치열하지 않고, 쇠약하더라도 궁색하지 않다. 모친(木)이 있으면 가을과 겨울에도 그 기운을 유지한다.

【무공 해설】

丁火는 음간(陰干)이지만 양의 속성을 겸비하여 음양의 조화를 이루며 중도를 지킵니다. 따라서 지나치게 치열하지도, 지나치게 약하지도 않습니다.

乙木은 丁火를 생하는 존재로, 마치 어머니와 같습니다. 辛金이 乙木을 위협하면 丁火는 辛金을 제어하여 乙木을 보호하니, 이는 효도의 상징입니다.

壬水는 丁火의 정관으로 군주에 비유됩니다. 만약 壬水가 土의 압박을 받으면 丁火는 壬水와 합하여 木으로 화하고 土를 제어하여 군주를 보호하니, 이는 충성의 모습입니다.

丁火는 본래 유약하나, 기세가 강해도 치열하지 않고, 쇠약해도 궁색하지 않습니다. 이는 음간의 부드러움 속에 양의 강건함을 품기 때문입니다.

적모(嫡母)는 丁火의 생지인 木을 뜻합니다. 木의 생기를 받으면 丁火는 가을에도 활력을 유지하고, 겨울의 한기에도 꺼지지 않습니다. 따라서 木이 존재하면 사계절에 걸쳐 안정된 기운을 유지할 수 있습니다.

4. 巳火

1) 巳火의 개념

巳火는 여름의 지지 巳午未 중 첫번째로(음력 4월), 입하(立夏)와 소만(小滿) 절기에 해당하며 본격적인 여름의 시작을 알리는 기운입니다. 봄에 움트고 자란 생명이 태양의 강렬한 빛을 받아 무성하게 뻗어 나가는 시기입니다. 巳火는 겉으로는 잠잠해 보이지만 내면에는 뜨거운 열정(丙火)과 예리한 판단력(庚金)을 동시에 품고 있는 복합적인 기운입니다.

2) 특성

계절기운: 봄의 성장력이 여름의 불기운으로 전환되는 시기

절기	시기(양력)	기운 작용
입하(立夏)	5월 5~6일	여름의 시작, 본격적인 열기 형성
소만(小滿)	5월 20~21일	만물이 무성해지고 열기가 점차 강해짐

하루 기운: 巳시(09~11시), 하루의 열기가 본격적으로 오르는 시간

방위: 남동 손방(南東 巽方)

십이신: 뱀을 상징하며 은밀하고 지혜로우며 상황을 꿰뚫는 통찰력을 지닙니다. 변화에 민감하고, 기회를 포착하는 능력이 뛰어나며, 내면의 열정으로 목표를 향해 집요하게 나아갑니다.

음양조화: 체(體)는 음화(陰火)이지만, 그 속에 丙火를 품고 있어 용(用)은 양화(陽火)입니다. 따라서 겉으로는 은근하고 계산적이지만, 내면은 뜨겁고 강렬한 이중적인 성격을 가집니다.

건강: 巳시에는 비경(脾經)이 왕성해 소화와 영양 공급이 활발합니다. 이때는 물을 천천히 자주 마셔 수분 보충을 하는 것이 좋습니다.

■ 에너지(지장간)

구분	지장간	담당일수	에너지 작용
정기	丙火	16	밝음, 활력, 추진력, 적극성
중기	庚金	7	절제, 단련, 분석력, 통찰력
여기	戊土	7	안정, 현실 감각, 실행력

3) 巳火의 형(刑)충(沖)회(會)합(合)

구분	형(刑)	충(沖)	회(會)	합(合)
지지	寅巳申	巳亥	巳酉丑	巳申

4) 십이운성

천간 오행	甲乙木	丙丁火	戊己土	庚辛金	壬癸水
십이운성	병(病)	건록(建祿)	건록(建祿)	장생(長生)	절(絶)

■ 포태법

구 분	양(陽)포태				음(陰)포태			
천간	甲	丙, 戊	庚	壬	乙	丁, 己	辛	癸
포태법	병(病)	건록(建祿)	장생(長生)	포(胞)	목욕(沐浴)	제왕(帝旺)	사(死)	태(胎)

5. 午火

1) 午火의 개념

午火는 여름의 지지 巳午未 중 두 번째로(음력 5월), 망종(芒種)과 하지(夏至)의 절기에 해당하며 여름의 정점을 상징합니다. 午火는 하늘 높이 떠오른 태양 그 자체로 세상을 환히 비추는 강렬한 불의 기운입니다.

午火는 未土와 합하여 안정되고 생산적인 에너지로 변합니다. 土의 기운을 만나면 그 맹렬한 열기를 내리어 더욱 유용한 에너지로 발현할 수 있습니다.

2) 특성

계절 기운: 여름의 태양이 절정에 이르는 시기

절기	시기(양력)	기운 작용
망종(芒種)	6월 5~6일	보리를 수확하고 벼를 심는 시기
하지(夏至)	6월 20~21일	낮이 가장 길고 에너지 절정

하루기운: 午시(기준시: 11~13시), 하루 중 태양이 가장 높이 떠올라 기운이 절정에 달하는 시간입니다.

방위: 정남 리방(正南 離方)

십이신: 말(馬)을 상징하며 활달하고 자유로우며, 강한 추진력과 활동성을 지닙니다. 속박을 싫어하고 넓은 세상을 달리는 기질을 나타내며, 명예와 승리를 중시합니다.

음양조화: 체(體)는 양화(陽火)이지만, 그 속에 丁火를 품고 있어 용(用)은 음화(陰火)로서 외향적이고 강렬한 에너지 안에 섬세한 마음과 정신성을 간직하고 있습니다.

건강: 午시에는 심경(心經)이 왕성해집니다. 양기가 절정에 이르러 음기로 전환되는 시기이므로, 적절한 휴식과 낮잠으로 심장과 정신을 안정시켜야 합니다.

■ 에너지(지장간)

구분	지장간	담당일수	에너지 작용
정기	丁火	11	부드럽지만 강한 지속력, 정신성, 집중력
중기	己土	9	안정, 생산력, 화합 능력
여기	丙火	10	밝은 태양의 힘, 리더십, 카리스마

3) 午火의 형(刑)충(沖)회(會)합(合)

구분	형(刑)	충(沖)	회(會)	합(合)
지지	午午	子午	寅午戌	午未

4) 십이운성

천간 오행	甲乙木	丙丁火	戊己土	庚辛金	壬癸水
십이운성	사(死)	제왕(帝旺)	제왕(帝旺)	목욕(沐浴)	태(胎)

■ 포태법

구 분	양(陽)포태				음(陰)포태			
천간	甲	丙, 戊	庚	壬	乙	丁, 己	辛	癸
포태법	사(死)	제왕(帝旺)	목욕(沐浴)	태(胎)	장생(長生)	건록(建祿)	병(病)	포(胞)

예시1) **다음 사주팔자에서 火의 천간과 지지의 특성, 지장간 잠재력은?**

		시	일	월	년
천간		丙	壬	丁	癸
지지		午	申	巳	丑
지	여기	丙	戊	戊	癸
장	중기	己	壬	庚	辛
간	정기	丁	庚	丙	己

【사주분석】

1) 丁火 월간의 특성

丁火는 은은하고 집요한 매력을 지니고 섬세함과 예의로 사회적으로 신뢰감을 줍니다. 다만 巳火 월지에 앉아 火국의 세력이 왕성하므로 지나치면 고집스럽고 내향적 에너지로 변질될 가능성을 지녔습니다.

2) 丙火 시간의 특성

巳월의 丙火는 태양처럼 강렬하고 활기찬 기운이며, 午火 시지에 앉아 말년에 적극적이고 왕성한 활동을 하며 사주를 주도하는 리더십을 발휘하게 됩니다.

3) 지장간 잠재력

월지 巳火 ▶ 초여름 열기로 시작의 열정, 활동성, 변화로 사회적 기반을 구축합니다.

여기 戊土는 단단한 틀을 형성하며 신뢰감을 주고, 중기 庚金은 조직의 규율을 준수하고 명예 의식을 드러내며, 정기 丙火는 모험심과 실질적 추진력을 나타냅니다.

시지 午火 ▶ 불꽃 같은 열정으로 말년의 활동 무대가 됩니다.

여기 丙火는 강한 실행력과 대외적 활동을 나타내고, 중기 己土는 내실을 다지며 결실을 만들고, 정기 丁火는 예술적 감각으로 노후 생활을 즐기는 요소로 작용합니다.

예시2) 다음 사주팔자에서 火의 천간과 지지의 특성, 지장간 잠재력은?

		시	일	월	년
천간		丁	甲	戊	甲
지지		卯	午	辰	子
지	여기	甲	丙	乙	壬
장	중기		己	癸	
간	정기	乙	丁	戊	癸

【사주분석】

1) 丁火 시간의 특성

丁火는 봄철 새벽의 별빛처럼 섬세하고 예리한 표현력과 예술적 감각을 지녔습니다. 午火 일지에 앉은 甲木 일간을 통해 자신의 생각과 재능을 적극적으로 외부로 표출합니다.

특히 시간에 위치해 말년에 이르러 더욱 빛나는 재능으로 작품 활동을 암시하고, 지지 卯木에서 에너지가 끊임없이 상승하는 기운으로 창의성을 극대화할 수 있습니다.

2) 지장간 잠재력

일지 午火: 절정의 에너지로 성취, 완성, 활력을 상징하며, 일지에 위치하며 배우자, 대인관계, 내면세계, 심리적 기반을 의미합니다.

여기 丙火는 표현력과 대외적 이미지를 형성하고, 중기 己土는 내실의 실리를 추구하고, 정기 丁火는 은근하고 질긴 끈기의 내적 성향을 나타냅니다.

16

▶ YouTube

土의 천간과 지지

1. 土의 개념과 특성

1) 土의 개념

土는 균형과 중재, 포용력과 신뢰를 상징하는 에너지입니다.

土의 천간은 오행 전체의 중앙에 자리하여 음양의 중심을 잡아주는 역할을 합니다.

土의 지지는 계절적으로는 사계절의 환절기에 해당합니다. 각 계절의 기운이 바뀌는 중간에서 조화롭게 연결해주는 중개자이자, 모든 생명체가 태어나고 자라며 돌아가는 단단한 기반이 되는 기운입니다.

2) 土의 기운을 가진 사람의 특성

땅처럼 무게감이 있고 신뢰를 주며, 만물을 포용하는 너그러움을 가집니다.

믿음과 신용을 중요하게 여기며 정직하고 성실합니다.

균형 감각이 뛰어나며 중재 능력이 탁월하고, 수용적인 태도를 취합니다.

뚝심과 지구력이 강하여 안정을 선호합니다.

3) 성격적 경향

긍정적인 면: 신뢰를 주며, 사고가 깊고 인품이 중후합니다.

부정적인 면: 행동이 무겁고 느리며 변화를 두려워하며, 속마음을 잘 드러내지 않아 답답하게
느껴질 수 있습니다.

4) 土의 덕목

土는 중앙을 지키는 마음으로 신뢰의 덕목을 가지고 있습니다. 믿음이 없으면 중개를 할 수
없습니다. 신뢰하는 마음으로 서로를 이어주는 역할을 하게 됩니다.

■ 土오행의 음양

구분	土오행	
	양(陽)	음(陰)
천간	戊土	己土
지지	辰土, 戌土	丑土, 未土

2. 戊土

1) 戊土의 개념

戊土는 천간의 다섯 번째 글자로, 오행으로는 土에 속하며, 음양으로는 양(陽)의 기운을 가집니다. 戊土는 광활한 대지, 높은 산, 혹은 강물을 막는 제방(둑)을 상징합니다. 만물을 포용하면서도 그 경계를 분명히 하는 신뢰와 책임의 기운을 지닙니다.

(1) 戊土의 물상

분류	물상	물상적 상징
자연	**태산, 대지, 제방, 성곽**	안정, 견고함, 포용력, 중용, 신용, 경계
계절	**모든 계절의 환절기**	중화, 변화의 중심, 조절력
방위/색	**중앙, 황색**	중심, 통솔력, 지배력, 권위
날씨	**구름, 습한 날씨**	중재, 은폐, 느림, 변화의 징조
인체	**위장, 늑골, 근육, 지방**	소화기 계통, 신진대사, 비대함

(2) 戊土의 성향

구분	성향	특성
장점	신용	약속을 반드시 지키고 믿음직스러우며, 중립적인 자세를 유지합니다.
	포용력	넓은 마음으로 타인의 결점을 이해하고 받아들이며, 인자합니다.
	안정감	묵직하고 흔들림이 없어 주변에 심리적인 안정감을 줍니다.
	지구력	태산처럼 굳건하여 끈기와 인내심이 매우 강합니다.
단점	고집	변화를 싫어하고 한번 정한 뜻을 고수하며, 유연성이 부족합니다.
	답답함	신중함이 지나쳐 시작과 결정이 느려 주변을 답답하게 할 수 있습니다.
	은폐	속마음을 쉽게 드러내지 않아 비밀이 많거나 속이 깊어 보입니다.

(3) 戊土의 직업 및 사회 활동

특성	직업 및 사회 활동
공공/행정	공무원, 행정가, 정책가, 중재자, 상담가
금융/재정	은행원, 회계사, 세무사, 재정관리사, 투자자
교육/종교	스승, 멘토, 교수, 종교지도자
건설/부동산	건축가, 토목기사, 부동산 중개·개발, 농업, 광업
운송/물류	창고 관리, 운수·물류 관리자, 공급망 관리자

2) 戊土의 성장 조건

戊土는 만물을 포용하고 기르는 역할을 다하며 성장하기 위해서 甲木으로 소토하고, 丙火로 따뜻하게 비추고, 癸水로 적셔주어야 합니다. 戊土는 태과불급을 조절해주는 중화 작용이 성공의 비결입니다.

3) 다른 천간과의 관계

상대천간	관계 설명
甲木	산(戊土)에 큰 나무(甲木)가 뿌리를 내리듯, 책임과 명예를 주지만 동시에 엄청난 스트레스와 압박을 줍니다. 이를 극복하면 가장 위대한 성과를 이룹니다.
乙木	대지(戊土)에 풀(乙木)이 뿌리내리듯, 甲木보다 부드럽고 안정적으로 직장과 명예를 얻게 해주며, 주변의 도움을 받게 합니다.
丙火	태양(丙火)이 대지를 비추는 가장 이상적인 관계입니다. 학문과 인덕이 발달하고, 능력을 인정받아 명예와 지위를 얻습니다.
丁火	등불(丁火)이 대지를 비추듯, 꾸준한 노력과 지혜를 통해 안정적인 성과를 얻습니다. 정신적 안정과 섬세한 배려를 돕습니다.
戊土	두 개의 산이 겹쳐 신뢰와 안정감도 있지만, 고집과 경쟁심이 부딪혀 재물과 주도권 다툼이 발생할 수 있습니다.
己土	산(戊土) 위에 부드러운 흙(己土)을 덧대는 형상으로, 협력이 좋고 세부 실행력이 향상됩니다.
庚金	산(戊土) 속에 광석(庚金)이 숨겨진 형상입니다. 꾸준히 재능을 발휘하여 큰 재물을 모을 수 있습니다. 火가 있으면 그 가치가 더 빛납니다.
辛金	산(戊土) 속에서 귀금속(辛金)을 캐내듯, 섬세한 재능과 창의력을 발휘하게 합니다. 하지만 辛金의 날카로움으로 인해 구설수나 신경질적인 언행을 조심해야 합니다.
壬水	높은 산(戊土) 앞에 큰 강(壬水)이 흐르는 형상으로, 큰 재물과 사업의 기회를 의미하지만, 土가 약하면 제방이 무너져 불안정과 손실을 겪을 수 있습니다.
癸水	대지(戊土)에 비(癸水)가 내려 스며드는 형상입니다. 안정된 재물과 꾸준한 생활을 상징하며, 조용히 목표를 달성하게 합니다.

戊土固重 旣中且正 靜翕動闢 萬物司命 水旺物生 火燥喜潤 若在艮坤 怕沖宜靜
무토고중 기중차정 정흡동벽 만물사명 수왕물생 화조희윤 약재간곤 파충의정

戊土는 견고하고 무겁다. 이미 중도를 지키고 또한 바르며, 고요할 때는 거두고 움직일 때는 펼쳐 만물의 운명을 주관한다. 水로 왕성하면 만물이 생하고 火가 지나치게 건조하면 습기를 반긴다. 간곤에 있을 때는 충을 두려워하므로 고요함이 마땅하다.

【무공 해설】

戊土는 양간(陽干)으로, 큰 산과 광대한 대지에 비유되며 강건하고 견고합니다. 하도(河圖)에서 중앙에 위치하여 음양의 균형을 이루고 중도를 지킵니다. 모든 오행에 골고루 작용하므로 치우침이 없습니다.

정흡(靜翕)은 음의 기운을 모으는 작용으로, 戊土는 양의 기운을 거두어 음을 돕게 됩니다. 이는 낮에 일을 마치고 밤에 휴식하는 모습과 같습니다. 동벽(動闢)은 양의 기운을 펼치는 작용으로, 戊土는 음을 양으로 바꾸어 돕게 됩니다. 이는 아침 해가 떠오르면 만물이 깨어나는 모습과 같습니다.

戊土는 유순하고 중도를 지켜 지나침이나 부족함이 없으며, 당령해도 화염이 치열하지 않고 쇠약한 시기에도 꺼지지 않습니다. 甲乙이 드러나면 가을에도 金을 두려워하지 않고, 寅卯가 있으면 겨울에도 水를 꺼리지 않습니다.

戊土는 음양의 진퇴를 조절하며 동정(動靜)을 다스려 만물의 생사를 주관합니다. 水가 왕성하면 윤택해져 만물이 살아가고, 火가 지나치게 건조하면 습기를 반깁니다. 따라서 수화기제(水火旣濟)가 유지되어야 만물이 번성합니다.

간곤(艮坤)은 주역 팔괘의 방위로, 간방은 동북(丑土·寅木), 곤방은 서남(未土·申金)에 위치합니다. 간방은 생(生)을, 곤방은 숙살(肅殺)을 담당하지만 서로 충을 이루면 생사 작용이 어려워집니다. 그러므로 간곤방에서는 움직이지 말고 고요히 있는 것이 마땅합니다.

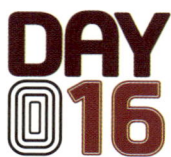

3. 己土

1) 己土의 개념

己土는 천간의 여섯 번째 글자로, 오행으로는 土에 속하며, 음양으로는 음(陰)의 기운을 가집니다.

戊土가 거대한 산과 같은 포용의 땅이라면, 己土는 농사를 짓는 논밭, 정원의 흙, 도자기를 빚는 점토와 같습니다. 생명의 씨앗을 받아 키우고 결실을 맺게 하는 양육과 실현에 특화된, 부드럽고 세심한 기운입니다.

(1) 己土의 물상

분류	물상	물상적 상징
자연	**논밭, 경작지, 점토, 구름**	양육, 실용성, 세밀함, 적응력, 소화
계절	**모든 계절의 환절기**	중화, 조절, 전환, 준비
방위/색	**중앙, 황색**	현실 감각, 협력, 실리 추구
날씨	**습한 날씨, 안개**	유연함, 포용, 감춤, 섬세함
인체	**비장, 복부, 지방, 근육**	소화·흡수 기능, 영양 공급, 대사

(2) 己土의 성향

구분	성향	특성
장점	온순함	부드럽고 융통성이 있으며, 환경에 잘 적응합니다.
	배려심	타인의 입장을 세심하게 배려하고 돌보는 마음을 가졌습니다.
	실용성	현실적이고 실용적이며, 이론보다는 실제 효과를 중시합니다.
	꾸준함	농부처럼 맡은 일을 꾸준히 성실하게 해냅니다.
단점	우유부단	너무 많은 경우의 수를 고려하며 망설이다가 결단력을 잃기 쉽습니다.
	소극성	스스로 적극 주도하기보다는 주변 상황에 의존하는 경향이 있습니다.
	고집	겉으로는 순종해 보여도 내심에는 고집이 있어 쉽게 마음을 바꾸지 않습니다.

(3) 己土의 직업 및 사회 활동

특성	직업 및 사회 활동
보조/관리	비서, 행정, 인사·총무, 데이터 관리자
교육/돌봄	교사, 보육교사, 상담사, 간호사, 영양사
디자인/공예	디자이너, 도예가, 공예가, 작가
농업/식품	농업, 조경사, 요리사, 식품 연구원
의료	한의사, 약사, 물리치료사

2) 己土의 성장 조건

己土 성장의 성패는 丙火로 땅을 녹이고 癸水로 윤택하게 가꾸며, 필요할 때 甲木으로 흙을 일구는 것에 달려 있습니다. 이 요소들이 적절히 절충되어 중도(中道)를 이룰 때 비로소 풍성한 결실을 보는 명(命)이 됩니다.

3) 다른 천간과의 관계

상대천간	관계 설명
甲木	밭(己土)에 큰 나무(甲木)를 심은 가장 이상적인 관계로, 귀인과 명예, 질서와 책임을 부여합니다. 가정과 사회적 기반을 든든하게 합니다.
乙木	밭(己土)에 풀(乙木)이 자라듯, 압박과 스트레스를 주지만, 이를 극복하면 권력과 성취를 얻게 합니다.
丙火	부드러운 볕(丙火)이 밭(己土)을 따뜻하게 하듯, 가장 반가운 귀인입니다. 학문, 지혜, 명예와 안정을 갖다 줍니다.
丁火	등불(丁火)이 밭(己土)을 비추듯, 섬세한 재능과 직관력을 키워주지만, 지나치면 고립되고 소모적일 수 있습니다.
戊土	부드러운 밭(己土) 위에 큰 산(戊土)이 덮어쓰는 형상으로, 도움도 되지만 존재감과 영역을 빼앗기는 느낌을 받을 수 있습니다.
己土	흙과 흙이 뭉쳐 단결력을 발휘합니다. 서로를 이해하고 도우며, 신뢰할 수 있는 동반자 관계를 만듭니다.
庚金	밭(己土)에서 쇠(庚金)가 나오듯, 재주와 예술성을 꽃피우게 하지만, 거침없는 표현으로 인해 인간관계에서 마찰과 구설수가 생길 수 있습니다.
辛金	밭(己土)에서 곡물(辛金)이 나오듯, 재주와 여유, 즐거움을 표현하게 하는 길신입니다. 예술·정밀 분야 등에 재능을 발휘하며 재물을 모읍니다.
壬水	밭(己土)에 큰 강(壬水)이 흐르면 흙이 유실될 수 있습니다. 큰 재물의 기회이지만, 관리하지 못하면 기반이 흔들리고 불안정해질 수 있습니다.
癸水	밭(己土)에 비(癸水)가 스며들어 적절한 수분을 공급하는 가장 이상적인 관계입니다. 안정된 재물, 능력, 처세술을 길러주며 삶을 윤택하게 합니다.

▶ 己土의 체상【적천수】

己土卑濕 中正蓄藏 不愁木盛 不畏水狂 火少火晦 金多金光 若要物旺 宜助宜幫

기토비습 중정축장 불수목성 불외수광 화소화회 금다금광 약요물왕 의조의방

己土는 낮고 습하며 중도를 지키고 바르게 품어 저장한다. 木이 왕성해도 염려하지 않고, 水가 넘쳐도 두려워하지 않는다. 火가 적으면 어두워지고, 金이 많으면 빛난다. 만물을 왕성하게 하려면 반드시 협조하고 돕는 것이 중요하다.

【무공 해설】

己土는 음간으로서 낮고 습한 성질을 지녀, 습기를 머금은 논밭을 떠올리게 합니다. 중앙의 土로서 오행의 중심에 위치하므로 중도를 지키고 바르며, 모든 만물을 품어 저장하는 어머니의 품과 같습니다.

木의 기세가 강해도 충분히 수용할 수 있고, 水가 넘쳐도 습한 성질로 감당할 수 있어 두려움이 없습니다. 木이 왕성하면 논밭에서 작물이 자라는 모습과 같고, 水가 많으면 늪지와 비슷합니다.

그러나 火가 부족하면 습기로 인해 기세가 약해지고 어두워집니다. 金이 많으면 강하지만, 습기가 설기하여 오히려 金이 빛납니다.

만물이 왕성하게 성장하려면 수화기제(水火旣濟)가 이루어져야 합니다. 따라서 습한 己土에는 반드시 火의 도움이 필요하며, 두텁고 견고한 戊土의 협조도 필요합니다.

辰土

1) 辰土의 개념

辰土는 봄의 지지 寅卯辰 중 마지막 달 지지로(음력 3월), 청명(淸明)과 곡우(穀雨)의 절기에 해당합니다. 봄의 생명력이 무성하게 뻗어 나가면서도, 그 기운을 땅속에 저장하고 다스리는 역할을 합니다.

辰土는 습토(濕土)로서, 水, 木, 土의 기운을 모두 품은 비옥한 땅 또는 늪에 비유됩니다. 봄의 생기가 가득한 나무의 기운을 마무리하고 저장하는 흙으로, 火의 뜨거운 기운을 조절해주는 역할을 합니다. 火기가 강한 사주에 辰土가 있으면 그 기운을 잡아주어 안정되게 만들어줍니다.

2) 특성

계절 기운: 봄의 성장력이 무성해지며, 여름을 준비하는 전환의 시기입니다.

절기	시기(양력)	기운 작용
청명(淸明)	4월 4~5일	대지가 맑아지고 생명력이 왕성해짐
곡우(穀雨)	4월 19~20일	곡식에 단비가 내려 땅이 비옥해짐

하루기운: 辰시(기준시: 07~09시) 하루 활동이 본격적으로 무르익는 시간입니다.

방위: 동남 손방(東南 巽方)

십이신: 용(龍)을 상징하며, 변화무쌍하고 신비로운 힘을 지니며, 잠재된 가능성과 비범함의 상징입니다.

음양조화: 辰土는 습토로서 음양이 혼재되어 있어, 상황에 따라 그 성질이 유연하게 변화합니다.

건강: 위경(胃經)이 활성화되는 시간으로, 소화에 유리합니다. 辰시에 아침을 먹는다는 진지의 의미가 있으며, 아침식사를 꼭 챙겨 기운을 보충하는 것이 좋습니다.

■ 에너지(지장간)

구분	지장간	담당일수	에너지 작용
정기	戊土	18	안정, 포용력, 중재력
중기	癸水	3	감수성, 융통성, 재능의 원천
여기	乙木	9	부드러운 교섭력, 기획력, 은근한 고집

3) 辰土의 형(刑)충(沖)회(會)합(合)

구분	형(刑)	충(沖)	회(會)	합(合)
지지	辰辰	辰戌	申子辰	辰酉

4) 십이운성

천간 오행	甲乙木	丙丁火	戊己土	庚辛金	壬癸水
십이운성	쇠(衰)	관대(冠帶)	관대(冠帶)	양(養)	묘(墓)

■ 포태법

구 분	양(陽)포태				음(陰)포태			
천간	甲	丙, 戊	庚	壬	乙	丁, 己	辛	癸
포태법	쇠(衰)	관대(冠帶)	양(養)	묘(墓)	관대(冠帶)	쇠(衰)	묘(墓)	양(養)

5. 未土

1) 未土의 개념

未土는 여름의 지지(巳午未) 중 마지막 달 지지로(음력 6월), 소서(小暑)와 대서(大暑)의 절기에 해당합니다. 여름의 끝자락, 가을로 넘어가기 전의 전환점을 상징합니다.

辰土가 봄의 습토(濕土)라면, 未土는 여름의 조토(燥土)로서, 뜨거운 열기를 간직하고 있어 매우 건조한 성질을 지닌 흙으로 과수원에 비유됩니다.

2) 특성

계절기운: 여름의 무성함이 절정에 이르고, 가을의 수확을 준비하는 시기입니다. 未土의 뜨거운 열기는 金의 결실을 단단하게 만들어주는 역할을 합니다.

절기	시기(양력)	기운 작용
소서(小暑)	7월 6~7일	본격적인 무더위 시작, 열기 지속
대서(大暑)	7월 21~22일	1년 중 가장 더운 시기, 만물이 성숙을 준비

하루기운: 未時(기준시: 13~15시), 하루의 열기가 무르익고 안정되는 시간입니다.

방위: 남서 곤방(南西 坤方)

십이신: 양(羊)을 상징하며, 온순하고 협력적이며 무리를 이루어 조화와 평화를 중시합니다.

음양조화: 未土는 음양이 혼재된 메마른 조토(燥土)로, 따뜻하면서도 안정적인 성질을 지닙니다.

건강: 소장경(小腸經)이 왕성해지는 시간으로, 영양 흡수와 소화 작용이 활발합니다.

■ 에너지(지장간)

구분	지장간	담당일수	에너지 작용
정기	己土	18	현실적, 실용적, 세심함
중기	乙木	3	은밀한 끈기, 유연함, 세심함
여기	丁火	9	열정, 내면의 갈등

3) 未土의 형(刑)충(沖)회(會)합(合)

구분	형(刑)	충(沖)	회(會)	합(合)
지지	戌未	丑未	亥卯未	午未

4) 십이운성

천간 오행	甲乙木	丙丁火	戊己土	庚辛金	壬癸水
십이운성	묘(墓)	쇠(衰)	쇠(衰)	관대(冠帶)	양(養)

■ 포태법

구 분	양(陽)포태				음(陰)포태			
천간	甲	丙, 戊	庚	壬	乙	丁, 己	辛	癸
포태법	묘(墓)	쇠(衰)	관대(冠帶)	양(養)	양(養)	관대(冠帶)	쇠(衰)	묘(墓)

4. 戊土

100일 완성 사주명리

1) 戊土의 개념

戊土는 가을의 지지(申酉戌) 중 마지막 달로(음력 9월), 한로(寒露)와 상강(霜降)의 절기에 해당합니다. 가을의 결실이 마무리되고, 겨울을 준비하는 수확과 저장의 땅을 상징합니다.

戊土는 가을의 조토(燥土)로, 메마르고 뜨거운 흙입니다. 마치 화산처럼 겉은 단단한 암석이지만 속에는 뜨거운 마그마가 용암처럼 끓고 있는 용광로와 같습니다.

2) 특성

계절 기운: 가을의 결실을 마무리하고 겨울을 준비하는 시기입니다.

절기	시기(양력)	기운 작용
한로(寒露)	10월 8~9일	찬 이슬이 내려 온기 수렴
상강(霜降)	10월 23~24일	서리가 내려 겨울의 문턱에 섬

하루기운: 戊時(기준시: 19~21시), 하루의 활동이 마무리되고 휴식으로 들어가는 시간입니다.

방위: 서북 건방(西北 乾方)

십이신: 개(犬, 견). 충직하고 성실하며, 지켜내고 보호하는 힘을 상징합니다.

음양조화: 戊土는 양토(陽土)로서 외향적이고 강직하며, 불의 기운을 품어 내면에 따뜻함을 지닙니다.

건강: 심포경(心包經)이 왕성해지는 시간으로, 심신을 편안하게 하고 휴식을 취해야 합니다.

■ 에너지(지장간)

구분	지장간	담당일수	에너지 작용
정기	戊土	18	의리와 원칙 중시, 강인한 성격
중기	丁火	3	내면의 열정, 예의, 예민함
여기	辛金	9	고귀함, 예리함, 고집

3) 戊土의 형(刑)충(沖)회(會)합(合)

구분	형(刑)	충(沖)	회(會)	합(合)
지지	戌未, 丑戌	辰戌	寅午戌	卯戌

4) 십이운성

천간 오행	甲乙木	丙丁火	戊己土	庚辛金	壬癸水
십이운성	양(養)	묘(墓)	묘(墓)	쇠(衰)	관대(冠帶)

■ 포태법

구 분	양(陽)포태				음(陰)포태			
천간	甲	丙, 戊	庚	壬	乙	丁, 己	辛	癸
포태법	양(養)	묘(墓)	쇠(衰)	관대(冠帶)	묘(墓)	양(養)	관대(冠帶)	쇠(衰)

5. 丑土

1) 丑土의 개념

丑土는 겨울의 지지(亥子丑)의 마지막 달로(음력 12월), 소한(小寒)과 대한(大寒)의 절기에 해당합니다. 겨울의 한기가 극대화되는 시기로, 땅은 얼어붙어 있지만 그 속에는 봄을 준비하는 생명력이 응축되어 있습니다.

丑土는 습토(濕土)로, 얼음과 눈을 머금은 땅에 비유합니다. 한겨울의 차가운 기운을 간직하고 있어 매우 차갑고 습한 흙으로, 火의 뜨거움을 잡아주는 소화기 역할을 합니다.

2) 특성

계절기운: 겨울의 한기가 극대화되며, 봄을 준비하는 저장의 시기입니다.

절기	시기(양력)	기운 작용
소한(小寒)	1월 5~6일	추위가 본격적으로 심해짐
대한(大寒)	1월 20~21일	가장 추운 시기, 생명력 응축

하루기운: 丑시(기준시: 01~03시), 밤이 지나고 새벽을 준비하는 시간입니다.

방위: 북동 간방(北東 艮方)

십이신: 소(牛우)를 상징하며, 성실하고 인내심이 강하며, 묵묵히 자신의 역할을 다하는 기질의 상징입니다.

음양조화: 丑土는 음토(陰土)로서, 차분하고 내향적이며, 내면의 생명력을 은밀히 간직합니다.

건강: 간경(肝經)이 왕성해지는 시간으로, 충분한 수면과 휴식을 취하고 음주를 삼가야 합니다.

■ 에너지(지장간)

구분	지장간	담당일수	에너지 작용
정기	己土	18	안정, 포용, 인내력, 실용적
중기	辛金	3	은밀한 고집, 세밀한 관찰력, 내면의 고귀함
여기	癸水	9	냉철한 판단력, 내면의 감정, 재능의 원천

3) 丑土의 형(刑)충(沖)회(會)합(合)

구분	형(刑)	충(沖)	회(會)	합(合)
지지	丑戌	丑未	巳酉丑	子丑

4) 십이운성

천간 오행	甲乙木	丙丁火	戊己土	庚辛金	壬癸水
십이운성	관대(冠帶)	양(養)	양(養)	묘(墓)	쇠(衰)

■ 포태법

구 분	양(陽)포태				음(陰)포태			
천간	甲	丙, 戊	庚	壬	乙	丁, 己	辛	癸
포태법	관대(冠帶)	양(養)	묘(墓)	쇠(衰)	쇠(衰)	묘(墓)	양(養)	관대(冠帶)

▶ YouTube

金의 천간과 지지

1. 金의 개념과 특성

1) 金의 개념

金은 결실과 숙살(肅殺), 의리와 개혁을 상징하는 에너지입니다. 가을이 되어 열매를 맺고, 불필요한 것을 정리해 완성된 형태로 수렴하는 金은 단단함과 냉철함을 통해 결과를 만들어내는 기운입니다.

金은 여름의 무성함을 지나 수렴과 결실을 이루는 가을의 기운입니다. 밖으로 뻗던 에너지가 멈추고, 속을 알차게 채우며, 불필요한 요소를 잘라내는 완성 지향적이고 냉철한 상태를 의미합니다.

2) 金의 기운이 강한 사람의 특성

쇠처럼 단단하고 의리 있으며, 냉철한 판단력을 가집니다.

현실적이고 결과 중심적 사고를 하며, 합리성을 추구합니다.

의리를 중시하고 규율과 원칙을 따르며 책임감이 강합니다.

옳고 그름에 대한 기준이 명확하고, 단호한 결정력을 보입니다.

3) 성격적 경향

긍정적인 면: 예리하고 명확하며, 정의를 실현하려는 성향이 있습니다. 신념과 소신이 강하고 이성적 사고가 뛰어납니다.

부정적인 면: 예민하고 섬세하여 스트레스에 취약하며, 인간관계에서 냉정하게 보일 수 있습니다.

4) 金의 덕목

金의 덕목은 수오지심 (羞惡之心)입니다. 수오지심은 불의를 미워하는 마음입니다. 결실을 만드는 마음으로 정의의 덕목을 가지고 선악을 분별하여 확실한 결실을 만드는 역할을 하게 됩니다.

■ 金오행의 음양 구분

구분	金오행	
	양(楊)	음(陰)
천간	庚金	辛金
지지	申金	酉金

2. 庚金

100일 완성 사주명리

1) 庚金의 개념

庚金은 천간의 일곱 번째 글자로, 오행으로는 金에 속하며, 음양으로는 양(陽)의 기운을 가집니다.

庚金은 단단하고 강한 금속(강철, 광석)이지만, 제 역할을 하려면 火를 만나야 합니다. 강철처럼 곧은 성품을 지녔기에 의리를 매우 중시하며 불의를 보면 참지 못하는 강한 정의감을 소유합니다.

결실을 숙성시키기 위해 木의 생기를 잘라내는 숙살지기(肅殺之氣)를 지니고 개혁의 선봉장 역할을 합니다.

(1) 庚金의 물상

분류	물상	물상적 상징
자연	**철강석, 바위, 도끼, 칼**	강인함, 의리, 숙살지기, 결단력, 개혁
계절	**초가을**	숙성, 수확, 냉철함, 정리, 결실
방위/색	**서쪽, 백색**	의로움, 냉철함, 정의 실현
날씨	**서리, 서늘함**	엄격함, 냉정함, 급변하는 상황
인체	**대장, 뼈, 이빨, 기관지**	배설, 골격, 강한 체력, 통증

(2) 庚金의 성향

구분	성향	특성
장점	의리	성품이 강직하고 의리를 지키며, 정의를 중요시합니다.
	결단력	일을 결정하고 추진하는 힘이 강하며, 리더십이 있어 위기 상황에서 이끌어 나가는 데 적합합니다.
	냉철함	감정에 치우치지 않고 이성적이며, 상황 판단이 신속합니다.
	개혁적	새로운 변화와 개혁을 추구하는 성향이 강합니다.
단점	고집	융통성이 부족하고 자신의 주장을 굽히지 않습니다.
	투쟁적	공격적이고 냉정함으로 인간관계가 원만하지 못합니다.
	독단적	자신의 방식대로 밀어붙이는 독단적인 경향이 있습니다.

(3) 庚金의 직업 및 사회 활동

특성	직업 및 사회 활동
정치/경제	경영자, 정치가, 리더
군경/법조	군인, 경찰, 검찰, 판사, 감사원
의료	외과의사, 치과의사, 정형외과 전문의
금융/재정	자본가, 투자 전문가, 금융 애널리스트
기술/전문	특수 기술자, 금속 공예가, 기계 엔지니어
기계/철강	기계, 중공업, 자동차, 철강, 금속 제조

2) 庚金의 성장 조건

庚金 성장의 절대 조건은 丁火라는 용광로와 甲木이라는 땔감을 얻어 자신을 제련하는 것이며, 태어난 계절에 따라 여름에는 壬水로, 겨울에는 丙火를 써서 조화로운 환경을 만들어주는 것이 성공의 관건입니다.

3) 다른 천간과의 관계

상대천간	관계 설명
甲木	甲木을 쪼개 丁火의 땔감을 제공하면 매우 귀한 사주 구성이 됩니다.
乙木	乙庚합으로 재물이 안정되지만, 다소 인색해지고 이익에 치중할 수 있습니다.
丙火	태양이 원석을 녹이듯 명예와 권력을 얻으나, 그 과정에 시련과 압박이 따릅니다.
丁火	庚金을 유용한 기물로 만들어 명예, 직위, 사회적 인정을 획득하게 합니다.
戊土	산이 철광석을 품듯 학문과 인덕이 발달하며, 도움을 받아 안정됩니다.
己土	부드러운 흙이 덮어 안정과 후원을 얻지만, 너무 습하면 녹슬 위험이 있습니다.
庚金	바위가 겹쳐 경쟁심과 독선이 강해지고 재물 다툼이 발생할 수 있습니다.
辛金	금속이 함께 있어 협력은 가능하나, 庚金의 강함이 辛金의 섬세함을 파괴할 우려가 있습니다.
壬水	맑은 물이 쇠를 씻어 재능과 활동력을 마음껏 발휘하게 하고 부를 창출합니다.
癸水	비와 이슬이 쇠를 녹슬게 하여 재능 발휘가 어렵고 가치가 하락할 수 있습니다.

▶ 庚金의 체상【적천수】

庚金帶煞 剛健爲最 得水而淸 得火而銳 土潤則生 土乾則脆 能嬴甲兄 輸於乙妹
경금대살 강건위최 득수이청 득화이예 토윤즉생 토건즉취 능영갑형 수어을매

庚金은 숙살지기를 지니므로 강건함이 으뜸이다. 水를 얻으면 맑아지고 火를 얻으면 예리해지며,
土가 윤택하면 생하고 건조하면 무르게 된다. 甲木은 능히 제압할 수 있으나, 乙木과는 화합하여 정
을 나눈다.

【무공 해설】

庚金은 양간(陽干)이면서 음적 성질을 내포하며, 숙살지기(肅殺之氣)를 지닙니다. 숙살지기는
만물의 성장을 멈추고 결실을 돕는 작용으로, 甲木의 생기를 억제합니다. 가을철 단풍이 들
고 낙엽이 지는 현상이 그 예입니다.

庚金이 水를 얻으면 금수상함(金水相涵) 또는 금수쌍청(金水雙淸)이라 하여, 탁한 金이 씻겨 맑
아집니다. 火를 얻으면 둔탁한 金이 단련되어 예리 해집니다.

습윤한 辰土에서는 庚金이 생하여 강해지고, 건조한 戌土에서는 쇠약 해져 무르게 됩니다.

庚金은 甲木을 극할 수 있으나, 乙木은 극하지 못하고 오히려 乙庚合을 이루어 화합합니다.
이는 천간의 서열에서 甲木이 우두머리로서 형(兄)에 비유되고, 乙木은 음간으로 누이에 비유
되는 데서 비롯됩니다.

3. 辛金

1) 辛金의 개념

辛金은 천간의 여덟 번째 글자로, 오행으로는 金에 속하며, 음양으로는 음(陰)의 기운을 가집니다.

辛金은 보석, 귀금속, 옥(玉), 작은 칼, 바늘 등 정교한 金의 기운으로 매우 세밀하고 예리한 특성을 가지고 있습니다.

아름다운 보석을 더욱 예리하고 빛나게 하려면 水가 필요합니다. 丁火는 보석을 녹이고 변색시켜 스트레스, 긴장, 예민함을 극대화 시킬 수 있으므로 가장 두려워합니다.

(1) 辛金의 물상

분류	물상	물상적 상징
자연	**보석, 바늘, 조개, 씨앗**	완벽함, 정교함, 예리함, 고귀함
계절	**늦가을**	수확, 정리, 정밀 기술, 세말한 계산
방위/색	**서쪽, 흰색**	결백, 순수, 정의, 명예, 정리정돈
날씨	**서리, 청아한 기운**	예민함, 청결, 고독, 은은함
인체	**폐, 호흡기, 피부, 신경**	감각기관, 예리한 통증

(2) 辛金의 성향

구분	성향	특성
장점	완벽함	모든 일에 빈틈없이 깔끔하고 정돈된 것을 좋아합니다.
	예리함	직관력과 섬세한 감수성으로 미적 능력이 발달합니다.
	명예심	자신의 품위와 명예를 중요시하며 인정받고자 노력합니다.
	결단력	예리하여 상황 판단이 빠르고 냉철하게 결단합니다.
단점	까다로움	완벽 추구로 주변을 피곤하게 하며 스트레스를 받습니다.
	냉정함	차갑고 냉정한 이성 판단으로 때로는 고독합니다.
	신경질	말이나 행동이 날카로워 주변에 상처를 주기 쉽습니다.

17 숲이 천간과 지지

(3) 辛金의 직업 및 사회 활동

특성	직업 및 사회 활동
금융/재정	보석 감정사, 금융 전문가, 회계사, 세무사
의료/법조	외과의사, 한의사, 검사, 변호사
정밀 기술	정밀 기계 엔지니어, 반도체 기술자, 의료 기기 개발자
미용/패션	보석 디자이너, 미용사, 패션 디자이너, 스타일리스트
예술/작가	문학가, 예술 평론가, 조각가, 화가

2) 辛金의 성장 조건

辛金은 이미 제련을 마친 보석이나 구슬과 같은 완성된 금속의 성질을 지니고 있어, 거친 원석인 庚金과 달리 강한 불로 단련하는 것을 매우 꺼리며, 壬水로 깨끗이 씻어내고 己土로 보살피며 계절에 따라 丙火로 따뜻하게 해주는 것이 성장의 핵심입니다.

3) 다른 천간과의 관계

상대천간	관계 설명
甲木	작은 칼이 큰 나무를 다듬듯, 큰 재물을 다루는 무모함이 있지만 세밀함으로 훌륭한 성과를 이룰 수 있습니다.
乙木	작은 칼이 풀을 자르듯, 부업이나 유동 재물에 수완을 발휘합니다.
丙火	태양이 보석을 비추듯, 명예와 가치를 드러내는 가장 길한 관계입니다.
丁火	불꽃이 보석을 녹이듯, 명예를 추구하다 구설수나 시련을 초래할 수 있습니다.
戊土	흙이 보석을 묻듯, 능력 발휘가 어렵고 부모나 윗사람의 도움에 의존하게 됩니다.
己土	진흙이 보석을 더럽히듯, 인덕이 부족하고 구설수나 우울함을 초래할 수 있습니다.
庚金	금속이 함께 있어 경쟁이 심화되며, 庚金의 강함이 辛金의 섬세함을 파괴할 수 있습니다.
辛金	보석이 겹쳐 재능과 미모가 뛰어나지만, 경쟁심과 시기심이 강해질 수 있습니다.
壬水	맑은 물이 보석을 씻어 지혜, 재능, 언변을 극대화시킵니다.
癸水	이슬비가 보석을 적셔 꾸준히 재능을 발휘하게 하고 재물을 축적하게 합니다.

辛金軟弱 溫潤而淸 畏土之疊 樂水之盈 能扶社稷 能救生靈 熱則喜母 寒則喜丁

신금연약 온윤이청 외토지첩 요수지영 능부사직 능구생령 열즉희모 한즉희정

辛金은 연약하나 온화하고 윤택하며 맑다. 土가 중첩되면 두려워하고 水가 가득하면 좋아한다.
사직을 돕고 백성을 구하며 열기가 있으면 모친을 반기며 추우면 丁火를 반긴다.

【무공 해설】

辛金은 음간(陰干)으로 본래 연약하나, 따뜻한 火기와 윤택한 水기를 얻으면 그 본성이 맑아집니다. 土가 과다하면 토다금매(土多金埋)로 인해 辛金이 매몰되어 광채를 상실하므로 이를 꺼립니다. 반대로 壬癸水가 왕성하면 辛金을 세척하여 청정하게 하므로 水를 즐깁니다. 사직(社稷)은 군주를, 생령(生靈)은 백성을 상징합니다. 丙火는 辛金의 정관으로 군주에 비유되고, 甲木은 재성으로 백성에 비유됩니다. 만약 丙火가 壬水의 공격을 받아 위태로우면, 辛金은 丙火와 합하여 壬水를 제압함으로써 군주를 보호합니다. 또한 丙火가 지나치게 치열하면 甲木을 태우므로, 이는 백성이 고난을 겪는 것과 같습니다. 이때 辛金은 丙火와 합하여 열기를 완화하여 백성을 구제합니다. 辛金의 모친은 인성인 土입니다.

여름의 열기는 辛金을 녹일 수 있으므로 土가 열기를 흡수해 보호하는 것을 반기며, 겨울의 한기는 辛金을 얼게 하므로 丁火가 따뜻하게 보호하는 것을 기뻐합니다.

100일 완성 사주명리

4. 申金

1) 申金의 개념

申金은 가을의 지지(申酉戌) 중 첫 번째로(음력 7월), 입추(立秋)와 처서(處暑)의 절기에 해당하며 가을의 시작을 알리고, 金의 기운이 드러나는 시기입니다. 여름의 불기운이 수그러들고, 만물이 결실을 준비하는 단계로 들어갑니다.

申金은 水의 장생(長生)지로, 金이 水를 생하는 출발점이 되어 지혜(水)의 원천이 되기도 합니다.

2) 특성

계절기운: 여름의 불기운이 수그러들고, 가을의 서늘함이 시작되는 시기입니다.

절기	시기(양력)	기운 작용
입추(立秋)	8월 7~8일	가을 시작, 결실 준비
처서(處暑)	8월 22~23일	더위가 물러나고 서늘한 기후

하루기운: 申시(기준시: 15~17시), 하루의 활동이 마무리 단계로 접어드는 시간입니다.

방위: 서남 곤방(西南 坤方)

십이신: 원숭이를 상징하며, 영리하고 민첩하며 변화에 능숙합니다. 기민한 행동력과 지혜를 상징합니다.

음양조화: 양금(陽金)으로, 강직하고 단단하며, 외향적이고 활동적입니다.

건강: 방광경(膀胱經)이 왕성해지는 시간으로, 운동을 하기에 좋으며 물을 충분히 마셔야 합니다.

■ 에너지(지장간)

구분	지장간	담당일수	에너지 작용
정기	庚金	16	결단력, 절제, 강인함
중기	壬水	7	지혜, 유연성, 생명력 확산
여기	戊土	7	안정, 현실적 기반

3) 申金의 형(刑)충(沖)회(會)합(合)

구분	형	충	회	합
지지	寅巳申	寅申	申子辰	巳申

4) 십이운성

천간 오행	甲乙木	丙丁火	戊己土	庚辛金	壬癸水
십이운성	절(絕)	병(病)	병(病)	건록(建祿)	장생(長生)

■ 포태법

구분	양(陽)포태				음(陰)포태			
천간	甲	丙, 戊	庚	壬	乙	丁, 己	辛	癸
포태법	포(胞)	병(病)	건록(建祿)	장생(長生)	태(胎)	목욕(沐浴)	제왕(帝旺)	사(死)

5. 酉金

100일 완성 사주명리

1) 酉金의 개념

酉金은 가을의 지지(申酉戌) 중 두 번째로(음력 8월), 백로(白露)와 추분(秋分)의 절기에 해당하며 가을의 정점으로 金의 기운이 가장 순수하고 단단하게 드러나는 시기입니다. 가을의 결실과 수확을 상징하며, 단단한 의지와 결단력을 담고 있습니다. 酉는 순수한 金의 기운으로, 사주에서 매우 강력한 영향력을 발휘합니다.

2) 특성

계절기운: 가을의 기운이 절정에 이르러 만물이 결실을 맺는 시기입니다.

절기	시기(양력)	기운 작용
백로(白露)	9월 7~8일	서늘한 기운이 강해지고, 곡식이 익음
추분(秋分)	9월 22~23일	낮과 밤의 길이가 같아져 음양이 균형

하루기운: 酉시(기준시: 17~19시) 하루 활동이 마무리되고 정리되는 시간입니다.

방위: 정서 태방(西南 兌方)

십이신: 닭을 상징하며, 규율과 질서를 중시하며, 부지런하고 깨어 있는 기질을 지닙니다. 결실과 단정함을 상징합니다.

음양 조화: 음금(陰金)으로, 섬세하고 정밀하며, 내면의 단단함을 지닙니다.

건강: 신경(腎經)이 왕성해지는 시간으로, 신장과 생식기 계통을 보양하기 좋은 시간입니다.

■ 에너지(지장간)

구분	지장간	담당일수	에너지 작용
정기	辛金	20	세련, 정밀, 결실 완성
여기	庚金	10	결단력, 실행, 강인함

3) 酉金의 형(刑)충(沖)회(會)합(合)

구분	형	충	회	합
지지	酉酉	卯酉	巳酉丑	辰酉

4) 십이운성

천간 오행	甲乙木	丙丁火	戊己土	庚辛金	壬癸水
십이운성	태(胎)	사(死)	사(死)	제왕(帝旺)	목욕(沐浴)

■ 포태법

구 분	양(陽)포태				음(陰)포태			
천간	甲	丙, 戊	庚	壬	乙	丁, 己	辛	癸
포태법	태 (胎)	사 (死)	제왕 (帝旺)	목욕 (沐浴)	포 (胞)	생 (生)	건록 (建祿)	병 (病)

예시1) 다음 사주팔자에서 金의 천간과 지지의 특성과 지장간의 잠재력은 무엇인가?

		시	일	월	년
	천간	丁	辛	庚	丙
	지지	酉	亥	寅	申
지	여기	庚	戊	戊	戊
장	중기		甲	丙	壬
간	정기	辛	壬	甲	庚

【사주분석】

1) 庚金 월간의 특성

寅월의 庚金은 기운은 쇠약하지만, 년지 申金의 기운을 받아 사회적으로 장애물을 제거하는 역할을 하며 직장 내 추진력과 결단력을 나타냅니다. 의리가 깊고 강하며, 사회적 위치에서 주도권을 잡고 일을 진두지휘하는 리더십을 발휘하게 됩니다.

2) 辛金 일간의 특성

寅월의 辛金은 시지 酉金의 기운을 받아, 겉은 부드러우나 속은 냉철한 외유내강의 성품을 지녔습니다. 월간 庚金의 도움을 받아 사회적 경쟁에서 우위를 점합니다.

3) 지장간 잠재력

년지 申金 ▶ 초년 환경이 단단한 기반 위에 있음을 나타냅니다. 여기 戊土는 기본적인 안정감을 주며, 중기 壬水는 지혜와 유연함, 정기 庚金은 강한 경쟁력을 나타냅니다.

시지 酉金 ▶ 순도 높은 金의 기운으로 일간 辛金의 단단한 뿌리 역할을 하며 말년에 권위와 명예를 가져다 줍니다. 여기 庚金의 의리와 강한 경쟁력. 정기 辛金의 예리한 통찰력이 내면의 에너지로 작용합니다.

예시2) **다음 사주팔자에서 土의 천간과 지지의 특성, 지장간 잠재력은?**

		시	일	월	년
	천간	辛	乙	乙	庚
	지지	巳	巳	酉	申
지	여기	戊	戊	庚	戊
장	중기	庚	庚		壬
간	정기	丙	丙	辛	庚

【사주분석】

1) 庚金 년간의 특성

酉월의 庚金은 申金에 앉아 매우 강한 기세를 보유하고 있어, 초년 환경에 가문의 보호막과 책임감이 강한 특성으로 사회적 명예를 중시하는 분위기를 형성합니다.

2) 辛金 시간의 특성

酉월의 辛金이 시지 巳火에 앉아 말년에 자신을 단련하며 정교하고 품위가 있어 전체적으로 강직하고 원칙적인 인생관을 가진 내면의 성향을 나타냅니다.

3) 지장간 잠재력

년지 申金 ▶ 년지 庚金의 기반으로 단단하고 전통적인 분위기를 형성합니다. 여기 戊土는 기본적인 안정감과 신뢰심을 주며, 중기 壬水는 변화와 적응력의 에너지를 공급하고, 정기 庚金은 불의와 타협하지 않는 강한 성향을 나타냅니다.

월지 酉金 ▶ 가을의 중심적인 기운으로 사회적 위치와 직장 환경이 강하고 냉철함을 나타냅니다. 여기 庚金은 직업적 전문성을 나타내며, 정기 辛金은 완벽하고 세밀한 기운을 지닙니다.

 ▶ YouTube

水의 천간

100일 완성 사주명리

1. 水의 개념과 특성

1) 水의 개념

金이 결실과 정리를 상징했다면, 水는 지혜와 저장, 그리고 생명의 근원을 상징하는 에너지입니다. 물이 모든 것을 포용하고 낮은 곳으로 흐르듯, 水는 깊은 내면과 유연함, 그리고 다음 성장을 위한 응축된 잠재력을 뜻합니다.

水는 모든 기운이 활동을 멈추고 응축하는 겨울의 기운을 대표합니다. 만물의 씨앗을 품고 다음 생을 준비하는 고요함 속에, 강한 잠재력과 유연성이 깃들어 있습니다.

2) 水의 기운을 가진 사람의 특징

물처럼 지혜롭고 유연하고 깊은 사고력을 지니며, 내면에 강한 끈기와 인내심을 품고 있습니다. 학문과 연구에 뛰어난 능력을 발휘하며 총명함의 상징입니다.

환경에 잘 적응하고 융통성이 뛰어나며, 자유로운 사고와 행동을 추구합니다.

속마음을 잘 드러내지 않아 신비롭고 조용한 매력을 지닙니다.

3) 성격적 경향

긍정적인 면: 통찰력이 깊고 치밀하며, 편안하고 지혜로운 인상을 줍니다. 인간관계에서 부드
럽고 신뢰를 주는 존재입니다.

부정적인 면: 생각이 많아 행동으로 옮기기 어려워하므로 비활동적으로 보이거나 속을 감추
는 성향으로 오해를 받기도 합니다.

4) 水의 덕목

水의 덕목은 시비지심(是非之心)입니다. 시비지심은 옳고 그름을 가리는 마음입니다. 포용하는
마음으로 지혜의 덕목을 가지고 내면을 밝게 만드는 역할을 합니다.

▣ 水오행의 음양 구분

구분		水오행	
		양(楊)	음(陰)
천간		壬水	癸水
지지	체(體)	子水	亥水
	용(用)	亥水	子水

100일 완성 사주명리

2. 壬水

1) 壬水의 개념

壬水는 천간의 아홉 번째 글자로, 오행으로는 水에 속하며, 음양으로는 양(陽)의 기운을 가집니다.

壬水는 거대하고 웅장한 물의 기운으로 그 힘과 포용력이 가장 큰 천간입니다.

거대한 강과 바다에 제방을 쌓아 홍수를 막고, 그 물이 유용하게 쓰이게 하려면 戊土가 필요합니다. 丙火는 넓은 바다 위에 따스한 햇살이 비추듯, 壬水에게 따뜻함과 명랑함을 줍니다.

(1) 壬水의 성향

구분	성향	특성
장점	지혜	깊은 사색과 연구를 통해 심오한 지식과 지혜를 갖춥니다.
	포용력	바다처럼 넓은 마음으로 포용하고 개방적입니다.
	적응력	변화에 민감하고 적응력이 뛰어나며, 유연하게 대처합니다
	기획력	장기적인 계획을 세우는 능력이 뛰어납니다.
단점	감정	파도처럼 감정의 변화가 크고, 격렬하게 폭발합니다.
	비밀	물은 속을 알 수 없듯, 비밀이 많을 수 있습니다.
	방황	물이 흐르듯 방황하거나 유랑하는 경향이 있습니다.

(2) 壬水의 물상

분류	물상	물상적 상징
자연	**강, 바다, 호수**	지혜, 유동성, 포용력, 비밀
계절	**초겨울**	은밀함, 저장, 지식 축적
방위/색	**북쪽, 흑색**	심오함, 잠재력, 본능, 어둠 속 지혜
날씨	**폭우, 해일, 안개**	격렬한 변화, 대규모 움직임
인체	**방광, 자궁, 생식기, 귀**	생명력의 근원, 청력, 수분 대사

(3) 壬水의 직업 및 사회 활동

특성	직업 및 사회 활동
정치/경제	정치인, 경영자, 기업가
금융/무역	무역업, 해운업, 유통, 금융, 외환 딜러
공직/외교	외교관, 정보 요원, 군인, 경찰
교육/연구	철학가, 종교인, 학문 연구가, 심리학자
정보/IT	정보 통신, IT, 네트워크, 프로그래머
서비스/유흥	호텔, 숙박, 유흥업, 물 관련 서비스업

2) 壬水의 성장 조건

壬水는 강이나 바다와 같이 왕성하게 흐르는 성질을 가지고 있습니다. 壬水 성장의 핵심은 그 왕성한 기운이 넘치지 않도록 戊土로 흐름을 다스리고, 庚金으로 근원을 기르며, 丙火로 생명력을 유지하는 것이 성장의 핵심 원리입니다.

3) 다른 천간과의 관계

상대천간	관계 설명
甲木	물이 나무를 키워 재능을 발휘하게 하며, 활동력이 강하고 자녀 복이 좋습니다.
乙木	물 위의 풀처럼 창의성과 예술성이 탁월하나, 감정 기복과 구설수를 주의해야 합니다.
丙火	바다 위 태양이 빛나듯, 큰 재물과 명예를 얻는 최고의 궁합입니다.
丁火	바다와 등대 불빛처럼 도움은 되나, 이성에 집착하거나 본분을 망각할 위험이 있습니다.
戊土	제방이 물을 가두어 명예와 권력을 얻으나, 통제로 인한 스트레스가 큽니다.
己土	흙탕물이 되어 지혜가 흐려지고 명예가 실추되는 최악의 관계입니다.
庚金	쇠가 물을 맑게 하여 안정과 도움을 얻는 길한 관계입니다.
辛金	맑은 물이 보석을 씻어 지혜와 노력으로 성과와 자격을 획득합니다.
壬水	강물이 합쳐져 포용력이 극대화되지만, 홍수가 되면 경쟁과 불안정이 심화됩니다.
癸水	큰 강에 비가 내려 협력이 좋으나, 수위가 높아지면 위험해질 수 있습니다.

壬水通河 能洩金氣 剛中之德 周流不滯 通根透癸 沖天奔地 化則有情 從則相濟
임수통하 능설금기 강중지덕 주류불체 통근투계 충천분지 화즉유정 종즉상제

壬水는 하천으로 통하며 金의 기세를 능히 설기하고 강건함 속에 덕을 지니므로 흐름이 막힘이 없다. 통근하고 癸水가 투출하면 하늘로 치솟고 땅을 내달린다. 화합하면 유정하고 따름으로써 서로 조화를 이룬다.

【무공 해설】

통하(通河)는 하늘의 은하수처럼 넓고 힘차게 흐르는 강을 뜻하며, 이는 壬水의 물상입니다. 壬水는 양간(陽干)으로서 양수(陽水)에 속하며, 그 기세는 은하수처럼 광대하고 힘차게 흐르는 대하(大河)에 비유됩니다. 이는 金의 기운을 설기(洩氣)하여 생성을 돕는 역할을 합니다.

壬水는 강건하나 음덕도 지녀, 힘차게 흐르면서도 유순함을 잃지 않습니다. 지지에 통근하고 癸水까지 드러나면, 마치 홍수나 해일처럼 하늘로 치솟고 땅을 휩쓸어 천지를 진동시키는 기세가 됩니다. 이를 충천분지(沖天奔地)라 합니다.

壬水는 丁火와 대립하지 않고 丁壬합하여 木으로 변해 서로 상생합니다.

또한 壬水는 기운을 따르는 성질을 지니므로, 丙火의 왕성한 기운을 따르면 수화기제(水火旣濟)의 조화를 이룰 수 있습니다.

3. 癸水

100일 완성 사주명리

1) 癸水의 개념

癸水는 천간의 열 번째 글자로, 오행으로는 水에 속하며, 음양으로는 음(陰)의 기운을 가집니다. 癸水는 가장 작고 은은한 물의 기운으로, 그 성질이 세밀하고 감성적인 특징을 가지고 있습니다.

맑은 이슬과 물은 깨끗한 광물(金)에서 나옵니다. 丙火는 이슬에 햇빛이 비추면 무지개가 되듯이 따뜻함과 명랑함을 줍니다.

(1) 癸水의 물상

분류	물상	물상적 상징
자연	**이슬, 빗물, 구름, 안개**	지혜, 생명력, 윤택함, 은밀함
계절	**한겨울**	응축, 저장, 심오함, 비밀, 은둔
방위/색	**북쪽, 흑색**	내면 탐구, 지식 축적, 직관력
날씨	**보슬비, 안개, 서리**	은은한 영향력, 정서적 민감성
인체	**신장, 체액, 분비물**	정화, 순환, 민감한 감각

(2) 癸水의 성향

구분	성향	특성
장점	섬세함	감정 변화에 매우 민감하게 반응하고, 타인의 기분과 감정을 공감해주는 이해심이 있습니다.
	직관력	내면적 탐구를 즐기며, 직관력과 영감이 뛰어납니다.
	꾸준함	꾸준히 스며들며 끈기와 인내심으로 목표를 달성합니다.
	친화력	만물을 적시듯, 원만하게 지내는 능력이 좋습니다.
단점	우울	감정 기복이 심해 우울함을 느끼기 쉽습니다.
	의존성	의지하려는 경향이 있어 독립심이 약할 수 있습니다.
	예민함	환경 변화에 민감하게 반응하고 쉽게 상처를 받습니다.

(3) 癸水의 직업 및 사회 활동

특성	직업 및 사회 활동
심리/상담	심리치료사, 상담사, 정신과 의사
보육/복지	유치원 교사, 간호사, 사회복지사
교육/연구	학원 강사, 연구원, 작가, 종교인
미용/예술	화장품, 미용, 예술, 디자인
특수 분야	정보, 기밀, 비밀 조직 관련 분야

2) 癸水의 성장 조건

癸水는 보석과 같은 辛金으로부터 끊임없이 물을 공급받고, 丙火라는 태양으로 적절한 온기를 유지하여 음양의 화합을 이루는 것이 성공의 핵심 원리입니다. 戊土나 己土와 같은 흙이 너무 많으면 癸水가 매몰되고 갈증을 느껴 건강을 해칠 수 있습니다.

3) 다른 천간과의 관계

상대천간	관계 설명
甲木	이슬비가 큰 나무를 키워 창의성과 예술성, 지도력이 발달합니다.
乙木	빗물이 화초를 길러 의식주가 풍족하고 재물을 축적하며 온순한 성품을 가집니다.
丙火	태양빛과 조화로 재물과 명예를 얻으나, 구름이 태양을 가리면 갈등이 생깁니다.
丁火	작은 불씨를 꺼뜨려 재물 욕심이 과해지고 구설수와 손해를 볼 우려가 있습니다.
戊土	합으로 인해 정체성을 잃고 억압당하는 불리한 관계가 될 수 있습니다.
己土	단비가 밭을 적셔 좋을수도 있지만, 과하면 흙탕물이 되어 해로울 수 있습니다.
庚金	맑음을 유지시켜 안정과 보호를 받는, 가장 길한 생조 관계입니다.
辛金	샘물이 보석을 씻듯 직관과 영감이 탁월해져 특수 지식을 습득하기 유리합니다.
壬水	작은 물이 큰 강에 합쳐져 주체성이 약화되고, 의존과 방황을 우려해야 합니다.
癸水	시냇물이 모여 큰 강이 되듯, 협력과 연대로 어려움을 극복할 수 있습니다.

▶ 癸水의 체상【적천수】

癸水至弱 達于天津 得龍而運 功化斯神 不愁火土 不論庚辛 合戊見火 化象斯眞
계수지약 달우천진 득룡이운 공화사신 불수화토 불론경신 합무견화 화상사진

癸水는 지극히 유약하나 천진에 도달하며 용을 얻어 운행하면 그 공덕과 조화가 신묘하다. 火土를 근심하지 않고 庚辛을 논할 필요가 없으며 戊土와 합하더라도 반드시 火를 보아야 화하는 상이 진실하다.

【무공 해설】

癸水는 음중의 음으로서 가장 미세하고 유약한 기질을 지닙니다. 그러나 그 흐름은 궁극적으로 辰土에 이르며, 이는 천진(天津)에 비유됩니다. 천진은 네 강이 합류하여 바다로 나아가는 지점으로, 水가 서쪽에서 발원하여 북동으로 흐르며 최종적으로 辰土에 도달하는 상징입니다. 곤륜산은 申金, 북쪽의 네 강은 亥子丑, 천진은 辰土에 해당합니다.

癸水가 辰土를 얻으면, 辰土 속에 암장된 癸水는 생명수를 이루어 만물을 생장시키는 힘을 발휘하며, 그 조화와 공덕은 신과 같습니다.

癸水는 비록 약하나 火와 土를 두려워하지 않습니다. 이는 극음(極陰)의 본성으로 만물을 살리는 힘을 지니기 때문입니다. 또한 庚辛金의 도움 없이도 스스로 존립할 수 있으므로 이를 논할 필요가 없습니다.

다만 戊土와 합하더라도 반드시 火를 함께 보아야 진정한 화합이 이루어집니다. 이는 음양의 조화가 완전해질 때 비로소 그 상이 성립함을 의미합니다.

DAY 018

4. 亥水

1) 亥水의 개념

亥水는 겨울의 지지(亥子丑) 중 첫 번째로(음력 10월), 입동(立冬)과 소설(小雪)의 절기에 해당하며 겨울의 시작으로 水의 기운이 본격적으로 드러나는 시기입니다. 가을의 결실이 끝나고 만물이 땅속으로 들어가 휴식과 저장의 단계에 들어갑니다.

亥水는 넓고 깊은 바다처럼 모든 것을 감싸 안는 성질을 나타냅니다. 또한 木의 장생(長生)지로서, 봄의 생명력을 준비하는 출발점이 되기도 합니다.

2) 특성

계절기운: 겨울이 시작되며 만물이 휴식과 저장에 들어가는 시기입니다.

절기	시기(양력)	기운 작용
입동(立冬)	11월 7~8일	가을 시작, 만물이 휴식
소설(小雪)	11월 22~23일	눈이 내리기 시작, 한기 심화

하루기운: 亥시(기준시: 21~23시), 하루가 마무리되고 깊은 밤으로 들어가는 시간입니다.

방위: 북서 건방(北西 乾方)

십이신: 돼지를 상징하며, 순박하고 포용력이 있으며, 풍요와 다산을 의미합니다.

음양조화: 체(體)는 음수(陰水)이지만, 그 속에 壬水를 품고 있어 용(用)은 양수(陽水)로서 내면은 넓고 크며 외향적인 에너지를 지닙니다.

건강: 亥시에는 삼초경(三焦經)이 왕성해 생명력이 다시 배양됩니다. 이때는 일찍 잠자리에 들어 휴식하는 것이 좋습니다.

■ 에너지(지장간)

구분	지장간	담당일수	에너지 작용
정기	壬水	16	포용, 지혜, 생명력의 근원
중기	甲木	7	발아 준비, 성장 잠재력
여기	戊土	7	안정, 현실적 기반

3) 亥水의 형(刑)충(沖)회(會)합(合)

구분	형	충	회	합
지지	亥亥	巳亥	亥卯未	寅亥

4) 십이운성

천간 오행	甲乙木	丙丁火	戊己土	庚辛金	壬癸水
십이운성	장생(長生)	절(絶)	절(絶)	병(病)	건록(建祿)

■ 포태법

구 분	양(陽)포태				음(陰)포태			
천간	甲	丙, 戊	庚	壬	乙	丁, 己	辛	癸
포태법	장생(長生)	포(胞)	병(病)	건록(建祿)	사(死)	태(胎)	목욕(沐浴)	제왕(帝旺)

5. 子水

1) 子水의 개념

子水는 겨울의 지지(亥子丑) 중 가운데에 해당하며(음력 11월), 대설(大雪)과 동지(冬至)의 절기에 자리합니다. 겨울의 극점으로 水의 기운이 가장 강렬하게 드러나는 시기로, 깊고 차가운 물, 즉 한겨울의 강과 바다를 상징합니다.

子水는 어둠 속에서도 활발히 움직이는 잠재력을 지닙니다. 또한 水의 제왕(帝旺)지로, 水의 기운이 가장 왕성하게 발휘되는 자리입니다.

2) 특성

계절기운: 겨울의 한기가 극대화되며, 만물이 휴식과 저장에 들어가는 시기입니다.

절기	시기(양력)	기운 작용
대설(大雪)	12월 6~7일	눈이 본격적으로 내리고 한기 심화
동지(冬至)	12월 21~22일	밤이 가장 길고 양기의 싹이 트기 시작

하루기운: 子시(기준시: 23~01시), 하루가 끝나고 새로운 하루가 시작되는 전환의 시간입니다.

방위: 정북 감방(正北 坎方)

십이신: 쥐를 상징하며, 민첩하고 번식력이 강하며, 어둠 속에서도 활발히 움직이는 생명력을 의미합니다.

음양조화: 체(體)는 양수(陽水)이지만, 그 속에 癸水를 품고 있어 용(用)은 음수(陰水)로서 외부는 강한 에너지로 보이지만 내면은 차분하고 은밀합니다.

건강: 子시는 담경(膽經)이 왕성해지는 시간으로, 해독과 기운의 순환과 관련이 깊으므로 잠을 자는 것이 좋습니다.

■ 에너지(지장간)

구분	지장간	담당일수	에너지 작용
정기	癸水	20	세심함, 감수성, 생명력 보존
여기	壬水	10	포용, 순환, 변화

3) 子水의 형(刑)충(沖)회(會)합(合)

구분	형	충	회	합
지지	子卯	子午	申子辰	子丑

4) 십이운성

천간 오행	甲乙木	丙丁火	戊己土	庚辛金	壬癸水
십이운성	목욕(沐浴)	태(胎)	태(胎)	사(死)	제왕(帝旺)

■ 포태법

구 분	양(陽)포태				음(陰)포태			
천간	甲	丙, 戊	庚	壬	乙	丁, 己	辛	癸
포태법	목욕(沐浴)	태(胎)	사(死)	제왕(帝旺)	병(病)	포(胞)	장생(長生)	건록(建祿)

예시1) 다음 사주팔자에서 土의 천간과 지지의 특성, 지장간 잠재력은?

		시	일	월	년
	천간	丁	癸	辛	壬
	지지	巳	未	亥	辰
지	여기	戊	丁	戊	乙
장	중기	庚	乙	甲	癸
간	정기	丙	己	壬	戊

【사주분석】

1) 壬水 년간의 특성

亥월의 壬水는 매우 왕성한 기운으로 활동적이고 변화를 두려워하지 않지만, 辰土 묘지에 앉아 답답한 초년의 환경을 나타냅니다. 이로 인해 자신의 이상을 펼치기 위해 사회적인 발돋움을 준비하며 야망을 크게 갖게 됩니다.

2) 癸水 일간의 특성

亥월의 癸水는 왕성한 水기로 지혜와 내성이 깊어, 未土에 앉아 작은 틈새로 스며들 듯 상황에 유연하게 대처하며 직관력이 뛰어난 특성이 있습니다.

3) 지장간 잠재력

월지 亥水 ▶ 본격적으로 겨울에 진입하는 사회적 환경으로서, 내면에 큰 뜻을 품고 은밀히 준비하는 기운입니다. 여기 戊土는 절제력을 나타내며, 중기 甲木은 이상과 목표를 추진하기 위한 에너지로 작용하고, 정기 壬水는 강한 자존심과 유연한 흐름을 나타냅니다.

예시2) 다음 사주팔자에서 土의 천간과 지지의 특성, 지장간 잠재력은?

		시	일	월	년
	천간	辛	壬	癸	甲
	지지	亥	子	酉	寅
지	여기	戊	壬	庚	戊
장	중기	甲			丙
간	정기	壬	癸	辛	甲

【사주분석】

1) 癸水 월간의 특성

酉월의 癸水는 세밀한 사회적 환경에서 정교한 지혜와 전략적 사고로 세련된 처세술을 발휘합니다. 기민한 적응력으로 상황에 유연하게 대처하는 재능이 있습니다.

2) 壬水 일간의 특성

酉월의 壬水는 金기의 도움으로 원기가 왕성하며 子水에 앉아 자유분방한 흐름을 나타냅니다. 강한 자존심과 주체적인 삶을 추구하며 목표를 향해 거침없이 나아갑니다.

3) 지장간 잠재력

일지 子水 ▶가장 순수하고 강력한 에너지로서 내면이 차분하고 깊은 사고력을 지니지만, 외로움을 즐기는 성정을 지녔습니다. 여기 壬水의 집중력과 정기 癸水의 내밀성으로 대인관계에 집중하지만 감정의 기복이 심한 내면의 성향을 나타냅니다.

시지 亥水 ▶ 가을에 겨울을 준비하는 기운으로 말년에 새로운 시작과 변화의 기운을 나타냅니다. 여기 戊土는 절제력을, 중기 甲木은 새로운 도전을, 정기 壬水는 도전 정신을 나타냅니다.

YouTube

천간합

19 무공 사주명리 DAY

100일 완성 사주명리

1. 천간합의 개념

천간합(天干合)이란 천간에 속한 음양이 다른 두 글자가 짝을 이루어, 기존의 오행 속성을 버리고 새로운 오행의 기운을 따르는 현상을 말합니다. 이는 마치 남녀가 만나 가정을 이루고, 각자의 개인적 삶보다는 가정이라는 공동체의 목표와 방향성을 우선시하는 것에 비유할 수 있습니다.

천간합이 이루어지면 각 천간은 자신의 고유한 역할(오행, 십신 역할 등)이 기반(羈絆)되어 제 기능을 하지 못하게 됩니다. 기반이란 말이나 소에 굴레를 씌워 자유롭게 움직이지 못하게 하는 것처럼, 합으로 인해 속박되는 상태를 의미합니다. 천간합은 모두 5쌍이 존재하며, 각각 고유한 합화 오행과 의미를 지닙니다.

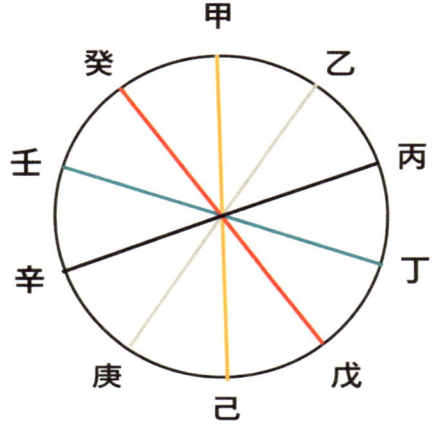

甲己합: 합화 오행 土(황색)

乙庚합: 합화 오행 金(백색)

丙辛합: 합화 오행 水(흑색)

丁壬합: 합화 오행 木(청색)

戊癸합: 합화 오행 火(적색)

2. 천간합의 종류와 의미

천간합의 가장 기본적인 원리는 음양이 다른 천간끼리 만나 합을 이룬다는 점입니다.
양(陽)간(甲, 丙, 戊, 庚, 壬)은 음(陰)간(乙, 丁, 己, 辛, 癸)과만 결합합니다.
합이 성립되고 조건이 알맞으면 두 천간은 자신의 본래 오행을 버리고 합화(合化)된 새로운
오행의 기운을 따르게 됩니다.

▣ 천갑합의 종류

천간합	甲己	乙庚	丙辛	丁壬	戊癸
합화 오행	土	金	水	木	火
의미	중정지합 (中正之合)	인의지합 (仁義之合)	위엄지합 (威嚴之合)	인수지합 (仁壽之合)	무정지합 (無情之合)

1) 甲己합

甲木(나무)이 己土(밭)에 뿌리를 내리고, 己土는 甲木을 품어 키우는 상생의 관계로, 土의 기운
을 따릅니다. 土는 만물을 재배하고 양육하는 안정된 기운입니다.
중정지합(中正之合)이란 치우치지 않고 바르다는 뜻으로, 甲과 己가 土의 중정한 기운을 따르
는 합입니다.

2) 乙庚합

庚金(도끼)이 乙木(풀, 나무가지)을 베어 도끼 자루로 쓰므로 金의 기운을 따릅니다.
金은 규칙, 의리, 절제의 기운입니다.
인의지합(仁義之合)은 어진 마음(乙)과 의로움(庚)을 뜻하며, 乙과 庚이 金의 기운을 따르며 의리
로 뭉쳐진 합입니다.

3) 丙辛합

丙火(태양, 권위)의 열기와 辛金(쇠, 보석)의 날카로움이 만나 응결되어 水의 기운을 따릅니다.
水는 지혜와 담대함의 기운입니다.
위엄지합(威嚴之合)은 권위(丙火)와 엄숙함(辛金)을 뜻하며, 丙과 辛이 水의 기운을 따르며 위엄
을 나타내는 합입니다.

4) 丁壬합

丁火(등불, 불꽃)가 壬水(기름, 큰 물)를 연료로 하여 오래 탈 수 있도록 하는 관계로, 木의 기운을
따릅니다. 木은 생명력과 성장, 인내의 기운입니다.
인수지합(仁壽之合)은 어진 성품과 장수를 의미하며, 丁과 壬이 木의 기운을 따르며 오랫동안
생명력을 유지하는 합입니다.

5) 戊癸합

戊土(넓은 땅)가 癸水(이슬비, 작은 물)를 흡수하여 비옥한 토양으로 변하고, 이로 인해 생명이 탄
생하는 火의 기운을 따릅니다. 火는 열정과 활동, 그러나 때로는 만물을 태우는 무정함을 상
징합니다.
무정지합(無情之合)은 정으로 얽매이지 않음을 의미하며, 戊와 癸가 火의 기운을 따르며 만물
을 번성시키는 합입니다.

3. 천간합의 성립 조건

천간합이 성립되기 위해서는 다음과 같은 조건이 필요합니다.

1) 인접 조건
합을 이루려는 두 천간이 반드시 나란히 붙어 있어야 합니다.

성립: 년월, 월일, 일시 천간에 합하는 글자가 위치할 때

불성립: 두 천간 사이에 다른 천간이 끼어 있을 때

시 일 월 년 甲 己 ○ ○	시 일 월 년 ○ 甲 己 ○	시 일 월 년 ○ ○ 甲 己	시 일 월 년 甲 ○ 己 ○	시 일 월 년 ○ 甲 ○ 己
성립	성립	성립	불성립	불성립

2) 쟁합이나 투합일 경우
쟁합(爭合): 하나의 음(陰)간을 두 개의 양간이 다투는 형태 (예: 甲 – 己 – 甲)

투합(妬合): 하나의 양(陽)간을 두 개의 음간이 다투는 형태 (예: 己 – 甲 – 己)

쟁합과 투합이 발생하면 합의 결속력이 약해지고, 관계가 불안정해지거나 갈등이 생길 가능성이 높아집니다. 인간관계에서 삼각관계나 복잡한 상황을 암시하기도 합니다.

쟁합(爭合)

투합(妬合)

3) 합화와 합이불화

천간합이 성립되었다고 해서 모두 합화(合化)가 이루어지는 것은 아닙니다. 합화가 되느냐, 합이불화(合而不化)가 되느냐에 따라 그 영향력이 크게 달라집니다.

(1) 합화(合化)

합화가 성립되어 두 천간이 완전히 새로운 오행의 기운을 따르려면 다음과 같은 조건이 필요합니다.

월령(月令)의 기운이 합화 오행을 생조해야 합니다. 이는 합화 오행의 기운이 왕성한 계절이어야 합화가 가능하기 때문입니다.

합화 오행을 극하는 오행이 없어야 합니다.

예시) 乙庚이 합하여 金으로 화하려면

월지가 申, 酉 등 金의 기운이 왕성하고, 합화 오행인 金의 기운을 극하는 火의 기운이 없어야 합화할 수 있습니다.

(2) 합이불화(合而不化)

두 천간이 합은 이루었으나, 위의 합화 조건을 충족하지 못하는 상태를 말합니다. 이 경우, 두 천간은 기반되어 본래의 역할을 제대로 하지 못하지만, 새로운 합화 오행의 기운을 따르지도 않는 상태에 빠지게 됩니다. 이는 합의 관계는 있으나 제대로 된 성과를 맺지 못하는 불안정한 상황에 비유할 수 있습니다.

4. 일간의 천간합

일간이 천간합으로 합화가 성립되면, 화기격(化氣格) 또는 화격(化格)이라고 합니다.

화격이 성립되면 일간은 자신의 본성(오행)을 버리고 합화 오행을 따르게 됩니다.

화격이 성립되려면 다음과 같은 조건을 갖춰야 합니다.

일간의 천간합이 합화 조건을 충족해야 합니다.

일간이 신약하고, 생조해주는 기운이 없어야 합니다.

5. 운에서의 천간합

대운이나 세운에서 사주 원국에 있는 천간과 합을 이루는 경우가 있습니다. 이를 통해 천간 합으로 기반되어 합거(合去)되거나, 천간합의 영향이 특정 시기에 발현됩니다.

1) 합거

예를 들어, 사주에 甲木이 있는데 대운이나 세운에서 己土가 들어오면, 甲木과 합하게 됩니다. 이때 甲木은 己土에 의해 기반이 되어, 본연의 역할을 하지 못하게 됩니다. 이를 합거(合去)라고 하여 합으로 천간의 특성이 제거되었다는 뜻입니다.

2) 천간의 역할 변동

대운이나 세운에서 와서 천간합이 되면 그 기간 동안에는 해당 십신이나 육친의 인연에 변동이 생길 수 있습니다.

예를 들어, 남성 사주에서 甲木일간에게 己土는 부인인데, 세운에서 甲木이 들어와 己土를 합거하면, 그 해에 부인과의 관계에 이혼이나 별거 등 변동이 발생할 가능성이 높아집니다.

【실전 예시】

예시1) 다음 사주팔자에서 천간합과 합화가 되는지 여부를 판단해 봅니다.

	시	일	월	년
천간	辛	乙	壬	丁
지지	巳	丑	寅	未

1. 천간합 성립 여부

년간 丁火와 월간 壬水가 인접해 있어 천간합의 성립이 가능합니다.

2. 합화 여부

월령조건: 월지가 寅으로 합화 오행 木이 가장 왕성한 계절이므로 합화가 가능합니다.

방해요소: 시간 辛金이 있어 합화 오행 木을 극하여 합화를 방해하므로 합이불화가 됩니다.

　　　　따라서 丁火와 壬水는 합이불화가 되어 서로 기반되므로 본래 역할을 제대로 수행

　　　　하지 못하는 상태에 빠지게 됩니다.

예시2) 다음 사주팔자에서 천간합과 합화가 되는지 여부를 판단해 봅니다.

	시	일	월	년
천간	己	甲	壬	戊
지지	巳	辰	戌	辰

▶ 적천수천미의 명조입니다.

1. 천간합 성립 여부

일간 甲木과 시간 己土가 인접해 있어 천간합의 성립이 가능합니다.

2. 합화 여부

월령조건: 월지가 戌으로 합화 오행 土의 기운이 왕성한 계절이므로 합화가 가능합니다.

방해요소: 합화 오행 土를 극하는, 木이 없으므로 합화가 가능합니다. 따라서 甲木 일간은 시
간 己土와 합하여 화격(化格)이 된 명조입니다. 乙丑 대운 戊戌년에 합화 오행의 기
세가 힘을 받아 진사에 급제하고 관서장이 되었습니다.

예시3) 다음 사주팔자에서 천간합과 합화가 되는지 여부를 판단해 봅니다.

	시	일	월	년
천간	辛	壬	丁	甲
지지	亥	辰	卯	辰

▶ 적천수천미의 명조입니다.

1. 천간합 성립 여부

일간 壬水와 월간 丁火가 인접해 있어 천간합의 성립이 가능합니다.

2. 합화 여부

월령조건: 월지가 卯로 합화 오행 木이 가장 왕성한 계절이므로 합화가 가능합니다.

방해요소: 시간 辛金이 있어 합화 오행 木을 극하여 합화를 방해합니다. 따라서 壬水와 丁火는 합이불화가 되어 서로 기반되므로 본래 역할을 제대로 수행하지 못하는 상태에 빠지게 됩니다. 火대운에 辛金을 극제하여 과거에 급제했으나, 金대운에 벼슬도 못하고 재물 손실도 있었습니다.

예시4) 다음 사주팔자에서 천간합과 합화가 되는지 여부를 판단해 봅니다.

	시	일	월	년
천간	辛	乙	庚	戊
지지	巳	酉	申	戌

1) 천간합 성립 여부

乙木 일간과 庚金 월간이 인접해 있어 천간합 성립이 가능합니다.

2) 합화 여부

월령 조건: 월지가 申으로 합화 오행 金이 가장 왕성한 계절이므로 합화가 가능합니다.

방해 요소: 합화 오행 金을 극하는 火 오행으로 시지에 巳火가 존재하지만, 巳酉 반합으로 오히려 金기를 도와줍니다. 따라서 乙木 일간은 庚金과 합하여 金기를 따르는 화기격이 성립됩니다.

▣ 화기격(化氣格)이란

사주의 천간이 서로 합하여 본래의 성질이 아닌 합화 오행으로 완전히 변화했을 때 성립되는 특수 격국입니다.

진화(眞化): 화합이 진실하게 이루어져 합화 오행의 기세가 사주 전체를 장악하는 경우로서 귀격이 됩니다.

가화(假化): 화합이 방해를 받아 진실하게 이루어지지 못하거나, 합화오행을 극하는 운을 만나거나, 쟁합·투합이 발생하면 화기격이 파괴됩니다.

지장간의 구조와 작용

1. 지장간의 개념

지장간(地藏干)은 지지 속에 숨겨진 천간의 기운을 말합니다. 지장간은 마치 땅속에 숨겨진 씨앗이나 광물처럼, 표면에는 보이지 않지만 지지의 본질적인 성질을 결정하는 핵심 요소입니다.

사주를 깊이 이해하기 위해서는 지지의 표면적 의미 뿐만 아니라, 그 속에 담긴 지장간의 구조와 작용 원리를 정확히 아는 것이 필수적입니다.

◼ 지장간 조견표

지지	子	丑	寅	卯	辰	巳	午	未	申	酉	戌	亥
여기	壬	癸	戊	甲	乙	戊	丙	丁	戊	庚	辛	戊
중기		辛	丙		癸	庚	己	乙	壬		丁	甲
정기	癸	己	甲	乙	戊	丙	丁	己	庚	辛	戊	壬

각 지지는 그 안에 1~3개의 천간 기운을 숨기고 있으며, 이를 여기(餘氣), 중기(中氣), 정기(正氣)로 구분합니다.

2. 지장간의 기본 구성

지장간은 여기(餘氣), 중기(中氣), 정기(正氣)로 구성되어 있습니다.

1) 여기(餘氣)

이전 지지의 기운이 잔존하여 중기와 정기를 도와주는 보조적 기운입니다. 예를 들어, 寅木의 여기는 戊土로, 이전 지지인 丑土의 찬 기운을 제어하고 따뜻한 기운이 작용하도록 도와줍니다.

2) 중기(中氣)

정기의 기운을 도와주고, 삼합(三合)의 운동을 이끄는 핵심 보조 기운입니다. 예를 들어, 寅木의 중기는 丙火로, 따뜻한 기운을 펼쳐 甲木 정기가 생장할 수 있도록 도와줍니다. 또한 寅午戌 火국의 출발점이기도 합니다.

3) 정기(正氣)

해당 지지를 가장 직접적으로 대표하는 가장 강한 기운입니다. 예를 들어, 寅木의 정기는 甲木으로, 해당 지지의 본질적 에너지를 상징합니다.

▣ 지장간 구성

지지	지장간 구성
寅申巳亥 인신사해	여기: 戊土가 자리하며 계절의 시작을 이끌어 줌. 중기: 삼합의 기운을 시작하는 역할 정기: 지지를 대표하는 가장 중요한 본질의 기운
子午卯酉 자오묘유	여기: 이전 지지의 정기가 잔존하며 정기를 도움 중기: 午火에만 己土가 존재하며 음양의 기운 중개 역할 정기: 지지를 대표하는 가장 중요한 본질의 기운
辰戌丑未 진술축미	여기: 이전 지지의 정기를 보존함 중기: 삼합의 제왕지(子午卯酉)의 정기를 보존함 정기: 辰戌은 戊土, 丑未는 己土

3. 주요 기능

1) 잠재력

지장간은 겉으로 드러나지 않는 개인의 내면적 성향, 숨겨진 재능, 무의식적인 습관을 나타냅니다. 이 기운은 평소에는 지지 속에 은둔해 잠자고 있다가, 대운이나 세운의 흐름에 따라 활성화되어 실제 삶의 모습으로 드러납니다.

특히 지지 간에 형충(刑沖), 회합(會合), 파해(破害) 가 발생하면, 잠자고 있던 지장간의 기운이 깨어나 갑작스러운 변화나 사건으로 길흉(吉凶)을 유발하기도 합니다.

2) 통근(通根)

천간의 기운이 지지에 같은 오행의 지장간으로 뿌리를 내리는 현상입니다.

천간이 지지에 통근하면, 천간이 힘을 얻어 안정되고 그 역할을 온전히 수행할 수 있게 됩니다. 마치 나무가 땅속에 뿌리를 내려 흔들리지 않는 것과 같습니다.

예를 들어, 사주 천간에 甲木이 있고, 지지에 寅木이나 卯木이 있다면, 甲木은 그 속의 지장간에 뿌리를 내려 힘을 얻게 됩니다.

3) 투출(透出)

지지 속에 잠복해 있던 기운이 천간으로 모습을 드러내는 현상입니다. 잠재력이 현실로 발현되면 그 기운이 사주 전반에 막대한 영향력을 미칩니다.

예를 들어, 지지에 寅木이 있을 때 천간에 甲木이 나타나면, 지지 속의 잠재력이 밖으로 발현되어 실질적 작용을 하게 됩니다.

통근과 투출은 천간의 왕쇠강약에 지대한 영향을 미치므로, 주의 깊게 살펴봐야 합니다. 특히, 대운이나 세운에서 오는 천간이 사주의 지장간에서 투출하고, 사주의 천간이 대운이나 세운의 지지에 통근하면서 변화를 일으키는 작용을 자세히 살펴봐야 합니다.

4. 월률분야(月律分野)

1) 개념

월률분야란, 한 달 동안 그 월지의 지장간들이 어떤 순서로, 얼마나 오래 주도권을 잡는지를 날짜 단위로 구체적으로 나타낸 체계입니다.

사주에서 월지는 사주팔자가 태어난 계절과 환경을 나타내므로, 월지 내에서 어떤 기운이 가장 강하게 작용하는지를 파악하는 것은 사주 해석의 핵심입니다.

2) 활용 방법

(1) 천간의 주도권 판단

월률분야는 해당 월에 어떤 천간이 주도권을 잡고 있는지 정밀하게 파악할 때 활용됩니다.

예를 들어, 寅월 초순 7일간은 戊土가 주도권을 잡고, 다음 7일간은 丙火가 주도권을 잡으며, 나머지 16일간은 甲木이 주도권을 잡게 됩니다.

천간의 주도권을 통변에 활용하는 방식은 학자마다 주장하는 바가 다르므로 참고하기 바랍니다.

예를 들어, 寅월 초순에 태어난 사주의 월령용사로 戊土를 쓰는 학자가 있는가 하면, 이를 무시하고 정기 甲木을 쓰는 학자도 있습니다.

(2) 용신 판단

월지의 주된 기운(월률분야)을 사용하는 것을 월령용사(月令用事)라 합니다.

반면, 월지 속에 숨겨진 지장간(인원)이 투출해서 사주에서 강하게 작용하면 영향이 커지는데 이를 사용하는 것을 인원용사(人元用事)라고 합니다.

예를 들어, 寅월의 경우에, 월령용사는 해당 월에 주관하는 월률분야의 기운을 사용하고, 인원용사는 월지에서 투출한 지장간이나, 사주에서 가장 강한 기세를 가진 지장간을 용신으로 사용합니다.

(3) 내면 성향 분석

지장간은 내면의 심리를 나타냅니다. 월률 분야를 통해 어떤 지장간의 기운이 우세한지 파악

하면 개인의 내적 성향을 분석할 수 있습니다.

예를 들어, 같은 寅월생이라도

戊土가 주도권을 쥐고 있으면 현실적이고 안정을 추구하는 성향이 두드러지고,

丙火가 주도권을 쥐고 있으면 적극적이고 밝은 성향이 두드러지고,

甲木이 주도권을 쥐고 있으면 강한 주관과 리더십을 가진 성향이 두드러진다고 분석합니다.

【실전 예시1】

		시	일	월	년
천간		辛	乙	壬	丁
지지		巳	丑	寅	未
지 장 간	여기	戊	癸	戊	丁
	중기	庚	辛	丙	乙
	정기	丙	己	甲	己

▶ 분석

이 사주는 寅월에 태어나 주된 기운 木이 월령용사가 됩니다.

월령 寅木의 지장간 戊丙甲 중에서 투출한 천간이 없으므로 인원용사를 쓸 수 없습니다.

일간은 사주의 주인으로서 스스로 인원용사가 되지 않습니다.

이 경우에는 월지의 주된 기운인 甲木을 쓰거나, 사주에서 가장 강한 기세를 가진 지장간을

인원용사로 채용합니다.

■ 지장간 월률분야 조견표

구분	여기		중기		정기	
	지장간	담당일수	지장간	담당일수	지장간	담당일수
寅	戊	7	丙	7	甲	16
卯	甲	10			乙	20
辰	乙	9	癸	3	戊	18
巳	戊	7	庚	7	丙	16
午	丙	10	己	9	丁	11
未	丁	9	乙	3	己	18
申	戊	7	壬	7	庚	16
酉	庚	10			辛	20
戌	辛	9	丁	3	戊	18
亥	戊	7	甲	7	壬	16
子	壬	10			癸	20
丑	癸	9	辛	3	己	18

본 교재에서는 『연해자평』의 '월률분야'를 기준으로 하며, 일반적으로 통용되는 일수를 참고하여 적용했습니다.

예를 들어, 寅월의 경우 戊土는 7일, 丙火는 7일, 甲木은 16일을 주관합니다. 또한 卯월의 경우, 여기 甲木은 10일, 정기 乙木은 20일을 주관합니다.

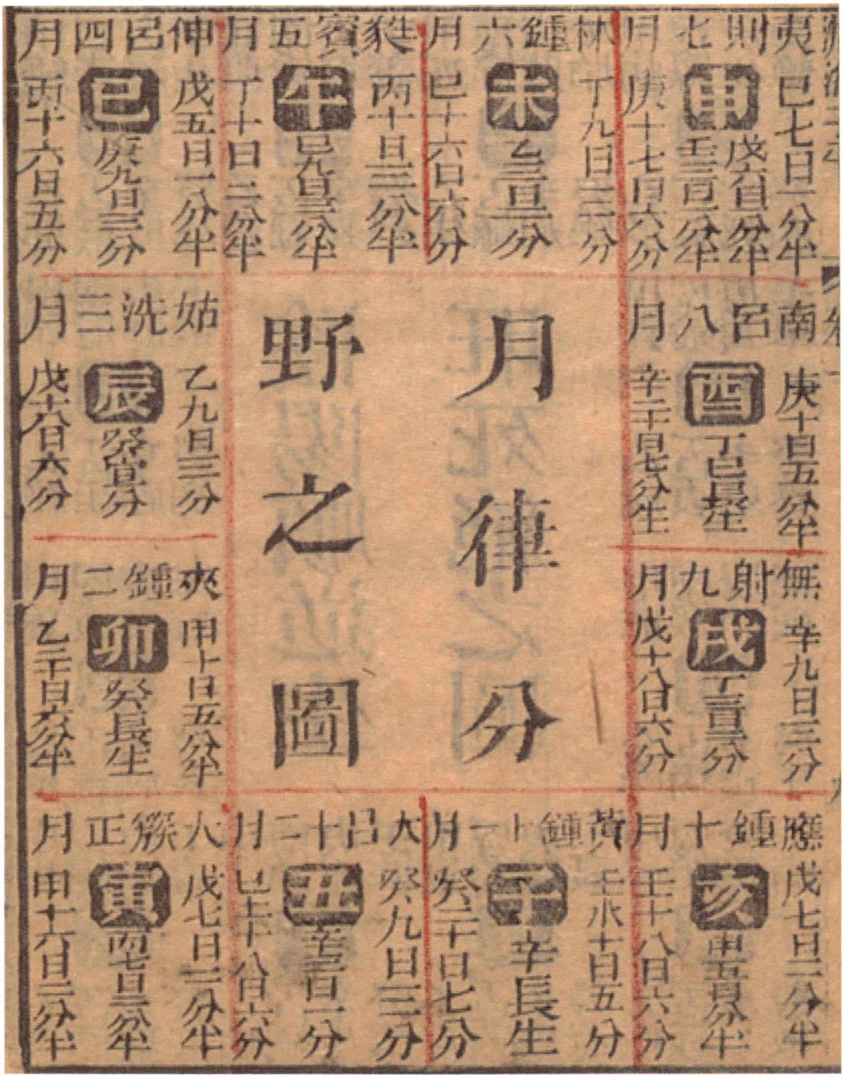

【연해자평】 수록 도표

【실전 예시2】 적천수천미의 명조입니다.

		시	일	월	년
천간		丙	戊	丙	甲
지지		辰	寅	寅	戌
지장간	여기	乙	戊	戊	辛
	중기	癸	丙	丙	丁
	정기	戊	甲	甲	戊

▶ 분석

이 사주는 寅월에 태어나 주된 기운 木이 월령용사가 됩니다. 월령 寅木의 지장간 戊丙甲이 모두 투출했습니다. 기세가 강한 정기 甲木을 인원용사로 채용합니다. 火대운에 戊土 일간을 도와 기세가 원활하게 흐르며 조화와 균형을 이루므로 고위직에 올라 부귀를 누린 명조입니다.

【실전 예시3】 적천수천미 예시 명조입니다.

극(剋)　　　　　극(剋)

		시	일	월	년
천간		庚	戊	丙	甲
지지		申	辰	寅	戌
지장간	여기	戊	乙	戊	辛
	중기	壬	癸	丙	丁
	정기	庚	戊	甲	戊

▶ 분석

이 사주는 寅월에 태어나 주된 기운 木이 월령용사가 됩니다. 월령 寅木의 지장간 戊丙甲이 모두 투출했으나, 서로가 견제하는 관계로서 인원용사를 채용하기 어려운 명조입니다.

火대운에 庚金이 제어되며 균형의 체계가 무너지므로, 戊土 일간은 공부를 해도 성공하지 못하고 일생동안 우여곡절을 많이 겪은 명조입니다.

 YouTube

통근과 투출

1. 기본 개념

사주팔자의 여덟 글자는 하늘(천간)과 땅(지지)이 서로 에너지를 주고받는 삶의 체계입니다.

통근(通根) ▶ 천간의 기운이 지지에 뿌리를 내리는 현상입니다. 마치 나무가 하늘로 오르려면 땅속에 튼튼한 뿌리가 필요한 것처럼, 천간이 제 역할을 하려면 지지에 뿌리가 있어야 합니다. 통근이 없는 천간은 허(虛)하다고 표현하며, 마치 뿌리 없는 나무가 허공에 떠다니는 것과 같아 쉽게 흔들립니다.

투출(透出) ▶ 지지 속에 숨겨진 기운(지장간)이 천간으로 드러나는 현상입니다.

마치 땅속에 묻혀 있던 씨앗이 햇빛을 받고 싹을 틔우는 것과 같습니다. 평소에는 보이지 않던 재능이나 성향이 운(運)을 만나 세상에 모습을 드러냅니다.

▶ 통근과 투출은 같은 현상으로 바라보는 관점만 다를 뿐입니다. 천간이 지지에 통근한다는 것은, 지지 속의 지장간이 투출하는 것과 동일한 의미입니다.

2. 통근(通根)

1) 통근의 조건과 종류

(1) 직접 통근
천간과 지지 속 지장간의 글자와 음양이 모두 동일한 경우로서 통근의 힘이 강합니다.
예를 들어, 甲木은 寅(무(戊)병(丙)갑(甲))지장간 甲木에 직접 통근합니다.

(2) 간접 통근
천간과 지지 속 지장간의 오행은 같으나, 음양이 다른 경우로서 직접 통근에 비해 힘이 약한 편입니다. 예를 들어, 甲木은 未土 속에 있는 지장간 乙木에 간접 통근합니다.

2) 통근의 강약을 결정하는 요소
통근의 힘은 어떤 지장간에 통근하는가에 따라 달라집니다. 월률분야의 일수로 강약을 판단할 수 있습니다.

3) 통근의 역할
의지와 실현력: 통근으로 깊이 뿌리내린 천간은 그 역할을 현실에서 온전히 발휘합니다.
운세 반응성: 통근 된 천간의 기운은 대운과 세운의 변화에 민감하게 반응하며 작용하므로 길흉이 뚜렷하게 나타납니다.
기운의 안정성: 천간이 여러 지지에 통근할수록 그 기운은 흔들리지 않는 중추 역할을 합니다.

■ 월률분야 일수에 의한 강약 판단

구분	강함		약함	
정도	매우 강함	약간 강함	약간 약함	매우 약함
일수	15일 이상	10일 이상	5일 이상	5일 미만

직접 통근과 간접 통근의 월률분야 일수를 합한 숫자입니다.

예시) 甲木의 경우

지지	寅(戊丙甲)	卯(甲乙)	辰(乙癸戊)	亥(戊甲壬)	未(丁乙己)
통근	**정기** 甲木	**여기** 甲木 **정기** 乙木	**여기** 乙木	**중기** 甲木	**중기** 乙木
월률분야 일수	직접 16	직접 10 간접 20	간접 9	직접 7	간접 3
강약	매우 강함	매우 강함	약간 약함	약간 약함	매우 약함

■ 천간의 주요 통근 지지

천간	甲 乙	丙 丁	戊 己	庚 辛	壬 癸
통근 지지	寅 亥 卯 辰 未	巳 寅 午 未 戌	辰 戌 寅 巳 申 亥 丑 未 午	申 巳 酉 戌 丑	亥 申 子 丑 辰
지장간	甲 乙	丙 丁	戊 己	庚 辛	壬 癸

3. 투출(透出)

투출도 직접 투출과 간접 투출로 구분해 볼 수 있습니다.

1) 투출의 유형

(1) 직접 투출
지장간과 천간의 글자와 음양(陰陽)이 모두 동일한 경우입니다.
예를 들어, 지지 寅(戊丙甲)木의 정기 甲木이 천간에 甲木으로 투출하면 직접 투출했다고 합니다. 이 경우에 甲木이 직접 사회적 역할을 하게 됩니다.

(2) 간접 투출
지장간과 천간의 오행은 같으나, 음양(陰陽)이 다른 경우입니다.
예를 들어, 지지 卯(甲乙)木의 정기 乙木이 천간에 甲木으로 투출하면 간접 투출했다고 합니다. 이 경우 지장간 乙木은 甲木을 통해 사회적 역할을 하게 됩니다.

3) 투출의 역할

(1) 잠재력의 발현
지지에 숨겨진 재능, 소질이 천간으로 투출되면서 본격적인 사회적 역할로 이어집니다.

(2) 성향의 발현
내면에만 존재하던 지장간의 에너지가 외부로 표출되어 타인이 인지할 수 있는 성격과 행동으로 나타납니다.

(3) 운명적 전환점

지장간에 숨겨진 기운이 대운이나 세운을 만나 투출하는 시기에 인생의 중요한 변화가 찾아 오거나 새로운 분야에서 두각을 드러내게 됩니다.

1. 통근이 없는 천간은 허(虛)하다고 표현하며, 공허한 흐름으로 의지나 실 행력이 지속하지 못하는 경우가 많습니다.
2. 한 천간이 여러 지지에 통근되거나, 한 지장간이 여러 천간으로 투출되 면 그 기운이 매우 강력하고 사주의 핵심 축이 됩니다.
3. 대운과 세운에서의 투출이 특히 중요합니다. 평생 동안 자신도 모르던 재능이 운에서 투출되어 갑자기 재능을 발휘하는 경우가 많습니다. 이 는 새로운 사업, 직장, 인연의 시작을 알리는 신호가 됩니다.

▶ 고전 탐색(적천수)

天全一氣 不可使地道莫之載 地全三物 不可使天道莫之覆
천전일기 불가사지도막지재 지전삼물 불가사천도막지부

천간은 하나의 기가 완전해도 지도로 싣지 않으면 안 된다. 지지는 세 개의 물건이 완전해도 천도로 덮지 않으면 안 된다.

【무공 해설】

천간은 지지의 도움이 있어야 힘을 받으며, 지지는 천간의 도움이 있어야 자신의 역할을 할 수 있습니다.

【실전 예시1】

다음 사주팔자에서 통근과 투출을 판단해 봅니다.

	시	일	월	년
천간	辛	乙	壬	丁
지지	巳	丑	寅	未
여기	戊7	癸9	戊7	丁9
중기	庚7	辛3	丙7	乙3
정기	丙16	己18	甲16	己18

통근 관계 분석

	辛	乙	壬	丁
未		중기 乙 3		여기 丁9
寅		정기 甲 16		중기 丙 7
丑	중기 辛 3		여기 癸 9	
巳	중기 庚 7			정기 丙 16
통근 일수	10	19	9	32
기세 강약	약간 강함	매우 강함	약간 약함	매우 강함

년간 丁火의 기세가 가장 강하며, 일간 乙木도 강한 기세입니다.

丁火를 인원용사로 쓰지만, 지지대 역할을 하는 辛金의 기세가 약하므로 火 대운에 어려움을 많이 당하고, 金 대운에 다소 안정된 삶을 살게 됩니다.

【실전 예시2】

▶ 적천수천미의 명조입니다. 통근과 투출을 판단해 봅니다.

	시	일	월	년
천간	乙	壬	辛	己
지지	巳	午	未	巳
여기	戊7	丙10	丁9	戊7
중기	庚7	己9	乙3	庚7
정기	丙16	丁11	己18	丙16

통근 관계 분석

	乙	壬	辛	己
巳			중기 庚 7	여기 戊 7
未	중기 乙 3			정기 己 18
午				중기 己 9
巳			정기 庚 7	여기 戊 7
통근 일수	3		14	41
기세 강약	매우 약함	매우 약함	약간 강함	매우 강함

壬水 일간은 뿌리가 없어 약합니다. 반면 년간 己土의 기세가 강해 일간이 복종하며 따르는 수밖에 없습니다. 丁卯, 丙寅 대운에 丙丁火가 巳午未에 통근하며 매우 강한 기세로 己土를 도우므로 사업이 번창하고 큰 재물을 얻었습니다.

【실전 예시3】

▶ 적천수천미의 명조입니다. 통근과 투출을 판단해 봅니다.

	시	일	월	년
천간	戊	戊	戊	戊
지지	午	戌	午	子
여기	丙10	辛9	丙10	壬10
중기	己9	丁3	己9	
정기	丁11	戊18	丁11	癸20

통근 관계 분석

	土	火	金	水
년지 **子**				여기 癸 10 정기 壬 20
월지 **午** 시지 **午**	중기 己9+9	정기 丁22 여기 丙20		
일지 **戌**	정기 戊 18	중기 丁 3	여기 辛9	
통근 일수	36	45	9	30
기세 강약	**매우 강함**	**매우 강함**	**약간 약함**	**매우 강함**

戊土 일간은 년월시에 戊土가 모두 있고, 지지에 통근해서 매우 강한 기세를 가졌습니다.

반면, 火와 水의 기세가 강하지만, 천간에 투출하지 못했습니다.

金 대운에 기세의 균형과 조화를 이루므로 사업이 번창했으나, 壬戌 대운에 기세의 균형이 깨지며 화재를 만나 가족이 모두 사망했습니다.

22 ▶ YouTube

형충회합파해의 작용

1. 기본 개념

사주에서 지지는 우리의 내면, 환경, 인간관계 등 삶의 토대를 나타냅니다.

형(刑), 충(沖), 회합(會合), 파(破), 해(害)는 지지 간에 발생하는 특별한 상호작용으로, 평온한 호수에 돌을 던졌을 때 생기는 파문과 같습니다. 이들은 기존 상태의 변화를 유발하며, 갈등, 변화, 성장, 시련이라는 인생의 드라마를 만들어내는 동력으로 작용합니다.

▣ 형충회합파해의 종류

구분	종류
충(沖)	寅申 巳亥 卯酉 子午 辰戌 丑未
형(刑)	寅巳申 丑戌未 子卯 辰辰 午午 酉酉 亥亥
육합(六合)	午未 巳申 卯戌 辰酉 寅亥 子丑
방합(方合)	寅卯辰 巳午未 申酉戌 亥子丑
삼합(三合)	亥卯未 寅午戌 巳酉丑 申子辰
파(破)	午卯 子酉 巳申 寅亥 丑辰 戌未
해(害)	寅巳 卯辰 子未 丑午 申亥 酉戌

2. 형(刑)충(沖)회합(會合)파(破)해(害)중요성

1) 에너지의 소통과 갈등

사주의 천간과 지지는 글자 그대로만 보면 정적인 잠재력에 불과합니다. 형충회합파해는 이 잠재력이 실제 삶의 사건으로 발현되는 과정을 보여줍니다.

형.충.회합.파.해가 없는 사주: 모든 기운이 조화롭게 순환하는 이상적인 모습이지만, 오히려 에너지의 순환이 정체되어 특별한 사건이나 변화가 없어 안주하는 평범한 인생이 될 수 있습니다.

형.충.회합.파.해가 있는 사주: 끊임없는 에너지의 소통과 갈등이 일어나 삶이 역동적입니다. 이는 고통을 겪으면서도 동시에 성장과 변화의 기회를 얻어 사회적 성취를 이룰 수 있습니다.

2) 형충회합파해의 효과

형충회합파해는 삶의 이야기를 만들어냅니다. 파도가 일 듯 드라마틱한 전개를 가진 인생을 살아가는 사람들의 사주에는 반드시 형충회합파해가 존재합니다. 오히려 형충회합파해가 없는 삶은 무덤덤한 삶으로 발전하지 못하는 경우가 많습니다.

형(刑), 충(沖)은 변화와 성장의 촉매제입니다. 기존의 안정이나 고정관념을 깨고 새로운 국면으로 나아가게 하는 에너지로 봅니다. 당연히 그 과정은 고통스럽고 불안정하게 느껴질 수 있습니다.

회합(會合)은 안정과 연결을 상징하지만, 합이 너무 많으면 우유부단함이나 의존성으로 작용할 수 있습니다. 또한 합으로 인해 오히려 원하지 않는 것에 묶이게 될 수도 있습니다.

파(破)와 해(害)는 미묘한 균열을 의미합니다. 큰 충격보다는 지속적인 마모와 서서히 진행되는 문제를 나타냅니다.

따라서 형충회합파해로 인한 길흉은 상황에 따라 달라집니다. 사주를 도와주는 약한 기운을 충격하면 그것은 흉사가 될 수 있지만, 막힌 기운을 충격한다면 그것을 오히려 돌파구로 작용할 수 있습니다.

3. 사건의 시기와 성격 예측

형.충.회합.파.해는 언제, 어떤 일이 일어날지를 구체적으로 알려주고 대책을 마련하게 해줍니다.

사주 원국에 존재하는 형.충.회합.파.해는 잠재된 불안정 요소로서 심리적 콤플렉스와 관계의 패턴으로 작용합니다. 이 요소가 대운이나 세운에 의해 활성화될 때 비로소 실제 사건으로 나타나며 삶의 변화가 일어납니다.

예를 들어, 사주 원국에 子午충이 잠재되어 있는데, 세운에서 午운을 만나면 당해 년도에 직업, 주거, 관계에서 급격한 변화가 발생합니다.

■ 사건의 성격

구분	성격
회합(會合)	두세개의 글자가 결합하는 현상으로, 새로운 에너지를 추구합니다. 육합(六合)은 두 글자 간의 결합이며, 삼합(三合)은 세 글자가 모여 하나의 오행을 형성하는 강력한 결합이고, 방합(方合)은 같은 계절의 글자들이 모인 가장 순수한 결합입니다.
형(刑)	긴장과 압박 속에서 불편함과 억압을 초래하는 지속적인 스트레스를 의미합니다. 법적 문제, 관재수, 건강 문제 등 미묘한 갈등과 구설수를 유발할 수 있습니다.
충(沖)	두 글자가 정반대 방향에서 부딪히는 현상으로, 낡은 것을 떨쳐내고 새로운 것을 시작하는 전환점을 만듭니다. 충은 그 자체로 좋고 나쁨을 단정할 수 없으며, 상황에 따라 길(吉)하게 변하기도 하고 흉(凶)한 결과를 초래하기도 합니다.
파(破)	중요한 일이 마지막 순간에 무너지는 것처럼 예상치 못한 계획의 차질을 의미합니다. 충보다는 은밀하지만 관계나 계획을 깨뜨리는 힘이 있습니다.
해(害)	가장 믿었던 동료의 배신처럼 신뢰 관계의 훼손을 의미합니다. 질투, 시기, 배신과 같은 심리적 문제를 유발하거나 관계를 해롭게 합니다.

【실전 예시】

다음 사주팔자에서 형충회합파해가 일어날 가능성을 판단해 봅니다.

	시	일	월	년
천간	辛	乙	壬	丁
지지	巳	丑	寅	未

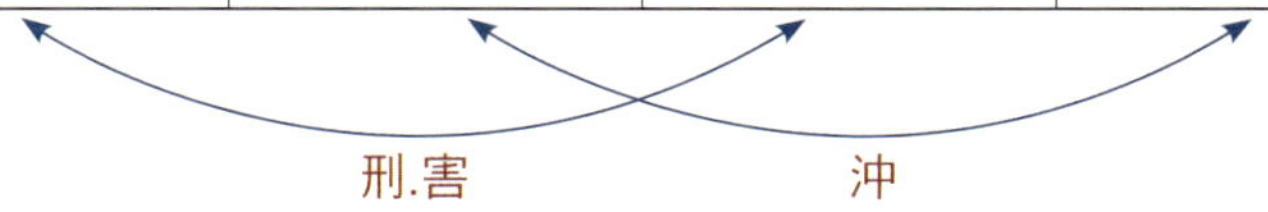

刑.害　　　　沖

▶ 형.충.회합.파.해 가능성 분석

년지 未와 일지 丑의 丑未 충(沖)

월지 寅과 시지 巳의 寅巳 형(刑), 寅巳해(害)

시지 巳는 월지 寅과 형과 해의 관계이지만, 동시에 일지 丑과는 巳酉丑 삼합을 추구하게 됩니다.

이 사주는 년과 일의 丑未충으로 인해 사회적 기반이 불안정하고, 월과 시의 寅巳형/해로 인해 주변 사람들 과의 관계에서 끊임없는 긴장과 갈등을 경험하는 삶의 구조를 가졌습니다. 이러한 갈등과 변화를 미리 알고 대처한다면 오히려 인생을 발전시키는 동력이 될 수 있습니다.

육합(六合)

1. 기본 개념

육합(六合)은 지지의 12글자가 6개의 짝을 이루어 특별한 에너지적 결합을 이루는 지지합(地支合) 현상입니다. 이는 두 에너지가 결합하여 새로운 공동의 임무를 수행하는 시스템으로 이해해야 합니다.

육합은 음양이 다른 지지와의 결합입니다. 이는 지구 자전축을 기준으로 같은 위도상에 위치한 지지끼리 결합하는 현상입니다.

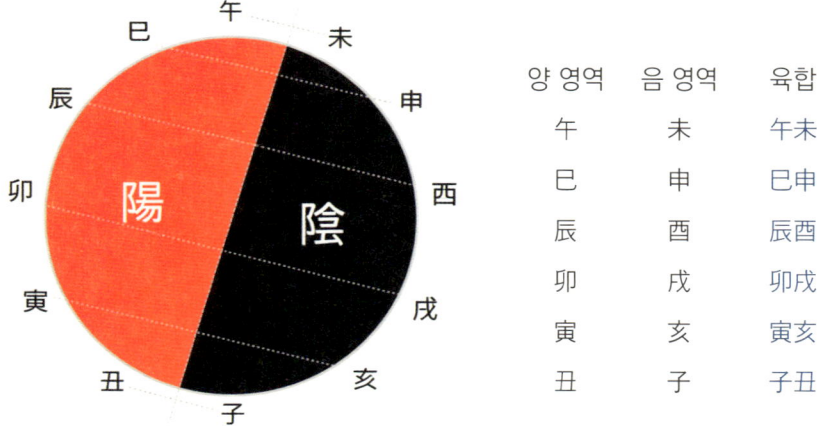

양 영역	음 영역	육합
午	未	午未
巳	申	巳申
辰	酉	辰酉
卯	戌	卯戌
寅	亥	寅亥
丑	子	子丑

육합의 이치는 점성술에서 비롯되었으며 연해자평, 삼명통회, 신봉통고, 자평진전 등의 고서에서 채용하는 것을 볼 수 있습니다.

▶ 고전탐색 【자평진전】

八字支中刑沖 俱非美事 而三合六合 可以解之 假如甲生酉月 逢卯則沖 而或支
팔자지중형충 구비미사 이삼합육합 가이해지 가여갑생유월 봉묘즉충 이혹지
中有戌 則卯與戌合而不沖 有辰則酉與辰合而不沖 有亥與未 則卯與亥未會而不
중유술 즉묘여술합이불충 유진즉유여진합이불충 유해여미 즉묘여해미회이불
沖 有巳與 丑則酉與巳丑會而不沖 是會合可以解沖 又如丙生子月 逢卯則刑 而
충 유사여 축즉유여사축회이불충 시회합가이해충 우여병생자월 봉묘즉형 이
或支中有戌 則卯與戌合而不刑 有丑則子與丑合而不刑 有亥與未則 卯與亥未會
혹지중유술 즉묘여술합이불형 유축즉자여축합이불형 유해여미즉 묘여해미회
而不刑 有申與辰則子 與申辰會而不刑 是會合可以解刑也
이불형 유신여진즉자 여신진회이불형 시회합가이해형야

팔자 지지에 형(刑) 충(沖)이 있으면 모두 좋은 일은 아니나 삼합(三合) 육합(六合)으로 그것을 해소할 수 있다.

예를 들어 甲일간 酉월생이 卯를 만나면 충이 되나, 혹 지지에 戌이 있으면 卯戌합으로 충이 되지 않는다. 辰이 있으면 酉辰합으로 충이 되지 않는다. 亥와 未가 있으면 亥卯未합으로 충이 되지 않는다. 巳와 丑이 있으면 巳酉丑합으로 충이 되지 않는다. 이것이 회합으로 가히 충을 해소하는 것이다.

또 예를 들어 丙일간 子월생이 卯를 만나면 子卯형이 되는데 혹 지지에 戌이 있으면 卯戌합으로 형이 되지 않는다. 丑이 있으면 子丑합으로 형이 되지 않는다. 亥와 未가 있으면 亥卯未합으로 형이 되지 않는다. 申과 辰이 있으면 申子辰합으로 형이 되지 않는다. 이것이 회합하여 가히 형을 해소하는 것이다.

2. 합반과 합화의 이해

1) 합반(合絆)

천간합처럼 서로를 묶는 기반(羈絆) 관계로서, 두 지지가 서로 결합하면서 각자의 독자적 역할이 제한을 받게 됩니다.

비유하면, 결혼한 부부가 가정이라는 테두리 안에서 서로를 보호하지만, 동시에 개인의 자유는 제한을 받게 되는 것과 같습니다. 이러한 상태는 안정성은 증가하지만, 동시에 자유가 감소하게 됩니다.

실전에서는 해당 지지의 독자적인 힘이 약화되고, 그 지지가 담당하는 사회적 역할이 제한된다고 해석합니다.

2) 합화(合化)

육합	子丑	寅亥	卯戌	辰酉	巳申	午未
합화 오행	습토	木	火	金	水	조토

합화 오행은 육합이 수행하는 공동 임무라고 할 수 있습니다. 육합을 이루면 합반 상태에서 함께 합화 오행의 역할을 수행하게 됩니다.

합화는 지지의 오행 자체가 변하는 것이 아닙니다. 예를 들어. 卯戌합이 되면 卯木이 火로 변하는 것이 아니라, 火라는 공동 목표를 위해 협력하는 것입니다.

합화의 효과는 새로운 역량이 발현되며, 합화 오행이라는 공동 목표를 함께 수행하는 것입니다. 이는 천간합에서 합화 오행을 따르는 것처럼 부부가 함께 가족이라는 새로운 역할을 수행하는 것과 같습니다.

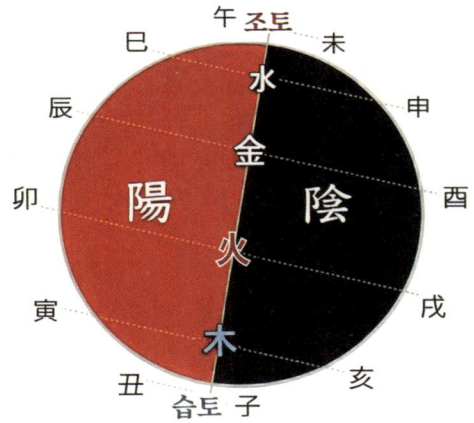

午未합화: 조토(燥土)

巳申합화: 水

辰酉합화: 金

卯戌합화: 火

寅亥합화: 木

子丑합화: 습토(濕土)

子丑이 있는 위도는 습토(濕土)의 성향이 있고, 午未가 있는 위도는 조토(燥土)의 성향이 있습니다. 寅亥가 있는 위도는 木의 성향, 卯戌이 있는 위도는 火의 성향이 있습니다. 나머지도 이와 같습니다.

3) 육합의 합화 이해

사람들은 자신이 처한 기후·환경에 따라 생활 방식과 활동 패턴이 크게 달라집니다. 열대 지방에 사는 사람들은 늘 더운 기후 속에서 비슷한 옷을 입고, 비슷한 음식을 먹으며, 비슷한 일과를 보냅니다. 온대 지방 사람들도 마찬가지로, 사계절이 뚜렷한 그 환경에 맞춰 옷차림·음식·일상이 정해져 살아갑니다.

명리에서 지지 육합도 이와 같은 이치입니다. 육합은 단순히 두 지지가 합하는 수준이 아니라, 두 지지가 같은 오행의 환경 속에 놓여 그 환경에 맞춰 함께 적응하고, 같은 방식으로 활동하며 살아가는 관계를 의미합니다.

즉, 육합이란 서로 다른 지지가 같은 환경 속에 들어가서, 그 환경에 맞는 방식으로 살아가게 되는 관계라고 정리할 수 있습니다. 이처럼 육합을 환경 공유의 관점에서 보면, 단순한 결합 이상의 깊은 유대와 상호 적응의 의미가 훨씬 더 명확 해집니다.

3. 육합의 작용

육합의 작용은 긍정적 측면과 부정적 측면으로 설명할 수 있습니다.

1) 긍정적 측면

천간의 합이 비교적 빠르고 가벼운 결합이라면, 지지의 육합은 느리지만 깊고 끈끈하며 지속적인 유대를 만듭니다. 이는 마치 부부·부자·형제·친구처럼 서로가 서로의 든든한 버팀목이 되어 혼자서는 어려운 일을 함께 해내는 힘을 상징합니다.

육합의 핵심 키워드는 화합, 협력, 상생, 보호, 든든한 조력으로 서로의 부족함을 채워주고, 함께할 때 더 강해지는 관계입니다. 특히 육합이 인접한 위치(예: 일지-월지, 일지-시지, 월지-년지 등)에 있을 때 그 작용이 가장 강하게 나타납니다.

예시1)

시 일 월 년 寅 亥 ○ ○	나(일지)와 자식(시지)이 서로 돕는 든든한 조력자 관계. 자식이 성장함에 따라 부모에게 실질적 도움이 돌아옴.
시 일 월 년 ○ ○ 寅 亥	직장(월지)에서의 활동이 국가나 사회 전체(년지)의 큰 흐름과 잘 맞아, 개인의 노력이 인정받으며 공적인 명예를 얻을 수 있음.
시 일 월 년 ○ 寅 亥 ○	부모(월지)는 나(일지)에게 아낌없는 애정과 지원을 주고, 나는 부모의 지혜와 재능을 자연스럽게 물려받아 성장.

2) 부정적인 측면

육합이 항상 긍정적으로만 작용하지 않습니다. 합이 이루어지면 공동의 환경 속에 갇히게 되므로, 개인의 독립적 의지나 자유로운 선택이 크게 제약 받습니다.

마치 사랑하는 사람과 결혼해 행복하지만 동시에 혼자 마음대로 할 수 없는 생활이 시작되는 것과 같습니다. 이것이 육합의 합반(合絆) 작용입니다.

특히 육합이 많거나, 합이 되는 지지가 사주에서 중요한 위치(일지·월지 등)에 있거나, 합화 오행이 용신(用神)이 아닌 기신(忌神)과 얽히면 부정적 측면이 더 두드러지게 나타납니다.

육합의 부정적 측면은 서로를 너무 사랑하거나 의지하다 보니, 오히려 자유와 독립을 잃어버리는 현실적인 인간관계의 양면성을 그대로 보여줍니다.

예시2)

시 일 월 년 寅 亥 ○ ○	나(일지)와 자식(시지)이 극도로 밀착된 관계로 자식이 부모에게 과도하게 의존하거나, 반대로 부모가 자식에게 지나친 기대와 간섭을 하게 됨.
시 일 월 년 ○ ○ 寅 亥	조상(년지) 대대로 이어진 인연에 얽매여 개인의 의지(월지)를 펼치기 어렵거나, 내가 하고 싶은 일보다 조직이나 가문에서 요구하는 일을 우선해야 하는 상황으로 억압을 받음.
시 일 월 년 ○ 寅 亥 ○	부모(월지)의 영향력이 나(일지)에게 평생 작용하며 부모의 기대와 가치관을 내가 대신 떠안게 되는 형태로 변질되고 부모의 불안과 걱정을 내가 고스란히 물려 받게 됨.

4. 육합의 방해와 해합

1) 육합이 방해받는 경우

육합이 방해를 받거나, 쟁합/투합이 발생하면 육합이 성립되지 않습니다. 이때 육합이 방해를 받으면 내면적 갈등을 겪게 됩니다.

예를 들어, 辰酉가 합을 하고자 하지만, 중간에 午火가 있거나 년월에 酉金이 두 개 있으면 육합이 성립되지 않습니다.

▶ 육합이 성립되는 경우

시 일 월 년	년월에 辰酉가 있어 육합이 성립됩니다.
辰 酉 ○ ○	나와 자식이 단단히 결속되며 서로에게 묶이게 됩니다.

辰酉합은 합화 오행이 金이므로 단단한 결속을 추구하며 서로를 구속하게 됩니다.

▶ 육합이 방해받는 경우

시 일 월 년	년과 시에 辰酉가 있지만 중간에 午가 있어 육합을 방해받게 됩니다. 따라서
辰 ○ 午 酉	조직에 구속되지 않고 자신의 능력을 자유롭게 펼치며 활동하는 모습을 보이게 됩니다.
시 일 월 년	년월에 酉金이 두 개 있어 시지 辰土가 辰酉합을 할 수 없습니다. 이 경우에
辰 ○ 酉 酉	는 조직이 여러 개 있어 선택을 하지 못하는 모습을 보이게 됩니다.
시 일 월 년	년월에서 辰酉이 이루어지지만 시지의 辰土는 관여할 수 없습니다. 따라서
辰 ○ 辰 酉	합화 오행 金의 특성대로 사회적 결속력이 단단하지만 개인은 마음의 안정을 찾지 못하게 됩니다.

100일 완성 사주명리

2) 해합(解合)

육합이 되어 묶여 있던 지지가 운에서 형충회합을 만나면 합이 풀리며 원래 기능을 회복합니다.

(1) 충에 의한 해합

충(沖)은 충돌과 변화를 만드는 강력한 에너지로서 기존의 육합 관계를 깨뜨리는 가장 효과적인 방법입니다.

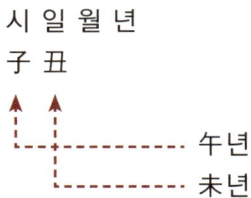

예시1) 일시에서 子丑合을 하는데, 세운에서 午火나 未土가 들어와 子午沖이나 丑未沖을 일으키면, 子丑합이 해합되어 본래의 역할로 돌아갑니다. 이 경우 부모와 자식간의 구속이 일시적으로 해제되기도 합니다.

(2) 형에 의한 해합

형(刑)은 갈등을 일으키는 강력한 에너지로서 기존의 육합 관계에 의한 내부적 갈등이 일시적으로 정지됩니다.

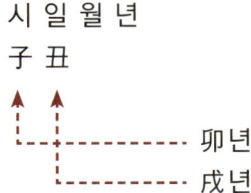

예시2) 일시에서 子丑合을 하는데, 세운에서 卯木이나 戌土가 들어와 子卯형이나 丑戌형으로 갈등을 일으키면, 子丑합의 관계를 고민하며 일시적으로 해합됩니다. 이 경우 부모와 자식 간에 발생하던 고민이 새로운 갈등의 양상으로 인해 일시적으로 정지 됩니다.

(3) 회합에 의한 해합

삼합(三合)이나 방합(方合)의 글자가 운에서 들어오면 합화 오행의 역할이 중단되고 삼합이나 방합의 역할을 수행하게 됩니다.

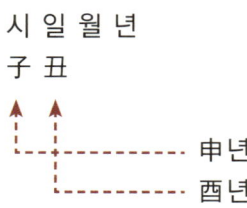

예시3)일시에서 子丑合을 하는데, 세운에 申金이 오면 子水는 申子辰 삼합을 하고, 酉金이 오면 丑土는 巳酉丑 삼합을 하게 되어 육합이 일시적으로 와해됩니다. 이 경우 부모와 자식은 자신의 일에 집중하느라 잠시 부모와 자식 간의 구속이 풀어지게 됩니다.

◼ 육합의 활용

1. 합록(合祿)의 묘리

사주에 건록(建祿)이 드러나지 않아도 육합을 통해 암암리에 건록의 기운을 불러올 수 있으며 이 화합이 진실한 경우 부귀를 누리는 귀격이 됩니다.

예를 들어, 甲木 일간 사주에 寅 건록이 없어도. 亥가 있으면 寅亥합을 통해 寅 건록의 기운을 추구하게 됩니다.

2. 결합과 해소로 인한 갈등

육합은 결합의 기운이 너무 강하면 상대를 자유롭지 못하게 억압하거나 속박하여고통을 줄 수 있지만, 마치 애완견처럼 편안하고 안정된 삶을 누리기도 합니다. 하지만 운에서 형충이 와서 합이 깨지면 애완견이 야생으로 돌아가 힘든 삶을 살아야 하듯 어려움으로 인해 고통의 정도를 크게 느낄 수 있습니다.

예시1) 다음 사주팔자에서 육합의 여부와 합화와 합반을 판단해 봅니다.

	시	일	월	년
천간	己	己	癸	戊
지지	巳	巳	亥	寅

【사주분석】

육합 성립 ▶ 년지 寅木과 월지 亥水의 寅亥합(合) 완전 성립

합화 오행 ▶ 木

실제 영향 ▶ 월지 亥水는 寅木과 육합이 되면서 寅亥의 합화 오행인 木의 역할을 수행하게 됩니다. 따라서 조직에서 木의 역할인 기획, 관리, 교육, 행정 등 木 성향의 역할이 두드러지게 됩니다.

해합 ▶ 월지 亥水는 일지에 巳火가 있어 항상 巳亥충(沖)의 위험 요소가 잠재되어 있습니다. 乙巳년에 巳亥충이 본격적을 발동하며 寅亥합(合)이 해소됩니다.

합이 풀리면 합화오행인 木의 역할이 중단되거나 축소되는 변화가 발생합니다. 대신 巳火의 성향(감독, 집행, 현장 관리 등)이 급부상합니다.

실제 乙巳년에 본사 관리직(합화 오행 木의 역할)에서 협력 업체 감독직(巳火의 역할)으로 발령 받았습니다.

결론적으로 이 사주는 寅亥합으로 형성되는 합화오행 木으로 인해 조직 내 관리·기획 중심의 안정된 경력의 흐름을 보이고 있으나, 일지와 월지의 巳亥충의 불안정성이 상존하고 있으며, 충이 현실화되는 운에 에너지 방향이 자연스럽게 바뀌게 되는 것을 볼 수 있습니다.

예시2) 다음 사주팔자에서 육합의 여부와 합화와 합반을 판단해 봅니다.

	시	일	월	년
천간	壬	辛	癸	丙
지지	辰	卯	巳	申

▶ 신봉통고 예시 명조입니다.

【사주분석】

육합 성립 ▶ 년지 申金과 월지 巳火의 巳申합(合) 완전 성립

합화 오행 ▶ 水

실제 영향 ▶ 월지 巳火는 巳申합(合)을 이루며 합화 오행인 水의 역할을 수행하게 됩니다. 따라서 辛金 일간은 巳火에서 투출한 丙火를 버리고 水기운을 따르게 됩니다. 金 대운이 들어오며 水기운을 도와주므로 일간은 안정된 삶을 누리게 됩니다.

해합 ▶ 육합은 합이 강할수록 풀릴 때의 충격이 큽니다.

己亥 대운에 巳亥충(沖)으로 육합이 해소되며 원래의 火기운을 회복하지만, 대운 천간 己土가 壬水를 탁하게 만듭니다. 결국 물이 흐려지고 막히는 형국이 되어 인색하게 살다가 경제적으로 쪼들리게 됩니다.

庚子 대운에 申子辰 삼합으로 水의 기세가 강해지며 金이 가라앉는다는 수다금침(水多金沈)이 되어 辛金 일간은 생명을 유지하지 못하고 사망에 이릅니다

결론적으로 이 사주는 巳申합으로 인해 만들어진 水기운으로 金대운에 편하게 살았지만, 육합이 해소되며 궁색한 삶을 살다가 결국 사망에 이르렀습니다.

이는 육합은 합하면 편안하지만, 풀리면 더 큰 고통을 겪게 된다는 합반의 양면성을 극명하게 보여주는 사례입니다.

예시3) 다음 사주팔자에서 육합의 여부와 합화와 합반을 판단해 봅니다.

	시	일	월	년
천간	辛	丙	丁	乙
지지	卯	戌	亥	巳

【사주분석】

육합 성립 ▶ 일지 戌土와 시지 卯木의 卯戌합 완전 성립

합화 오행 ▶ 火

실제 영향 ▶ 일지 戌土는 화고(火庫)이므로 卯木와 합하며 丁火의 은은한 불씨를 지피는 듯한 이미지를 만듭니다. 따라서 丙火 일간은 지속적인 열기를 보강하며 木火 대운에 안락한 삶을 누리게 됩니다.

해합 ▶ 육합은 합이 강할수록 풀릴 때의 충격이 큽니다.

壬辰 대운에 辰戌충으로 육합이 해소되며 卯木과 戌土가 원래의 기운으로 돌아가려고 하지만, 대운 천간 壬水가 丙火 일간을 직접 극하는 칠살(七殺)의 흉의를 드러내니 신상에 커다란 위협을 느끼며 우울·불안·정신적 고통으로 고생하게 됩니다.

결론적으로 이 사주는 卯戌합으로 인해 丙火 일간이 든든히 보강되어 木火 대운에 편안한 삶을 살았지만, 육합이 해소되며 水 칠살의 공격으로 심각한 정신적 고통을 겪은 전형적인 사례입니다.

23 육합(六合)

▶ YouTube

방합(方合)

1. 기본 개념

방합(方合)은 동서남북 방위와 사계절의 기운이 완전히 구현되는 가장 순수하고 강력한 에너지 장(場)을 형성하는 현상입니다.

방위: 동(寅卯辰), 서(申酉戌), 남(巳午未), 북(亥子丑)

계절: 봄(寅卯辰), 가을(申酉戌), 여름(巳午未), 겨울(亥子丑)

에너지: 木(寅卯辰), 金(申酉戌), 火(巳午未), 水(亥子丑)

	巳	午	未		
辰		**남**		申	
卯	**동**		서	酉	
寅		**북**		戌	
	丑	子	亥		

동방 寅卯辰 木국

남방 巳午未 火국

서방 申酉戌 金국

북방 亥子丑 水국

2. 방합의 성립 요건

완전 방합: 사주 원국에 해당 방위의 세 지지(예: 寅, 卯, 辰)가 모두 존재할 때 성립하며 그 힘이
　　　　　가장 강하고 지속적입니다.

불완전 방합: 사주, 원국에 두 개의 지지가 있는 경우입니다. 나머지 하나가 대운이나 세운에
　　　　　서 오면서 채워질 때 비로소 완전한 합을 이룹니다. 하지만, 두 개의 지지가 있
　　　　　는 경우에도 강한 세력을 형성할 수 있습니다.

3. 방합의 작용

1) 방합의 세력
방합이 성립되면 해당 오행은 사주 내에서 최강의 세력이 되어 다른 오행을 압도합니다.
이는 마치 한 나라에서 가장 강력한 군대를 보유한 세력과 같아, 사주 전체의 균형과 흐름을
주도합니다.
寅卯辰은 봄의 계절적 특성이 있으며 木오행의 성향이 매우 강합니다.
巳午未는 여름의 계절적 특성이 있으며 火오행의 성향이 매우 강합니다.
申酉戌은 가을의 계절적 특성이 있으며 金오행의 성향이 매우 강합니다.
亥子丑은 겨울의 계절적 특성이 있으며 水오행의 성향이 매우 강합니다.

2) 방합의 의미
방합은 하나의 국(局)을 형성하므로 방합국(方合局)이라고 불리기도 합니다.
(1) **강력한 집단주의**: 가족, 조직, 동아리 등 소속 집단에 대한 강한 애착과 의리를 발휘하며,
　　우리라는 의식이 매우 강합니다.
(2) **에너지의 극대화**: 해당 오행의 성향이 삶의 주된 동력이 되고, 다른 오행들의 영향력이 상
　　대적으로 약화됩니다.
(3) **지향점의 일치**: 방합을 이룬 모든 지지는 해당 오행이 상징하는 가치를 위해 협력합니다.

3) 방합의 영향

방합은 가장 강력한 재능이자 가장 큰 장애물이 될 수 있는 양면성을 가집니다.

긍정적 작용: 가장 강력한 재능과 무기가 되어 목표를 성취하는 원동력이 됩니다. 주변으로부터 도움을 받고 자신의 역량을 마음껏 발휘할 수 있습니다.

부정적 작용: 강점이 독이 되어 반복적 문제가 발생하고, 다른 영역의 발전을 저해합니다. 지나친 특화로 다양성을 상실합니다.

4) 방합의 해소 효과

방합은 같은 방향의 지지들이 모여 강력한 세력을 형성하지만, 그 세력은 합이나 형충 등으로 해소될 수 있습니다. 방합의 해소는 강력하게 응집된 에너지가 폭발적으로 흩어지는 과정으로 사주 전체의 중화 상태에 따라 재앙이 되거나 새로운 기회를 여는 전환점이 되기도 합니다.

(1) 세력의 결속력 상실

방합으로 단단히 뭉쳐진 기운이 합이나 형충 등을 받아 해소되면, 그 기운이 유지하던 심리적·사회적 기반이 일시에 무너지는 효과가 나타납니다.

(2) 사회적 위치 및 거처의 변동

월령이 포함된 방합 세력이 합이나 형충 등으로 깨지면 직업적 변동이 일어나기 쉽습니다. 기운이 한 방향으로 정착하지 못하고 흩어지면 사람이 한곳에 오래 머물지 못하고 마음과 행보가 갈팡질팡하며 안정을 찾기 어려운 면이 있습니다.

방합이 깨지더라도 흩어진 기운을 시주에서 도와주면 위기 뒤에 안정을 찾고 새로운 기회를 맞아 도약할 수도 있습니다.

예시1) D그룹 회장 男

	시		일		월		년	
천간	辛		乙		丁		庚	
지지	巳		丑		亥		子	
대운	**71**	**61**	**51**	**41**	**31**	**21**	**11**	**1**
	乙	甲	癸	壬	辛	庚	己	戊
	未	午	巳	辰	卯	寅	丑	子

【사주분석】

이 사주는 **방합(方合)**의 강력한 에너지를 극대화해 활용한 전형적인 구조로, 현실에서 막강한 배경과 지원을 발판 삼아 극한의 위기를 극복하고 최고의 지위(대기업 회장 등)에 오른 사례로 해석됩니다.

막강한 세력 ▶ 亥子丑 **水방합(方合)**완성으로 현실적으로 교육·학문·지식·조직적 힘으로 성공의 기반이 마련되고, 부모·선배의 든든한 후원으로 출발점이 높은 장점이 있습니다.

태과 세력의 위기 ▶ 지나친 水기로 인해 乙木 일간이 물 위에 떠다니는 위기 상존

현실적으로 배경은 화려하지만 본인 내면이 불안정하거나 외로움·압박감을 느끼는 경우가 많게 됩니다.

위기 극복 ▶ 丁火와 巳火가 水방합의 냉기를 녹이고 따뜻하게 전환하는 역할을 합니다. 따라서 막강한 水방합의 세력이 주는 어려운 환경에서의 위기를 뜨거운 열정과 실행력으로 극복하고 대기업 회장 자리에 오르게 됩니다.

예시2) K_POP가수 男

	시		일		월		년	
천간	丁		戊		己		庚	
지지	巳		寅		卯		辰	
대운	75	65	55	45	35	25	15	5
	丁	丙	乙	甲	癸	壬	辛	庚
	亥	戌	酉	辛	巳	午	巳	辰

【사주분석】

이 사주는 **방합(方合)**의 압도적 에너지를 활용한 전형적인 구조로, 현실에서 엄청난 대중적 지지를 얻은 사례로 해석되며, 방합의 강력함과 그로 인한 위기를 본인 힘으로 극복한 사례입니다.

막강한 세력 ▶ 寅卯辰 木방합 완성으로 하나의 거대한 숲처럼 성장 에너지로 연결되는 구조입니다. 평생에 걸쳐 대중적 사랑을 받는 패턴으로 스타로 성공할 수 있는 기반을 마련했습니다.

태과 세력의 위기 ▶ 지나친 木기로 인해 戊土 일간이 압박과 스트레스 그리고 극한의 책임감으로 사회로부터 끊임없이 공격을 받는 형국으로 우울·고립·실패의 위험이 상존합니다.

위기 극복 ▶ 戊土 일간이 시지 巳火에 뿌리를 두고 있어, 火 대운에 戊土의 단단함과 巳火의 열정으로 木기운을 이끌어 승화함으로써 압박과 스트레스를 끊임없는 자기관리로 극복하며 스타 자리에 오르게 됩니다.

예시2) 정치인 男

	시		일		월		년	
천간	己		乙		丁		戊	
지지	卯		未		巳		午	
대운	71	61	51	41	31	21	11	1
	乙	甲	癸	壬	辛	庚	己	戊
	丑	子	亥	戌	酉	申	未	午

【사주분석】

이 사주는 **방합(方合)**의 압도적 에너지를 활용한 전형적인 구조로, 현실에서 말솜씨·표현력·카리스마·설득력을 무기로 정치적으로 영향력을 발휘하며 두각을 나타내었습니다. 방합의 강력함과 그로 인한 과열·허세 위험을 본인의 근기로 극복한 모범 사례입니다.

막강한 세력 ▶ 巳午未 **火방합** 완성으로 하나의 거대한 불길 에너지처럼 연결되는 구조입니다. 火의 재능은 표현력과 창의성·말솜씨·카리스마로 대중의 인기를 상징하며, 평생에 걸쳐 말 한마디로 대중을 사로잡고 지지를 받을 수 있습니다.

태과 세력의 위기 ▶ 지나친 火기로 인해 乙木 일간이 진심이 아닌 퍼포먼스로 비쳐지거나, 열정이 폭주해 실수하며 스캔들을 일으켜 반발을 유발할 수 있습니다.

위기 극복 ▶ 乙木 일간이 앉은 일지 未土는 화고(火庫)로 火를 저장하고 木의 뿌리 역할을 하며, 시지 卯木은 乙木 일간의 건록지로 자기 중심과 독립심의 본질적 힘으로 극복하고 최고의 권위를 거머쥐게 됩니다.

25 삼합(三合)

1. 기본 개념

삼합(三合)이란 지지의 세 글자가 모여 하나의 새로운 강력한 오행 에너지장을 형성하는 현상을 의미합니다. 이는 생명의 탄생, 성장, 저장이라는 완전한 생명 주기를 상징하며, 십이운성(十二運星) 중 장생(長生), 제왕(帝旺), 묘(墓)에 해당하는 세 지지가 만나 하나의 국(局) 또는 합(合)을 이룹니다.

방합(方合)이 같은 방향의 가족 같은 결합이라면, 삼합은 서로 다른 배경을 가진 구성원이 한 목표를 위해 뭉치는 사회 조직이나 프로젝트 팀에 비유할 수 있습니다. 따라서 그 에너지가 더 집중적이고 목표 지향적이며, 동시에 깨지기도 쉬운 특성을 가집니다.

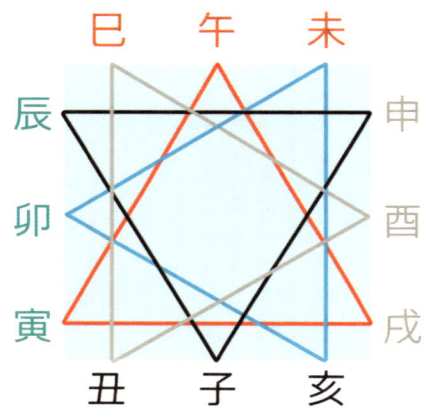

亥卯未 木국 삼합
寅午戌 火국 삼합
巳酉丑 金국 삼합
申子辰 水국 삼합

2. 삼합의 성립 요건

삽합	생성 오행	장생(長生)	제왕(帝旺)	묘(墓)
亥卯未	木	亥	卯	未
寅午戌	火	寅	午	戌
巳酉丑	金	巳	酉	丑
申子辰	水	申	子	辰

1) 생지(生支): 십이운성의 시작점인 장생(長生)에 해당합니다.

새로운 기운이 태어나고 싹트는 곳입니다. 삼합 세력의 출발점으로 원동력이 됩니다.

2) 왕지(旺支): 오행의 기운이 가장 강한 제왕(帝旺)에 해당합니다.

오행의 기운이 가장 순수하고 강력하게 꽃피는 곳입니다. 삼합 세력의 핵심이자 목표 지점이며, 삼합의 성패를 좌우하는 가장 중요한 축입니다.

3) 묘지(墓支): 오행의 기운이 수렴되어 저장되는 곳입니다.

오행의 강력해진 기운을 수렴하고 저장하며 마무리하는 곳입니다. 삼합의 결실점이자 삼합 오행의 기운을 담는 그릇 역할을 합니다.

▶ 반합(半合)은 세 글자 중 왕지를 포함한 두 글자가 모인 경우입니다.

예를 들어, 亥卯나 卯未 등은 반합에 해당합니다. 하지만 亥未는 왕지가 없어 반합이 안 되고, 단지 木오행의 뿌리 역할을 할 뿐입니다.

반합은 삼합보다 힘은 약하지만, 해당 오행의 기운을 강화시키는 역할을 합니다. 단, 생지와 묘지만 있는 경우는 왕지가 없어 기운이 중단되므로, 대운이나 세운에서 왕지가 등장해야 비로소 삼합이 완성됩니다.

3. 삼합의 작용

1) 삼합의 세력

삼합은 왕지의 정기를 중심으로 생지와 묘지의 같은 오행의 지장간들이 결집하여 하나의 오행으로 융합하는 현상으로 그 세력은 막강합니다.

예시) 亥卯未 木국 삼합

삼합	亥	卯	未
지장간	중기 甲	여기 甲, 정기 乙	중기 乙

이들 세 지지의 내부에는 모두 木의 기운이 강하게 자리 잡고 있습니다. 이들이 모여 木기가 결집되고 확대되어 하나의 강력한 木국을 형상합니다.

2) 삼합의 의미

(1) 조직적 협력과 사회적 성공

서로 다른 배경(생지, 묘지)을 가진 사람들이 핵심 리더(왕지)를 중심으로 하나의 목표(생성 오행)를 위해 뭉칩니다. 이는 기업, 단체, 프로젝트 팀 등에서의 성공을 의미합니다.

(2) 완성된 흐름과 목표 달성력

삼합은 시작(생지)에서 절정(왕지)을 거쳐 결실(묘지)에 이르는 하나의 완성된 흐름을 가지고 있어, 에너지가 매우 집중적이고 목표 달성을 위한 추진력이 큽니다. 한 번 시작한 일을 끝까지 추진하는 힘을 줍니다.

(3) 결합의 취약성

방합에 비해 구성원의 출신이 다르기 때문에, 형(刑), 충(沖) 등이 발생하면 그 결속력(팀워크)이 쉽게 무너지고 혼란이 가중될 수 있습니다. 팀 내부의 작은 균열이 전체를 무너뜨릴 수 있다는 의미입니다.

3) 삼합의 작용

삼합은 사주 내에서 특정 오행의 세력이 극단적으로 강해지는 현상이므로, 그 영향력은 막대합니다.

(1) 사주 원국에서의 삼합

긍정적 작용: 삼합으로 형성된 오행이 유익하면, 사회적 성공과 능력 발휘의 지름길이 됩니다.
부정적 작용: 삼합으로 형성된 오행이 해로우면, 그 강력한 기운이 오히려 가장 큰 장애물이 됩니다.

4) 운에서의 삼합

(1) 삼합의 완성과 활성화

대운이나 세운에서 삼합을 이루는 글자가 들어와 팀이 완성되면, 그 오행의 기운이 극도로 활성화되면서 인생에 큰 변화가 일어납니다.

예를 들어, 사주에 申과 辰이 있는데 운에서 子가 들어와 申子辰 水국이 완성되면, 水오행의 기운이 강해지면서 이와 관련된 이동, 직업 변동, 정신적 변화 등의 사건이 발생할 가능성이 높아집니다.

(2) 삼합의 파괴와 팀 와해

운에서 형이나 충의 글자가 들어와 삼합 팀의 구성원을 직접 공격하면, 결속력이 깨지며 혼란이 가중됩니다.

예를 들어, 寅午戌 火국이 있는 사주에 辰운이 들어오면 戌이 辰과 충돌하여 팀이 와해될 수 있습니다.

▶ 삼합은 사주에서 한 오행의 에너지가 완성되는 가장 강력한 현상입니다.

이는 개인의 삶에 있어서 거대한 프로젝트나 평생의 과업이 될 수 있습니다. 자신의 사주에 어떤 삼합이 있으며, 그것이 어떤 오행을 만들어내는지 이해하는 것은 자신의 장점과 잠재력을 발견하고, 인생의 중요한 흐름을 읽어 나가는 데 큰 도움이 될 것입니다.

그러나 그 힘이 너무 강력하므로, 항상 주변 환경(운)과의 조화를 살피고, 그 에너지를 어떻게 현명하게 활용할지 고민하는 지혜가 필요합니다.

예시1) 연예인 女

	시		일		월		년	
천간	庚		丁		癸		己	
지지	子		丑		酉		巳	
대운	78	68	58	48	38	28	18	8
	辛	庚	己	戊	丁	丙	乙	甲
	巳	辰	卯	寅	丑	子	亥	戌

【사주분석】

이 사주는 巳酉丑 金삼합(三合)의 압도적 에너지 힘을 극대화한 전형적인 성공 구조입니다. 현실에서 삼합의 강력함과 그로 인한 내적 부담을 성공 동력으로 전환한 모범 사례입니다.

막강한 세력 ▶ 巳酉丑 金삼합 완성으로 서방 金기운이 극도로 집중 강화되었습니다. 이 기운은 평생에 걸쳐 재능으로 돈 버는 구조가 극대화되고, 자신의 열정적인 매력으로 대중을 사로잡고 재물을 끌어들이는 패턴으로 작용합니다.

태과 세력의 위기 ▶ 지나친 金기로 인해 丁火 일간이 재다신약(財多身弱)의 구조를 보이고 있어 내적 스트레스와 압박 피로감으로 정신적 고통과 건강 문제에 위험을 느낄 수 있습니다.

위기 극복 ▶ 丁火 일간이 비록 약하지만 열정적인 감성으로 예술적 표현으로 녹여내면서 스트레스를 창작 동기로 전환하고 퍼포먼스를 강화해 인기를 얻고 스타 자리에 오르게 됩니다.

이처럼 삼합의 강력한 에너지를 사회적으로 크게 작용하지만, 자칫 일간의 에너지를 크게 소모시킬 수 있다는 양면성을 가집니다.

예시2) 연예인 男

	시		일		월		년	
천간	癸		壬		丙		丙	
지지	卯		子		申		辰	
대운	73	63	53	43	33	23	13	3
	甲	癸	壬	辛	庚	己	戊	丁
	辰	卯	寅	丑	子	亥	戌	酉

【사주분석】

이 사주는 申子辰 **水삼합**(三合)의 압도적 에너지를 활용해 壬水 일간의 힘을 극대화한 전형적인 성공 구조입니다. 현실에서 수많은 팬들을 자신의 팀처럼 끌어안고 치열한 경쟁 속에서 자기 주관·고집·호승심으로 스타 자리에 오른 연예인 사례입니다.

막강한 세력 ▶ 申子辰 **水삼합** 완성으로 북방 水 기운이 극도로 집중 강화되었습니다. 이 기운은 일간과 같은 기운으로 경쟁에서 이기고자 하는 호승심과 투지가 폭발적으로 발휘되며 두각을 나타내는 패턴입니다.

태과 세력의 위기 ▶ 지나친 水기로 인해 자기 과시와 고집으로 팬들과의 마찰 위험이 상존하고, 끊임없는 라이벌에 의한 경쟁으로 스트레스가 따릅니다.

위기 극복 ▶ 壬水 일간이 본래 바다처럼 포용력이 있고 유연한 흐름을 타는 힘이 강하므로 삼합의 기운이 오히려 일간의 본질을 강화해 경쟁자와 라이벌을 물리치는 큰 힘으로 작용해 스스로 스타 위치에 오릅니다.

예시3) 일타 강사 男

	시		일		월		년	
천간	丁		丁		乙		癸	
지지	未		亥		卯		未	
대운	73	63	53	43	33	23	13	3
	丁	戊	己	庚	辛	壬	癸	甲
	未	申	酉	戌	亥	子	丑	寅

【사주분석】

이 사주는 亥卯未 木삼합(三合)의 압도적 에너지를 지니고 있지만 대운이 도와주지 않으므로 그 힘을 제대로 활용하지 못해 잠재력을 발휘하지 못하고 일반 강사에 머무른 사례입니다. 삼합의 잠재력은 뛰어나지만 대운 흐름이 불리하게 작용하면서 木의 특성인 성장이 억제된 패턴입니다.

막강한 세력 ▶ 亥卯未 木삼합 완성으로 동방 木 기운이 극도로 집중 강화되었습니다. 木기는 하나의 거대한 숲을 형성하며 성장·창의·학문·교육의 에너지로 연결됩니다. 평생에 걸쳐 교육자로서 강의와 지식 전달 분야에서 잠재력을 발휘할 수 있습니다.

태과 세력의 위기 ▶ 지나친 木기로 인해 오히려 丁火 일간의 불꽃을 꺼뜨리는 목다화식(木多火熄)의 결과가 될 수 있습니다. 특히 水金 대운에 木 삼합의 잠재력이 제대로 발휘되지 못해 재능은 있지만 활동이 제한돼 일반 강사 수준에 머무를 수 있습니다.

위기 극복 ▶ 丁火 일간이 木 삼합으로 현실적으로 강사로서의 재능은 인정받았자만, 환경적 제약을 극복하지 못하고 일반 강사에 머물었습니다.

지지의 충

1. 기본 개념

충(沖)이란 방위상 정반대에 위치한 두 지지가 마주쳐 강렬한 에너지 충돌을 일으키는 현상을 의미합니다. 이는 움직임, 변화, 갈등, 분리를 상징하며, 기존의 정체된 상태나 평온을 깨뜨리는 변화의 촉매제 역할을 합니다.

충은 파괴적일 수 있지만, 낡은 것을 허물고 새로운 국면을 여는 계기가 되기도 합니다. 사주에서 충의 작용을 이해하면 인생의 주요 전환점, 인간관계의 갈등, 직업과 거주의 변화 등을 읽어낼 수 있습니다.

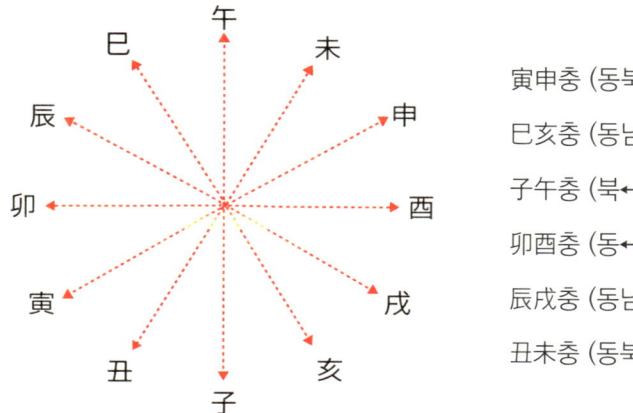

寅申충 (동북↔서남)

巳亥충 (동남↔서북)

子午충 (북↔남)

卯酉충 (동↔서)

辰戌충 (동남↔서북)

丑未충 (동북↔서남)

100일 완성 사주명리

2. 충(沖)의 발생 원리

서로 반대편에 있는 지지끼리 충이 되면, 해당 지지가 강하게 흔들리면서 지지 속에 숨겨진 지장간의 다중 충돌 현상이 발생합니다.

이때 지지 속에 있는 지장간의 충돌로 인해 각종사건이 일어나게 됩니다. 이는 마치 전쟁에서 상대의 진지에 있는 장수끼리 대결하는 현상에 비유할 수 있습니다.

구분	충(沖)의 현상
寅申충	寅(戊丙甲)중 丙火와 申(戊壬庚)중 壬水 충돌 寅중 甲木과 申중 庚金 충돌
巳亥충	巳(戊庚丙)중 庚金과 亥(戊甲壬)중 甲木 충돌 巳중 丙火와 亥중 壬水 충돌
子午충	子(壬 癸)중 壬水와 午(丙己丁)중 丙火 충돌 子중 癸水와 午중 丁火 충돌
卯酉충	卯(甲 乙)중 甲木과 酉(庚 辛)중 庚金 충돌 卯중 乙木과 酉중 辛金 충돌
辰戌충	辰(乙癸戊)중 乙木과 戌(辛丁戊)중 辛金 충돌 辰중 癸水와 戌중 丁火 충돌
丑未충	丑(癸辛己)중 癸水와 未(丁乙己)중 丁火 충돌 丑중 辛金과 未중 乙木 충돌

3. 충(沖)의 해소

충은 다른 지지와의 작용으로 인해 그 긴장이 완화되거나 에너지가 전환될 수 있습니다.
이를 충의 해소라고 합니다.
다른 지지와의 작용이란 형충회합파해를 말합니다. 따라서 충을 정확히 해석하기 위해서는
반드시 해소여부를 판단해야 합니다.

1) 육합(六合)에 의한 해소

충하는 두 지지 중 하나가 다른 지지와 육합을 이루면, 합을 탐하느라 충을 잊어버리고 그 충
격이 약화되며 해소됩니다.
예를 들어, 子午충에서 未土가 있으면 午火는 未土와의 합을 탐하느라 子午충을 잊어버리게
됩니다. 이를 탐합망충(貪合忘沖)이라고 합니다.

2) 삼합(三合) 또는 방합(方合)에 의한 해소

충하는 지지가 삼합이나 방합에 흡수되면 충의 독립적 작용이 약화되고 삼합의 에너지(더 큰
목표)로 전환됩니다.
예를 들어, 卯酉충에서 亥水나 未土가 있으면 卯가 삼합에 흡수되어, 酉金과의 충돌보다는 삼
합 木국의 목표를 위한 에너지로 작용합니다.

3) 형(刑), 파(破), 해(害)에 의한 해소

충과 동시에 형, 파, 해 등이 발생하면 충의 에너지가 여러 갈래로 분산됩니다. 이때 충의 직
접적 충격은 약화되지만, 더 복잡하고 잠재된 갈등 구조가 생성될 수 있습니다.
예를 들어, 寅申충에서 巳申형이나 寅巳형이 겹치면 에너지가 여러 갈래로 분출되면서 새로
운 갈등이 생깁니다.

4. 충(沖)의 작용과 의미

충의 에너지는 상황과 맥락에 따라 완전히 다른 양상으로 나타나는 이중적인 힘입니다. 에너지가 통제되지 않을 때는 부정적 작용이 일어나지만, 에너지를 활용하면 긍정적인 작용이 일어납니다.

1) 에너지가 통제되지 않을 때 일어나는 부정적인 작용

갈등과 분리: 갑작스러운 다툼, 이별, 협력 관계의 파탄.

변동과 불안정: 예기치 않은 직장 이동, 거주지 변경, 생활의 균열.

신체적 영향: 급성 질환 또는 사고.

2) 에너지를 활용할 때 일어나는 긍정적인 작용

변화와 새로운 시작: 정체된 상황을 타개하고 새로운 기회를 여는 돌파구.

결단과 추진력: 망설이던 일을 결단하고 실행에 옮기는 추진력.

각성과 성장: 기존의 한계를 깨닫고 더 높은 단계로 성장할 수 있는 계기.

5. 충(沖)의 통변

통변(通辯)이란 사주의 각 구성 요소들의 상호작용을 통해 사주의 의미와 영향을 종합적으로 분석하는 해석 기법입니다.

1) 충(沖)의 위치별 해석

충이 발생하면 해당 지지의 궁(宮)과 지장간의 십신을 우선 확인해야 합니다.

년.월 충(沖)	조상과 부모의 갈등, 어린 시절 가정 환경과의 갈등
월.일 충(沖)	직장과 가정의 갈등, 부모와 배우자의 갈등, 자신의 내적 가치관과 외부 현실의 충돌
일.시 충(沖)	배우자와 자식의 갈등, 자신의 내면적 갈등, 대인관계에서의 갈등

2) 충(沖)의 강약 판단

충의 결과를 보려면 어느 쪽이 이겼는지 어느 쪽이 파괴되었는지 분석해야 합니다.

▶ 왕자충쇠쇠자발(旺者沖衰衰者拔), 쇠자충왕왕신발(衰者沖旺旺神發)

적천수에 있는 구절입니다. 강한 자가 약한 자를 충하면 약한자는 뿌리 채 뽑히고, 약한 자가 강한 자를 충하면 강한 자는 오히려 발전한다는 뜻입니다.

충에서는 오행의 극을 적용하지 않고, 오직 기세의 강약만을 적용해 승패를 결정하며 판단합니다.

예를 들어, 子午충에 있어 火의 기세가 강하고 水의 기세가 약한데 午火가 子水를 충하면 子水는 증발하지만, 반대로 子水가 午火를 충하면 午火를 더 부채질하는 결과로 인해 불꽃이 크게 일어나게 됩니다.

3) 대운(大運)과 세운(歲運)의 작용

사주 원국의 충은 잠재된 가능성으로 내재된 성향이나 갈등 구조입니다. 이 충의 에너지가 실제로 발현되는 시기는 대운이나 세운에서 오는 글자가 사주의 충을 재촉하거나 강화할 때입니다.

대운 ▶ 10년간의 에너지 흐름을 정해주며, 충의 에너지를 강화하거나 약화시킵니다. 충이 언제 발동할지 예고하는 시점입니다.

세운 ▶ 실제로 충의 사건이 발생하는 시기입니다. 세운의 글자가 와서 사주의 충을 재촉하거나, 대운-사주-세운이 복합적으로 작용할 때 비로소 현실의 사건으로 나타납니다.

▶ 충(沖)은 인생을 뒤흔드는 위기가 될 수도, 새로운 문을 여는 기회가 될 수도 있습니다.

그 차이는 사주 전체의 균형과 그 에너지를 맞이하는 자세에서 비롯됩니다. 충을 두려워하지 말고, 그 변화의 흐름을 읽고 활용하는 지혜를 기르는 것이 중요합니다.

예시1) 정치인

	시		일		월		년	
천간	乙		己		丙		甲	
지지	丑		未		子		午	
	72	62	52	42	32	22	12	2
대운	甲	癸	壬	辛	庚	己	戊	丁
	申	未	午	巳	辰	卯	寅	丑

【사주분석】

이 사주는 己未 일주를 중심으로 한 전형적인 정치인 사주로, 충의 힘을 활용해 발전과 위기를 동시에 겪으며 결국 은퇴로 마무리된 사례입니다.

己土 일간은 丑未와 午火에 뿌리를 내리며 안정적인 기반을 이루고 있지만, 년.월과 일.시에 子午충과 丑未충이 상존하며 역동적인 삶을 예고하고 있습니다.

▶ 발전의 핵심

충은 파괴이자 변화와 돌파의 에너지로 작용합니다. 壬午 대운에 子午충으로 지지 기반이 흔들리며 새로운 세력으로 연결됩니다. 이는 정치적 위기를 충으로 인해 지지 기반을 확대하고 명성을 상승시키는 패턴을 형성하게 됩니다.

▶ 정치적 위기

대운과 세운에서 충이 반복되면서 내부 균열과 지지층의 이탈하고, 己土 일간이 丑未충으로 인해 기반이 무너지므로 정치적 피로와 내부 갈등이 누적되며 정치계에서 은퇴합니다.

예시1) 고위 공무원

	시		일		월		년	
천간	戊		辛		庚		丙	
지지	戌		亥		寅		申	
대운	77	67	57	47	37	27	17	7
	戊	丁	丙	乙	甲	癸	壬	辛
	戌	酉	申	未	午	巳	辰	卯

이 사주는 충합의 에너지를 대운의 타이밍에 정확히 맞춰 경력의 정점을 찍은 모범 사례입니다. 충합의 복합 구조는 "파괴 없이 재탄생이 없다"라는 원리를 잘 보여줍니다.

【사주분석】

이 사주는 년.월에 寅申충과 월일의 寅亥합이 공존하는 독특한 구조로, 金대운 시기 충합의 복합 에너지를 활용해 고위직 공무원으로 승진 발전한 사례입니다.

이는 사회적 기반(년지)과 활동 무대(월지) 사이에 강한 충돌과 변화의 재편 에너지가 내재되어 있음을 나타내며, 평소에는 긴장과 위기감이 있지만 충이 발동시에 급격한 변화로 승진 에너지로 발전할 수 있습니다.

▶ 발전의 핵심

寅申충은 기존 조직에서 기반이 흔들리지만 金대운에 辛金 일간이 힘을 받으며 년지 申金이 강력한 충의 효과로 사회적 기반이 단단해지게 되어 승진하게 됩니다.

寅亥합은 직장과 가정의 기반으로서 寅申충으로 인해 밀려난 寅木은 亥水와 합하면서 은퇴 후 안정적인 가정을 유지하게 됩니다.

 YouTube

지지의 형(刑)

1. 기본 개념

형(刑)은 지지 사이에서 발생하는 특수한 갈등 구조입니다. 충(沖)이 외부적인 충돌과 급격한 변화라면, 형은 마치 가족 내부의 오랜 불화나 스스로에게 하는 자책과 같은 내면적이고 복잡한 긴장 관계를 만들어냅니다.

형은 갈등이 표면화되기보다는 마치 화병처럼 내면에서 문제가 반복되거나 만성화되는 경향이 있습니다. 반면, 형은 고통과 갈등을 의미하지만, 이를 극복하고 에너지를 승화시킬 경우 깊은 성찰, 내적 성장, 그리고 남들보다 뛰어난 전문성으로 이어질 수 있습니다.

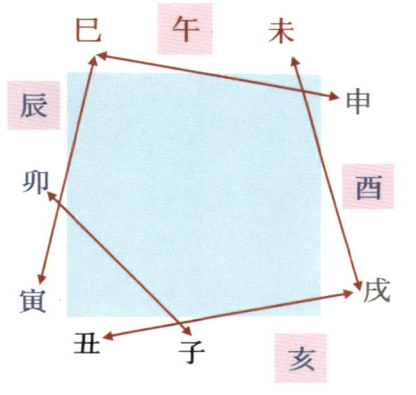

寅巳申삼형 寅巳형 巳申형

丑戌未삼형 丑戌형 戌未형

子卯형

午午자형

辰辰자형

酉酉자형

亥亥자형

2. 형(刑)의 발생 원리

형은 삼합과 방합 간의 이념적 갈등으로 발생합니다.

형	의미
寅巳 午午 戌未	서로 다른 목표를 가진 寅午戌과 巳午未가 충돌하면서 발생하는 갈등. 寅午戌은 火를 지향하지만 巳午未는 寅과 戌을 받아들이지 못함. 이로써 寅과 巳, 戌과 未, 午와 午의 자체 갈등 발생
巳申 酉酉 丑戌	서로 다른 목표를 가진 巳酉丑과 申酉戌이 충돌하면서 발생하는 갈등. 巳酉丑은 金을 지향하지만 申酉戌은 巳와 丑을 받아들이지 못함. 이로써 巳와 申, 丑과 戌, 酉와 酉의 자체 갈등 발생
子卯 亥亥	서로 다른 목표를 가진 亥卯未와 亥子丑이 충돌하면서 발생하는 갈등. 亥卯未는 木을 지향하지만 亥子丑은 水를 유지하느라 卯를 생하지 못함, 丑未충이 발생하고, 이로써 子와 卯, 亥와 해의 자체 갈등 발생
辰辰	서로 다른 목표를 가진 申子辰과 寅卯辰이 충돌하면서 발생하는 갈등. 申子辰은 水를 지향하지만 寅申충, 子卯형 발생하고, 이로써 辰과 辰의 자체 갈등 발생

3. 형(刑)의 해소

형은 다른 지지와의 작용으로 인해 그 긴장이 완화되거나 에너지가 전환될 수 있습니다.

이를 형의 해소라고 합니다.

이는 형의 작용이 해소되면 그 에너지의 방향이 바뀐다고 이해할 수 있습니다.

1) 육합(六合)에 의한 해소

형 관계에 있는 지지 중 하나가 다른 지지와 육합을 맺으면 그 합을 탐하느라 형을 약화시킵니다.

예를 들어, 寅巳형에 亥水가 와서 寅亥합을 하면, 寅은 巳와의 갈등보다 亥와의 합으로 에너지가 바뀌게 됩니다.

2) 삼합(三合), 방합(方合)에 의한 해소

형의 지지가 더 큰 목표(삼합, 방합)에 흡수되면, 에너지는 갈등보다는 목표 달성을 위해 사용됩니다.

예를 들어, 巳申형에 酉, 丑이 있어 巳酉丑 金국 삼합이 구성되면, 巳는 金의 일원이 되어 申과 대립보다는 협력하는 에너지로 바뀌게 됩니다.

3) 형(刑), 충(沖), 파(破), 해(害)에 의한 해소

다른 갈등 구조가 개입하면 형의 에너지가 더 강한 직접적인 갈등으로 대체됩니다.

예를 들어, 丑戌형에 未土가 와서 丑未충을 일으키면, 丑과 戌의 묵은 감정보다는 丑과 未의 새로운 충돌 에너지로 전환됩니다.

4. 형의 작용과 의미

사주명리에서 형(刑)은 나쁜 것으로 단정하기 쉽지만, 실제로는 갈등과 고통을 통해 변화를 촉진하는 촉매 역할을 합니다. 형 자체는 길흉을 결정짓지 않습니다. 형이 들어오는 타이밍·강도·사주 전체 균형에 따라 결과가 극과 극으로 갈립니다.

형의 작용은 내면적·정신적 갈등이 가장 먼저 나타납니다. 다음으로 내면이 외부로 표출되며 대인관계와 사회적 충돌이 나타납니다. 그리고 현실적 결과로서 질병이 발생하고 소송이나 파국으로 치닫게 되며, 한편으로 성찰함으로써 성장하고 재탄생하는 순환 단계를 거치게 됩니다.

1) 정신적·내면적 갈등(초기 단계)

형의 가장 첫 작용은 본인 내면에서 시작됩니다. 특히 자형(自刑)은 스스로를 해치는 기운으로, 자기 모순·자책·내적 갈등이 극에 달합니다.

부정적 측면: 불면증, 우울감, 정서적 불안정, 강박, 자기혐오 등으로 고통을 겪으며 "나는 왜 이럴까?"라는 자책이 반복되기도 합니다. 심한 경우 우울증, 공황 증상, 자해 충동까지 이어질 수 있습니다.

긍정적 측면: 깊은 자기 성찰 능력이 발달해 자신의 어두운 면을 직시하고 변화하려는 강한 동기가 생기며, 삶의 의미·철학·영성에 대한 탐구로 이어지기도 합니다. 이 과정에서 예술·종교·상담·철학 분야에서 뛰어난 집중력과 통찰력을 발휘할 수 있습니다.

2. 대인관계·사회적 충돌(중기 단계)

내면의 갈등이 해소되지 않으면 외부로 터져 나옵니다. 형은 시비·구설수·소송·배신·이별·파벌 싸움 등 사회적 문제를 상징합니다.

3) 주요 형의 종류별 양면성

(1) 寅巳申 삼형: 무은지형(無恩之刑)

부정적 측면: 은혜를 모르는 이기적 관계에 시달리거나, 배신·이용·계산이 앞서는 인간관계로 상처를 받을 수 있습니다.

긍정적 측면: 복잡한 이해관계 속에서도 냉정하게 판단하고 위기를 관리하는 능력이 발달하며, 다중 업무 처리와 위기 대응력이 크게 강화됩니다.

(2) 丑戌未 삼형: 지세지형(持勢之刑)

부정적 측면: 권력과 이익을 둘러싼 갈등, 파벌 싸움, 신뢰 붕괴로 인해 조직 내 내분이 발생할 수 있습니다.

긍정적 측면: 강한 리더십으로 조직을 통제하고 안정적으로 관리하며, 탄탄한 기반을 구축해 권력 구조를 공고히 하는 데 유리합니다.

(3) 子卯형: 무례지형(無禮之刑)

부정적 측면: 무의식적인 무례함이나 감정 기복, 말실수로 인해 갈등이 잦아지고 오해나 반목이 생길 수 있습니다. 직설적인 감정 표현으로 인해 관계가 불편해지기도 합니다.

긍정적 측면: 타인의 감정에 민감하게 반응하는 공감 능력이 뛰어나고, 순수하고 솔직한 감성이 강점으로 작용합니다. 이러한 특성은 예술·창작·감성 분야에서 탁월한 표현력과 독창성을 발휘하는 기반이 됩니다.

(4) 자형(自刑): 辰·午·酉·亥

부정적 측면: 내면에 갇혀 외부와 단절감을 느끼기 쉽고, 극심한 자책과 우울, 고립감이 반복될 수 있습니다. 감정이 안쪽으로만 향하면서 스스로 몰아붙이는 경향이 강해집니다.

긍정적 측면: 깊은 자기 성찰과 철학적 사고가 발달하며, 높은 집중력과 몰입력이 극대화됩니다. 이러한 특성은 예술가·작가·수도자·명상가·심리학자처럼 내면 탐구가 중요한 분야에서 탁월한 재능과 통찰력으로 이어질 수 있습니다.

5. 형(刑)의 통변

1) 형(刑)의 발현 시기
사주 원국에 있는 형은 평생 동반되는 내재된 성향과 갈등 구조입니다.
대운이나 세운에서 형의 글자가 들어와 원국의 형을 일으키거나 새로운 형을 만들 때, 해당
기간 동안 관련 사건이 집중적으로 발생합니다.

2) 형(刑)의 에너지 활용
(1) 직업적 승화: 형의 갈등 에너지는 의사, 법조인, 경찰, 심리상담사, 예술가, 중재자 등 복잡
한 문제를 해결하는 전문직에서 오히려 강점이 될 수 있습니다.
(2) 개인적 수련: 명상, 요가, 무술, 꾸준한 운동 등을 통해 내면의 갈등 에너지를 외부로 발산
하고 정신적 균형을 찾는 것이 중요합니다.

3) 현대적 관점에서 형(刑)의 활용
형은 고전에서 말하듯 흉한 기운이 아닙니다. 현대 사회에서의 형은 복잡한 문제를 해결하는
능력, 내적 고통을 창조적 에너지로 전환하는 역량을 상징합니다. 이 에너지를 어떻게 이해
하고 활용하느냐가 인생의 장애물을 디딤돌로 만들 것인지 가르쳐줍니다. 따라서 형의 에너
지를 직면하고 이해할 때, 비로소 진정한 통변의 깊이에 다다를 수 있습니다.

▶ 형은 인생을 어둡게 만드는 흉신이 아닙니다.
그것은 우리 내면과 주변에 존재하는 강력한 에너지로 마치 태풍과 같고 지진과 같습니다.
이 에너지를 마주하고 이해하며, 올바른 통로를 통해 발현할 때, 형은 고통이 아닌 성장과 성
공의 밑거름이 될 수 있습니다.

예시1) 유명 연예인

	시		일		월		년	
천간	己		乙		庚		丁	
지지	卯		未		戌		丑	
대운	76	66	56	46	36	26	16	6
	戊	丁	丙	乙	甲	癸	壬	辛
	午	巳	辰	卯	寅	丑	子	亥

【사주분석】

이 사주는 **丑戌未삼형**이 년·월·일지에 완벽하게 구비된 전형적인 지세지형(持勢之刑) 사주입니다. 보통 사람에게는 견디기 힘든 극한의 압박과 갈등을 동력으로 삼아 연예인으로서의 기세를 유지하며 스타에 올라 부와 명예를 이룬 사례입니다.

이 사주는 乙木 일간이 丑戌未 삼형 위에 앉아 늘 강한 압박과 경쟁, 대중의 시선과 기대 속에 놓여 있습니다. 水대운에 삼형의 기세가 水의 흐름에 녹아들면서, 지세지형의 갈등과 압박이 예술적이고 감성적 표현력으로 완전 전환되고 창작 몰입도가 폭발하며 대중적 공감이 극대화되어 스타로서의 자리를 굳히고 부와 명예를 동시에 거머쥐었습니다.

▶ 발전의 핵심

乙木 일간의 본질은 유연하고 감성적이며 예술적 표현력으로 삼형의 압박을 극복하고 감정 몰입과 창작 열정으로 승화하였으며, 압박이 클수록 강한 집중력을 발휘한 결과 대중을 압도하는 카리스마로 무대를 장악할 수 있었습니다.

예시2) 유명 연예인

	시		일		월		년	
천간	乙		丙		己		甲	
지지	未		戌		巳		申	
대운	70	60	50	40	30	20	10	0
	辛	壬	癸	甲	乙	丙	丁	戊
	酉	戌	亥	子	丑	寅	卯	辰

【사주분석】

이 사주는 巳申형(년.월) + 戌未형(일.시)의 이중 형 구조를 갖춘 사주입니다. 사주에 복잡하고 강렬한 갈등 에너지가 내재되어 있지만, 이 에너지를 연예 활동으로 대중 앞에서 표현하는 에너지로 완전히 승화시켜 스타 반열에 오른 성공 사례입니다.

巳申형(刑)은 무은지형으로 긴장감이 내재되고, 戌未형(刑)은 지세지형으로 경쟁과 내부 갈등이 내재되어 있습니다. 두 형이 동시에 존재하며 극단적인 불안정한 에너지가 집중되어 있는 상태입니다. 이는 연예계라는 극한 환경과 맞물리면서 집중력과 무대 위에서의 카리스마를 발휘할 수 있는 에너지로 작용하게 됩니다.

▶ 발전의 핵심

丙寅 대운에 寅巳申 삼형이 완성되면서 극도로 불안정한 갈등으로 스트레스가 폭발하는 시기이지만, 丙火 일간의 카리스마로 이를 무난히 극복하고 관객을 장악하는 힘으로 승화시켜 대중적 명성과 인기를 얻어 스타로서의 자리를 굳혔습니다.

28

▶ YouTube

지지의 해(害)

100일 완성 사주명리

1. 기본 개념

해(害)는 해친다, 상처 입힌다, 방해한다의 의미로, 표면적으로 드러나지 않는 은밀하고 지속적인 갈등을 상징합니다. 해는 천(穿) 이라고도 불리며, 뚫고 들어간다는 의미를 가집니다. 이는 관계의 균열을 뚫고 들어와 내부에서부터 서서히 해를 끼치는 은밀한 작용을 의미합니다. 충(沖)이 정면승부와 같은 격렬한 충돌이고, 형이 꼬이고 꼬인 복잡한 갈등이라면, 해(害)는 가시에 찔리는 것처럼 피해가 작지만 지속적이고, 관계의 믿음을 서서히 무너뜨립니다.

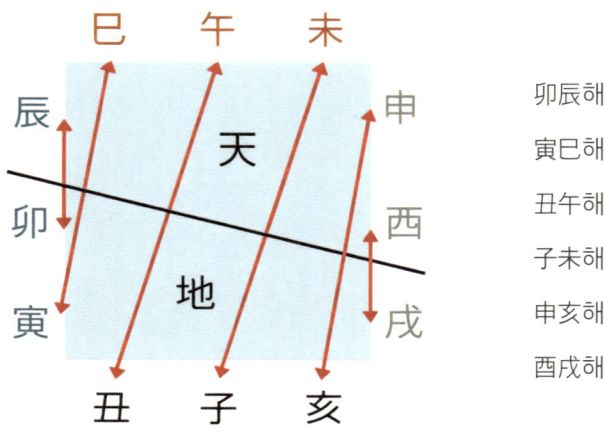

卯辰해
寅巳해
丑午해
子未해
申亥해
酉戌해

2. 해(害)의 발생 원리

해(害)는 본래 커플과 약속한 육합(六合)이, 충(沖)으로 인해 깨지면서 생기는 원한과 불신입니다.

육해	발생 원리
卯辰해 酉戌해	卯戌합과 辰酉합이 만났는데 卯가 酉를 충하며 辰酉합을 방해하면 辰이 卯를 미워함 - 卯辰해 辰이 戌을 충하여 卯戌합을 방해하면 卯가 辰을 미워함 - 卯辰해 酉가 卯를 충하여 卯戌합을 방해하면 戌이 酉를 미워함 - 酉戌해 戌이 辰을 충하여 辰酉합을 방해하면 酉가 戌을 미워함 - 酉戌해
寅巳해 申亥해	寅亥합과 巳申합이 만났는데 寅이 申을 충하여 巳申합을 방해하면 巳가 寅을 미워함 - 寅巳해 巳가 亥를 충하여 寅亥합을 방해하면 寅이 巳를 미워함 - 寅巳해 申이 寅을 충하여 巳申합을 방해하면 亥가 申을 미워함 - 申亥해 亥가 巳를 충하여 寅亥합을 방해하면 申이 亥를 미워함 - 申亥해
丑午해 子未해	子丑합과 午未합이 만났는데 子가 午를 충하여 午未합을 방해하면 未가 子를 미워함 - 子未해 未가 丑을 충하여 子丑합을 방해하면 子가 未를 미워함 - 子未해 午가 子를 충하여 子丑합을 방해하면 丑이 午를 미워함 - 丑午해 丑이 未를 충하여 午未합을 방행하면 午가 丑을 미워함 - 丑午해

3. 해(害)의 해소

해(害) 자체는 쉽게 사라지지 않지만, 다른 지지 작용(충·합·형)이 들어오면 그 에너지가 완화·전환·분산·해소될 수 있습니다. 해소된다고 해서 반드시 좋기만 한 것은 아니며, 해의 은밀한 스트레스가 더 표면적이고 격렬한 갈등(충·형)으로 바뀌는 경우도 많습니다. 하지만 대부분의 경우 해의 지속적 소모보다는 변화와 재정비가 일어나 새로운 국면으로 넘어가는 계기가 됩니다.

1) 충(沖)과 합(合)에 의한 해소

해 관계에 있는 두 지지가 충을 받으면, 그동안 겉으로 드러나지 않던 불화·피해·소모되는 에너지가 한순간에 터지며 급격한 충격으로 변화하고 재편됩니다. 이 과정에서 해가 지니던 힘은 자연스럽게 약해집니다. 충이 발생한 뒤 새로운 합이 성립되면 얽혀 있던 문제나 긴장이 더 분명하게 정리 해소되는 방향으로 흐르게 됩니다.

예를 들어, 년지와 월지에 子未해가 있는데 午운에 子午충이 발생하면 子가 未와의 해보다 午火와의 충에 집중하게 됩니다. 동시에 未土는 午未합이 성사될 수 있어 오히려 관계가 재정비됩니다. 丑운에는 丑未충으로 子未해는 해소되고 子丑합을 합니다.

2) 형(刑)에 의한 해소

해 관계에 형이 들어오면, 은밀하게 쌓이던 갈등이 더 복잡하고 표면적인 갈등으로 바뀌면서 해의 집중력이 분산됩니다. 이는 해의 해소라기보다는 해의 성격이 형으로 전환되는 과정으로 보는 것이 정확합니다.

예를 들어, 년지와 월지에 子未해가 있는데 卯운에 子卯형이 발생하고, 戌운에 戌未형이 발생하면서 子未해의 갈등이 형으로 인한 갈등으로 전환됩니다.

결과적으로 해의 지속적 소모는 줄어들지만 대신 더 격렬하고 눈에 띄는 문제가 생길 수 있습니다.

4. 해(害)의 작용과 의미

해(害)는 지지 관계 중에서도 가장 은밀하고 오래 지속되는 작용을 가집니다. 겉으로는 큰 문제가 없어 보이지만, 보이지 않는 곳에서 서서히 에너지를 소모시키고 관계에 미세한 균열을 만듭니다. 이런 특성 때문에 해가 있으면 무조건 나쁘다고 오해하기 쉽습니다.

해(害)는 본질적으로 길흉을 단정하는 요소가 아닙니다. 해는 관계 속에서 드러나지 않은 그림자 같은 면을 보여주기도 하고, 어떤 경우에는 변화와 성장을 촉발하는 촉매로 작용하기도 합니다. 결국 해의 영향은 그 에너지를 어떻게 받아들이고 다루느냐에 따라 전혀 다른 결과로 이어집니다.

1) 정신적 스트레스와 내적 갈등

부정적 측면: 표면적으로 드러내지 못하는 속앓이, 말 못할 불만과 불신이 쌓입니다. 이로 인한 정신적 피로와 에너지가 소진되기 쉽습니다.

긍정적 측면: 타인의 미세한 감정 변화를 읽는 예민함과 세심한 관찰력이 발달합니다. 이는 작가, 심리상담사, 기획자 등에게 유용한 능력이 될 수 있습니다.

2) 인간 관계의 균열과 신뢰 문제

내면의 속앓이가 해소되지 않으면 관계 자체에 균열이 생깁니다.

부정적 측면: 상대에 대한 불만이 쌓이지만 직접적으로 표현하지 못해 관계가 서서히 소원해집니다. 참고 있는 관계에서 예상치 못한 순간에 균열이 발생할 수 있습니다.

긍정적 측면: 관계의 본질과 상대의 마음을 깊이 이해하려는 통찰력을 기를 수 있습니다. 이를 통해 건강한 경계선을 설정하고, 깊고 의미 있는 관계를 분별할 수 있는 지혜를 배울 수 있습니다.

5. 해(害)의 통변

해(害)는 인간관계의 어두운 면을 직시하게 만드는 거울과 같습니다. 모든 관계에는 해의 가능성이 잠재되어 있으며, 완전히 해가 없는 관계는 존재하지 않습니다.

사주에 해가 있을 때 가까운 협력 관계나 감정적 관계에서 은밀한 어려움이 반복되는 성향이 나타납니다. "왜 나만 이렇게 속상한 일이 많지?"라는 패턴이 평생 반복되는 경우가 많습니다.

대운·세운에서 해가 발동하는 시기에는 인간관계에서 말하기 어려운 오해·불만·피해 의식이 쌓이기 쉽습니다. 협력 관계가 서서히 무너지는 사건이 발생하기도 하며, 특히 비즈니스 파트너·가족·연인·오랜 친구에게 강하게 작용합니다.

▶ 해(害)를 이해하는 핵심

해를 이해한다는 것은 완벽한 관계를 추구하는 것이 아니라, 관계의 그림자와도 공존하며 성숙해지는 법을 배우는 과정입니다.

해가 있는 사주는 평범하고 안정된 관계를 기대하기는 어렵지만, 상대의 숨은 의도와 자신의 경계선을 읽는 법을 익히면 그만큼 깊고 진실된 인간관계를 맺을 가능성이 가장 큰 사주이기도 합니다.

해의 은밀한 고통을 성장의 연료로 바꿀 수 있다면, 진짜 소중한 관계만 남기고 나머지는 놓아주는 용기로 그 사람은 관계에서 가장 성숙하고 통찰력 있는 사람이 될 가능성이 큽니다.

예시1) 유명 연예인

	시		일		월		년	
천간	壬		甲		己		辛	
지지	申		寅		亥		酉	
대운	72	62	52	42	32	22	12	2
	丁	丙	乙	甲	癸	壬	辛	庚
	未	午	巳	辰	卯	寅	丑	子

【사주분석】

이 사주는, 월지 亥와 일지 寅의 寅亥합(合)이 강한 유대와 보호의 구조를 이루고 있습니다. 그러나 동시에 일지 寅과 시지 申의 寅申충(沖)이 그 합을 지속적으로 흔드는 전형적인 형태를 보입니다.

이처럼 사주에서부터 합과 충이 공존하는 긴장된 균형이 존재하며, 이러한 구조가 운의 흐름에서 해(害)로 전환되는 과정을 잘 보여줍니다. 즉, 안정된 관계(합)가 외부의 충격이나 변화(충)에 의해 무너지고, 그 결과가 은밀한 갈등과 손상(해)으로 이어지는 현실적 인간관계의 모습을 그대로 반영합니다.

사주의 구조 ▶ 안정과 위협이 동시에 존재하며 긴장된 균형이 자리합니다.

壬寅 癸卯 대운 ▶ 木 기운이 왕성해지는 시기에 寅亥합이 안정적으로 작동합니다.

甲辰 대운 乙巳년 ▶ 巳亥충이 월지 亥를 직접 충격하는 동시에 寅巳해가 작동하며 합의 구조가 무너지게 됩니다. 이로 인해 주변 관계가 흔들리며 정신적 고통이 심화됩니다.

결국 이 사주는 초기에는 강한 합의 안정성으로 인해 스타덤에 오르지만, 후반부에 해가 발동하면서 주변 관계의 붕괴와 정신적 고통을 겪는, 성공과 실패가 극명하게 교차하는 양면성을 지닌 구조라고 할 수 있습니다.

28 지지의 해(害)

예시 2) 유명 연예인

		시		일		월		년
천간		癸		辛		丙		壬
지지		巳		未		午		申
대운	76	66	56	46	36	26	16	6
	戊	己	庚	辛	壬	癸	甲	乙
	戌	亥	子	丑	寅	卯	辰	巳

【사주분석】

이 사주는 월지 午와 일지 未가 이루는 午未합(合)이 완성되어, 겉으로 보기에는 매우 안정적이고 조화로운 구조를 형성합니다.

그러나 대운·세운 흐름 속에서 子未해(害)와 丑午해(害)가 작동하는 시기가 존재해 관계적 긴장과 갈등의 가능성이 드러나기도 합니다.

그럼에도 불구하고 사주 전체에 흐르는 火의 밝고 확장적인 본질이 해(害)의 부정적 작용을 크게 상쇄합니다. 이로 인해 해가 가져오는 갈등과 소모가 파괴로 이어지지 않고, 오히려 관계의 성숙과 성장으로 전환되는 특징을 보입니다.

사주의 구조 ▶ 겉으로는 水火가 조화되며 매우 안정적인 모습을 보입니다.

木 대운 ▶ 木기운이 왕성해지는 시기에 子未해와 丑午해가 庚子년과 辛丑년에 발동하지만 부정적 영향이 크게 두드러지지 않았습니다. 오히려 이 시기에는 기존의 안정된 관계 내부에 미세한 균열을 인식하고 관계를 더 성숙하게 가꾸는 동기로 작용했을 가능성이 있습니다.

해(害)는 관계의 그림자이지만, 사주 전체의 기운이 충분히 강하고 본인의 표현력·감성 능력이 뛰어난 경우에는 그 그림자를 오히려 더 성숙하고 진실된 관계를 만드는 빛으로 전환할 수 있습니다. 이 사주는 바로 그런 흐름을 보여줍니다.

예시 3) 유명 정치인

	시		일		월		년	
천간	己		甲		乙		甲	
지지	巳		申		亥		辰	
대운	72	62	52	42	32	22	12	2
	癸	壬	辛	庚	己	戊	丁	丙
	未	午	巳	辰	卯	寅	丑	子

【사주분석】

이 사주는 일지 申과 시지 巳가 이루는 巳申합(合)과 월지 亥와 이루는 申亥해(害)가 동시에 존재합니다. 일시는 겉으로 보기에는 매우 안정적이지만 일월에서 申亥해(害)로 인해 갈등이 상존하고 있습니다.

사주부터 합(合)과 해(害)의 긴장 구조가 내재되어 있고, 운에서 그 에너지가 폭발적으로 작용하면서 안정된 기반이 순식간에 무너지고 정치적 기반도 무너지는 결과를 가져옵니다.

사주의 구조 ▶ 일시는 겉으로는 巳申합(合)으로 매우 안정적인 모습을 보이지만, 월일에서 申亥해(害)의 갈등이 상존하고 있습니다.

火 대운 ▶ 火 기운이 왕성해지는 시기에 월령 亥의 기세가 쇠약해지고 결국 巳申합의 水기운도 위협을 받으며 일간의 안정적 기반이 흔들리게 됩니다. 이때 세운에서 申亥해의 작용이 두드러지니 은밀한 불신과 구설수가 불거지게 됩니다. 특히 가장 가까운 비서로부터 은밀한 갈등이 표면화되어 정치적으로 위기에 처하게 됩니다.

합은 강한 기반을 주지만, 해는 그 기반의 취약점을 드러냅니다. 정치처럼 가장 가까운 사람이 가장 큰 위협이 될 수 있는 분야에서 합과 해가 공존하는 사주는 성공의 정점에서 가장 빠르게 무너지는 양면성을 극명하게 보여줍니다.

29

▶ YouTube

지지의 파(破)

1. 기본 개념

100일 완성 사주명리

파(破)는 지지끼리 서로 충돌하면서 조화가 깨지는 현상으로, 은근하면서도 지속적으로 균열을 만드는 작용입니다.

충(沖)이 정면 충돌이라면, 파는 옆구리를 찌르는 에너지에 비유할 수 있습니다. 충보다는 격렬하지 않지만, 관계나 상황의 결집력을 약화시키며 지속적인 영향을 미칩니다.

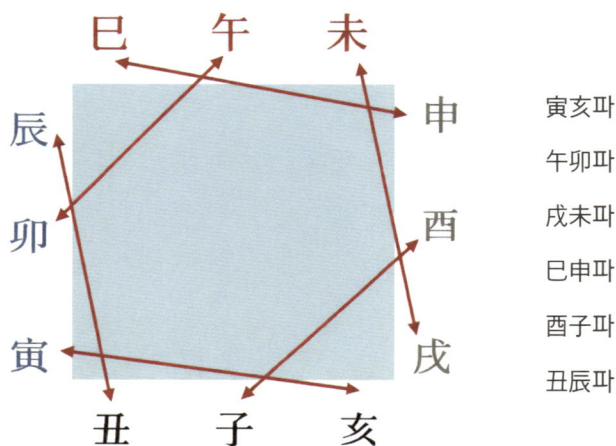

寅亥파
午卯파
戌未파
巳申파
酉子파
丑辰파

2. 파(破)의 발생 원리

파(破)는 두 개의 삼합(三合) 세력이 서로 만나면서 생기는 내부 마찰·침범·기세 약화 현상을 말합니다. 삼합은 본래 하나의 팀처럼 강한 결속력을 발휘하지만, 경쟁 관계의 삼합과 마주치면 서로의 영역을 침범하며 팀 내부에서조차 균열과 경쟁이 일어납니다.

비유하자면, 한 회사 안에 경쟁하는 두 프로젝트 팀이 있는 상황과 같습니다. 각 팀은 내부적으로는 단단하지만, 상대 팀과 부딪히면 서로의 성과를 깎아먹고 기세를 꺾는 마찰이 발생합니다.

▶ 파(破)가 발생하는 두 가지 주요 패턴

1) 양기(陽氣) 영역 다툼

寅午戌과 亥卯未가 경쟁하면서 영역 다툼. 寅과 亥는 합관계이지만 삼합 팀의 일원으로서 부득이 파에 동참하게 됩니다. 午와 卯, 戌과 未가 만나 서로 기싸움을 하며 상대 삼합 팀의 기세를 약화시키고 파괴합니다.

2) 음기(陰氣) 영역 다툼

巳酉丑과 申子辰이 경쟁하면서 영역 다툼. 巳와 申은 합관계이지만, 삼합 팀의 일원으로서 부득이 파에 동참하게 됩니다. 酉와 子, 丑과 辰이 만나 서로 기싸움을 하며 상대 삼합 팀의 기세를 약화시키고 파괴합니다.

파(破)는 단순한 파괴가 아니라 두 강한 팀(삼합)이 서로의 영역을 침범하면서 생기는 내부 마찰과 기싸움 그리고 에너지 분산입니다. 특히 寅亥파와 巳申파는 합과 파의 이중 구조를 가지기 때문에, 통변할 때 합의 끌림과 파의 파괴를 동시에 고려해야 정확합니다.

3. 파(破)의 해소

파 자체는 쉽게 사라지지 않지만, 다른 지지 작용(특히 충·합)이 들어오면 그 에너지가 완화되어 재편되거나 전환하며 해소될 수 있습니다. 파의 해소는 마찰이 완전히 없어진다기보다는 내부 경쟁이 외부 경쟁으로 바뀌거나, 팀 내부의 긴장이 새로운 결속으로 재정비되는 과정으로 이해하는 것이 정확합니다.

1) 충(沖)에 의한 해소

파 관계에 충이 개입하면, 서로 경쟁하던 내부 기싸움이 외부의 명확한 적과의 대결로 바뀌면서 파의 집중력이 분산·해소됩니다. 비유하자면, 회사 안에서 서로 경쟁하던 두 팀이 갑자기 강력한 외부 경쟁사와 맞붙게 되어 내부 다툼을 잠시 멈추고 단결하는 상황과 같습니다. 예를 들어, 午卯파가 있는 사주에 酉운이 오면 卯酉충이 발생합니다. 이로 인해 午와 卯의 미묘한 긴장 관계는 卯와 酉의 명확한 대립으로 재편됩니다.

2) 합(合)에 의한 해소

파 관계에 있는 글자 중 하나가 강력한 합을 이루면, 파의 경쟁적인 에너지가 새로운 결속과 협조 방향으로 재배치되면서 약화되거나 해소됩니다. 비유하자면, 경쟁하던 두 팀 중 하나가 제3의 강력한 동맹을 맺어 내부 다툼을 멈추고 공동 목표로 나아가는 상황입니다. 예를 들어, 寅亥파가 있는 사주에 卯가 오면 卯는 寅에게는 집안 사람이고, 亥에게는 팀의 일원이기에 파의 기싸움을 멈추고 다시 합의 관계를 회복하며 서로 협조하게 됩니다.

4. 파(破)의 작용과 의미

파(破)는 내부 균열을 드러내는 동시에 낡은 구조를 깨고 새로 짜는 과정으로 작용할 수 있기 때문입니다. 파가 있는 사주는 겉으로는 화려하거나 단단해 보이지만, 내부적으로는 끊임없는 기싸움과 소모가 일어나는 경우가 많습니다.

그러나 그 마찰을 잘 소화하면 오히려 더 건강하고 효율적인 방향으로 재편되는 계기가 됩니다.

1) 관계와 협력의 불안정

파는 주로 인간관계·파트너십·팀워크에서 은밀한 균열로 나타납니다.

부정적 측면: 두 세력의 예측할 수 없는 마찰이 발생합니다. 겉으로는 큰 문제가 없어 보이지만, 의견 차이, 협조 불협화, 공동 프로젝트의 지연 등이 반복됩니다. 신뢰보다는 불편한 동거상태가 될 수 있습니다.

긍정적 측면: 낡고 비효율적인 협력 관계를 정리할 수 있는 계기가 됩니다. 파의 에너지는 관계의 본질을 들여다보게 하여, 더 건강하고 생산적인 파트너를 찾도록 이끌 수 있습니다.

2) 진행 중인 일의 난관과 지연

파는 계획·사업·프로젝트의 흐름을 예상치 못한 방식으로 방해합니다.

부정적 측면: 계획이 예상치 못한 작은 난관에 부딪혀 지연되거나, 완성도가 떨어지는 경우가 많고 의도치 않은 실수나 사소한 오류가 발생하기 쉽습니다.

긍정적 측면: 디테일에 대한 주의를 기울이게 하고, 문제를 미리 예측하여 위기 관리 능력을 키우고 더 탄력적이고 유연한 대처 능력을 기르게 합니다.

5. 파의 통변

파(破)는 우연히 발생하는 파괴나 불운이 아니라 변화와 재편을 강제하는 촉매제입니다. 파의 에너지는 지금 이대로 계속 가도 되는지에 대한 질문을 삶에 던지게 만듭니다. 파가 작용하는 순간, 낡은 구조와 관계, 습관과 계획이 드러나고, 그것을 정리하거나 새로 짜야 하는 전환점이 찾아옵니다. 파를 나쁜 운으로만 보는 대신 인생의 리셋 버튼으로 이해하면, 그 에너지를 가장 생산적으로 활용할 수 있습니다.

1) 사주에 파가 있는 경우

사주에 파(寅亥파·午卯파·戌未파·巳申파·酉子파·丑辰파 등)가 존재하면, 인생 전반에 걸쳐 지속적인 마찰과 조율이 필요한 영역이 생깁니다.

조직 내에서 겉으로는 화합하지만 내부적으로 기싸움과 미묘한 불편함이 반복됩니다. 일에서 큰 틀은 잘 맞지만 사소한 부분에서 자꾸 꼬이고 지연됩니다.

2) 운에서 파가 발동하는 경우

파가 대운이나 특정 세운에 들어오면, 그 시기 기존의 안정된 구조가 흔들리고 재편되는 사건이 발생합니다. 진행 중이던 프로젝트나 계획이 예상치 못한 난관으로 지연되거나 변경되기도 합니다.

3) 파를 대하는 통변의 핵심

파를 만났을 때 가장 중요한 것은 저항하지 않고 수용하는 태도입니다. 파를 억누르거나 무시하면 마찰이 더 커지고 결국 파국으로 끝나게 됩니다. 따라서 파를 직시하고 적극적으로 대응하면 낡은 것을 정리하고 더 단단한 기반을 만들 수 있습니다.

예시1) 평범한 직장인 1

	시		일		월		년	
천간	丙		辛		乙		癸	
지지	申		丑		卯		丑	
대운	70	60	50	40	30	20	10	0
	丁	戊	己	庚	辛	壬	癸	甲
	未	申	酉	戌	亥	子	丑	寅

【사주분석】

이 사주는 파(破)가 존재하지 않지만 운에서 형.충.파가 한꺼번에 결집되면서 극적인 인생 전환점을 맞이한 사례입니다.

파(破) 자체는 내부 마찰과 기세 약화의 에너지이지만, 형(刑).충(沖)과 함께 발동하면 기존 구조가 완전 개편되고 이로 인해 파국과 재탄생을 초래합니다.

이 사주는 운에서 파가 발동할 때 인간관계의 변화가 일어나는 과정을 보여줍니다.

사주의 구조 ▶ 卯월에 申과 丑은 비교적 기세가 약한 상태이지만 숫적으로 우세하므로 강한 음기로 辛金 일간의 뿌리가 안정되어 있습니다.

庚戌 대운 壬辰년 ▶ 대운과 세운의 辰戌충으로 인해 환경적으로 흔들리고 있으며, 대운 戌과 일지 丑과의 丑戌형 그리고 일지 丑과 세운 辰의 丑辰파는 내부 마찰의 가능성을 예고하고 있습니다.

세 가지 형(刑).충(沖).파.(破)가 일지 丑(배우자궁)을 집중 공격하며 현실적으로 결혼 생활에 미묘한 균열이 표면화되어 파국으로 치닫게 됩니다. 하지만 다음 해 癸巳년에 巳申합파의 작용으로 인생의 전환점을 맞아 재혼했습니다. 이는 파(破)의 에너지는 낡은 것을 깨고 새로 시작하는 변화의 신호로 해석할 수 있음을 보여줍니다.

예시2) 평범한 직장인 2

	시		일		월		년	
천간	丙		壬		辛		辛	
지지	午		子		卯		亥	
대운	77	67	57	47	37	27	17	7
	丁	戊	己	庚	辛	壬	癸	甲
	未	申	酉	戌	亥	子	丑	寅

【사주분석】

이 사주는 월일에 子卯형(刑), 일시에 子午충(沖)이 잠재되어 내면적으로 관계적 긴장이 상존하는 구조입니다. 운에서 파(破)가 작용하면서 사회적 기반과 가정이 흔들리고 부부 관계가 파국으로 이어지는 사례입니다.

파는 직접적인 파괴자가 아니라, 이미 잠재된 충의 균열을 표면화하고 증폭시켜 관계를 흐트러뜨리는 촉매로 작용합니다.

사주의 구조 ▶ 卯월에 일지 子와 子卯형, 일지 子와 시지 午의 子午충이 내재되어 있습니다. 겉으로는 조용해도 내적 갈등과 부부간 미묘한 불화가 잠재되어 있습니다.

辛亥 대운 乙酉년 ▶ 대운에서 일간의 건록인 亥水가 오면서 일간의 기세가 왕성하고 亥卯 반합으로 木기가 강해져 사회적 활동이 왕성하게 되는 시기입니다.

하지만 乙酉년에 卯酉충(沖), 子酉파(破)가 동시다발적으로 일어나면서 직장의 기반이 흔들리고, 부부 갈등이 표면화됩니다.

결과적으로 직장과 가정이 동시에 흔들리면서 스트레스가 발생하고 이미지에 타격을 입는 충격이 배우자에게 전이되어 이혼이라는 파국으로 마무리하게 됩니다.

예시3) 무직자

	시		일		월		년	
천간	乙		丙		丙		丙	
지지	未		午		申		午	
대운	78	68	58	48	38	28	18	8
	甲	癸	壬	辛	庚	己	戊	丁
	辰	卯	寅	丑	子	亥	戌	酉

【사주분석】

이 사주는 丙火 일간이 강한 火기의 기세를 기반으로 하며, 일시 午未합(合)으로 안정적인 외양을 보이지만, 辛丑 대운에서 丑未충(沖), 丑午해(害), 午卯파(破)가 연쇄 발동하면서 직장 퇴직과 이혼 그리고 새로운 동거 생활로 이어지는 극적인 재편 과정을 보여주는 사례입니다.

사주의 구조 ▶ 일간 丙火의 기세가 극도로 왕성해 독선적 자기 주장이 강하고 열정적이며 리더십이 강한 성정을 지녔습니다. 사회 활동에서 두각을 나타내기 쉽지만 태과한 火기로 인해 소모적 충돌을 유발하기 쉽습니다. 특히 월지 申에 득령하지 못하고 火기가 강하므로 사회적 무대에서 독선적인 행동으로 어려움을 초래할 가능성이 상존합니다.

辛丑 대운 辛卯년 ▶ 대운 지지 丑이 사주와 작용해 丑未충(沖), 丑午해(害) 관계를 형성해 가정적으로 흔들림을 암시합니다. 辛卯년에 午卯파(破)가 발동하며 충해의 작용이 가시화됩니다.

결과적으로 사주의 강한 火기가 午未합(合)에 묶어 외양상 안정적으로 보이지만, 운의 작용으로 인해 안정이 깨지면서 직장 퇴직과 이혼의 상처를 입게 됩니다. 하지만 午未합(合)이 다시 안정을 찾으며 새로운 동거가 시작되고 집안에만 칩거하며 무위도식하는 삶에 만족하고 있습니다.

사주명리학의 이해
Summary

1. 왜 사주명리학을 공부해야 하는가에 대한 근본적인 이유를 세 가지 관점에서 탐구합니다.

자신을 이해하기: 타고난 기질과 성향, 강점과 약점을 파악하여 '나'라는 존재를 이해합니다.

대인관계 활용: 나와 타인의 '다름'을 인정하고, 갈등의 원인을 이해하며 더 나은 관계를 맺는 지혜를 배웁니다.

인생 흐름 예측: 운(運)의 흐름을 읽어 나아가야 할 때와 멈춰야 할 때를 분별하고 미래를 현명하게 준비하는 법을 학습합니다.

2. 같은 날 같은 시간에 태어난 사주인데, 다른 삶을 사는 명리학이 보는 3가지 결정
   적 차이를 이해합니다.

뿌리의 실질적 차이: 같은 사주라도 각자 태어난 집의 가문, 부모의 기운이 영향을 줍니다.
직업의 선택적 차이: 같은 금(金)용신 이어도 그 특성(개혁, 완성, 정의, 의리)에 의한 각자의 취향
                선택이 인생을 갈라놓습니다. 예를 들어, 같은 법학과를 나와도 개혁적
                인 검사와 정의로운 변호사로 다른 길을 걸을 수 있습니다.
인연의 작용: 배우자나 친구, 동료에 의해 삶의 태도가 달라질 수 있습니다. 예를 들어, 金이
           강한 사주에 金이 강한 배우자와 火가 강한 배우자의 선택이 마음가짐을 변화
           시키며 사는 방식이 달라집니다.

3. 사주명리학을 사람이 태어난 시간에 담긴 우주의 기운을 분석하여 타고난 본성과
   운명의 이치를 탐구하는 학문으로 정의하고, 그 속에 담긴 세 가지 깊은 의미를 풀
   이합니다.

음양오행: 음양은 모든 현상의 상호 보완적 이중성 (낮과 밤, 활동과 휴식)을 의미하며, 오행은
        우주를 구성하는 5가지 기본 에너지 패턴입니다.
운명개척: 사주팔자는 요트, 대운은 파도의 흐름에 비유할 수 있습니다. 사주명리학은 파도
        의 흐름을 읽고 요트를 어떻게 운항 하는지를 연구하는 학문입니다.
자기이해: 사주팔자의 에너지를 긍정적으로 발현하는가, 아니면 부정적으로 발현하는가에
        따라 삶의 질이 달라집니다.

4. 현대 사주명리학의 뿌리인 자평학을 공부해야 하는 이유를 명확히 이해합니다.

고법(삼명학) vs 신법(자평학): 년주(年柱) 중심의 공동체의 운명 분석에서 일간(日干) 중심의 개인
　　　　　　　　　　　　　의 정체성과 주체의식을 심도 있게 분석하는 학문으로 전환된 명
　　　　　　　　　　　　　리학의 혁신을 배웁니다.
자평학의 특징: 일간의 특성으로 정체성을 설정하고, 격국(格局)으로 사회적 기능과 역할을
　　　　　　　규정하며, 용신(用神)으로 에너지 균형을 조절하여 사주 시스템을 최적으로
　　　　　　　작동시킵니다.

▶ 자평학을 공부하는 실질적 이유
① 자평학은 현대 명리학의 문법입니다.
② 격국, 용신, 십신의 상호 작용으로 막연한 운명을 구체적 전략으로 설계할 수 있습니다.

5. 사주명리학의 기원과 발전

기원: 중국 상나라 시대 갑골문자에서부터 간지가 사용된 고고학적 증거를 발견했습니다.
음양오행의 발전: 춘추전국시대 추연(鄒衍)이 음양과 오행을 결합하고, 한나라 동중서(董仲舒)
　　　　　　　　가 생극(生剋) 이론을 정립했습니다.

사주명리학 발전 과정
① 고법 명리학 시대: 당나라 이허중(李虛中)이 창시한 년주(年柱) 중심의 삼명학(三命學)으로 사
　주명리학 학문적 초석을 마련했습니다.
② 신법 명리학 시대: 송나라 서자평(徐子平)이 창안한 자평학(子平學)은 일간(日干) 중심으로 해
　석 기준을 옮겼으며 이는 현대 명리학의 기본 틀이 되었습니다.

각국의 명리학 발전 과정

① 대만: 중국 본토에서 문화혁명으로 명리학이 쇠퇴하는 동안, 위천리(韋千里), 하건충(何建忠) 등에 의해 전통 명리학을 온전히 계승하고 발전시키며, 격국, 용신, 신살 등을 체계적으로 연구하며 고전을 바탕으로 한 심도 있는 학문 체계를 구축했습니다.

② 일본: 사주명리학을 추명학(推命學)이라고 부르며 독자적인 발전을 이루었습니다. 아부태산(阿部泰山)은 중국 고전 이론을 일본 사회에 맞게 체계화하고 현대인에게 이해하기 쉽게 정리하는 데 크게 기여했습니다.

③ 대한민국: 고려시대 중국 송나라에 유입되었으며, 조선시대에는 관상감에서 음양과라는 과거 시험을 통해 전문 관리를 선발해 왕실의 궁합, 택일 등의 업무를 수행했습니다.

▶ YouTube

음양오행 Summary

100일 완성 사주명리

1. 음양(陰陽)의 3대 원리 _ 세상 만물을 구성하는 두 가지 상반된 기운인 음양의 상호작용 원리를 학습합니다.

대립: 서로 반대되는 성질 (낮/밤, 하늘/땅, 활동/휴식)

상호의존: 빛이 있어야 그림자가 존재하듯, 서로가 있어야만 존재 가능

상호전환: 낮이 가면 밤이 오듯, 끊임없이 변화하고 순환하는 관계

2. 오행(五行)의 이해 _ 세상을 움직이는 다섯 가지 에너지 木.火.土.金.水의 고유한 성질과 상징을 정리합니다.

오행	핵심 기운	계절	방위	색깔	자연 물상
木	생장, 발산	봄	동	청색	새싹, 나무
火	상승, 활발	여름	남	적색	태양, 불
土	중화, 조화	환절기	중앙	황색	대지, 흙
金	수렴, 완성	가을	서	백색	바위, 열매
水	하강, 저장	겨울	북	흑색	바다, 비

土의 특수성 ▶ 다른 오행들은 계절과 방위에 명확히 대응하지만, 土는 사계절의 마지막 달에 환절기의 역할을 담당하며 중재자 역할을 합니다.

3. 오행의 상생과 상극

오행의 상생(相生)과 상극(相剋) 관계를 이해하고, 그 조화의 중요성을 설명할 수 있어야 합니다.

상생(相生) ▶ 서로 돕고 살려주는 순환 관계로, 성장의 원동력이 됩니다.

상생 작용	에너지의 흐름
水 生 木	물이 나무를 자라게 합니다.
木 生 火	나무가 타서 불을 일으킵니다.
火 生 土	불이 타고 남은 재가 흙이 됩니다.
土 生 金	흙이 굳어 광물(금속)을 만들어냅니다.
金 生 水	금속(바위)에서 물이 나옵니다. (차가운 금속 표면에 물이 맺히는 현상)

상극(相剋) ▶ 서로 견제하고 다스리는 균형 관계로, 질서와 안정을 유지합니다.

상극 작용	에너지의 흐름
水 剋 火	물은 불을 끌 수 있습니다.
火 剋 金	불은 금속을 녹일 수 있습니다.
金 剋 木	금속(도끼)은 나무를 자를 수 있습니다.
木 剋 土	나무는 뿌리로 흙을 파헤칠 수 있습니다.
土 剋 水	흙(둑)은 물의 흐름을 조절할 수 있습니다.

생극의 조화 ▶ 상생만 있고 상극이 없다면, 한 기운이 끝없이 강해져 오히려 문제를 일으킵니다.

4. 에너지의 세기 측정 _ 왕쇠강약, 오행의 왕쇠(旺衰)와 강약(強弱) 개념을 구분하고, 월령(月令)을 기준으로 왕쇠를 판단할 수 있어야 합니다.

왕쇠(旺衰): 기(氣)의 속성으로, 오행의 기운(에너지)의 상태를 나타냅니다.

강약(強弱): 세(勢)는 속성으로, 오행의 세력(힘)의 규모를 나타냅니다.

군대에 비유하면 왕(旺)은 사기가 충천한 군대, 쇠(衰)는 사기가 저하된 군대, 강(強)은 대군을 거느린 군대, 약(弱)은 병력이 적은 군대를 말합니다.

5. 왕쇠(旺衰) 판단 방법 _ 월령(月令), 즉 태어난 달의 지지(月支)가 가장 중요한 기준이 됩니다. 왕쇠는 왕상휴수(旺相休囚)와 왕상휴수사(旺相休囚死)로 판단합니다.

왕(旺): 천간이 득령(得令)하여, 월령의 기운을 얻어 왕성해진 상태

쇠(衰): 천간이 실령(失令)하여, 월령의 기운을 얻지 못해 쇠약해진 상태

1) 土오행의 왕쇠 특수성

왕상휴수: 화토동근(火土同根)의 이론을 적용합니다.

왕상휴수사: 辰戌丑未월의 월령 오행은 土로 간주합니다.

2) 왕상휴수

자연의 순환 질서, 즉 만물의 생장수장(生長收藏)의 흐름을 기준으로 한 4단계 구분입니다. 순수하게 계절적 에너지의 흐름으로 이해할 수 있습니다.

오행	왕(旺)	상(相)	휴(休)	수(囚)
木	봄	겨울	여름	가을
火, 土	여름	봄	가을	겨울
金	가을	여름	겨울	봄
水	겨울	가을	봄	여름

3) 왕상휴수사

월령의 생조를 받은 오행은 왕상(旺相)하고, 월령의 극설(克洩)을 받는 오행은 휴수사(休囚死)로 판단합니다.

구분	봄 寅卯월	여름 巳午월	가을 申酉월	겨울 亥子월	환절기 辰戌丑未월
木	旺	休	死	相	囚
火	相	旺	囚	死	休
土	死	相	休	囚	旺
金	囚	死	旺	休	相
水	休	囚	相	旺	死

▣ 왕상휴수와 왕상휴수사의 차이 비교

구분	왕상휴수	왕상휴수사
개념	오행의 기운을 4단계로 구분	오행의 기운을 5단계로 구분
자연 현상	생장수장(生長收藏)	생사소멸(生死消滅)
기준	계절의 자연스런 에너지 흐름	월령 오행과의 생극 관계
왕쇠 판단	왕상: 계절의 생조를 받는 오행 휴수: 계절의 극설을 받는 오행	왕상: 월령의 생조를 받는 오행 휴수사: 월령의 극설을 받는 오행
실전 활용	오행 자체의 계절적 기운 판단	간지 오행의 월령 대비 세력 판단

왕상휴수: 木 오행은 봄(寅卯辰월)에 왕(旺), 겨울(亥子丑월)에 상(相), 여름(巳午未월)에 휴(休), 가을(申酉戌월)에 수(囚)입니다.

왕상휴수사: 甲乙木이 겨울(亥子월)에 태어나면 월령(水)의 생을 받아 상(相)이지만, 丑월에 태어나면 월령(土)을 극하므로 수(囚)가 됩니다.

100일 완성 사주명리

6. 강약(强弱) 판단 방법

기준: 통근(通根), 생조(生助), 설기(泄氣), 극제(剋制)

요소	판단 질문
통근(通根)	천간이 지지에 같은 오행의 뿌리를 많이 가지고 있는가?
생조(生助)	생해주거나 도와주는 오행이 있는가?
설기(泄氣)	기운을 소모시키는 오행이 있는가?
극제(剋制)	극하거나 억제하여 힘을 못쓰게 하는 오행이 있는가?

■ 천간이 통근 가능한 지지

천간	甲乙(木)	丙丁(火)	戊己(土)	庚辛(金)	壬癸(水)
통근 지지	寅 卯 辰 亥 未	巳 午 未 寅 戌	辰 戌 丑 未 午 寅 申 巳 亥	申 酉 戌 巳 丑	亥 子 丑 申 辰

7. 태과불급

태과불급(太過不及)은 사주팔자에서 오행의 기세(氣勢), 즉 에너지의 균형 상태를 분석하는 매우 중요한 개념입니다.

태과불급의 치료법은 생극제화(生剋制化)이며 불균형을 조절하는 네 가지 방법을 배웁니다.

생(生): 부족한 기운을 도와줌 (상생).

극(克): 지나친 기운을 억제함 (상극).

제(制): 특정 오행이 다른 오행을 지나치게 공격할 때, 그 공격자를 제어하는 제3의 오행을 사용하는 방법입니다.

예) 木이 土를 심하게 극할 때, 金을 사용하여 木을 제어(金剋木)함으로써 土를 보호합니다.

화(化): 두 오행의 충돌 관계 사이에 다른 오행을 끼워 넣어 상생 관계로 변환시키는 방법입니다.

예) 木이 土를 극할 때, 火를 사용하여 木生火 → 火生土의 순환을 만들어 상극을 상생으로 바꿉니다. 이를 설기(泄氣)라고도 합니다.

8. 십이운성

십이운성(十二運星)이란 오행의 기운이 시간의 흐름에 따라 변화하는 에너지의 상태입니다. 이를 인간의 일생(탄생 → 성장 → 쇠퇴 → 소멸)에 비유하여 12단계로 세분화한 개념입니다. 오행별 에너지의 왕쇠(旺衰)를 왕상휴수(旺相休囚)로 구분하고, 이를 세밀하게 분석해, 천간의 성쇠 변화를 인간의 일생에 비유하여 표현한 것이 십이운성입니다.

왕상휴수	상(相)	왕(旺)	휴(休)	수(囚)
십이운성	**장생, 목욕, 관대**	**임관, 제왕, 쇠**	**병, 사, 묘**	**절, 태, 양**
일생	소년기	청장년기	노년기	태아기

▣ 십이운성 에너지 순환도

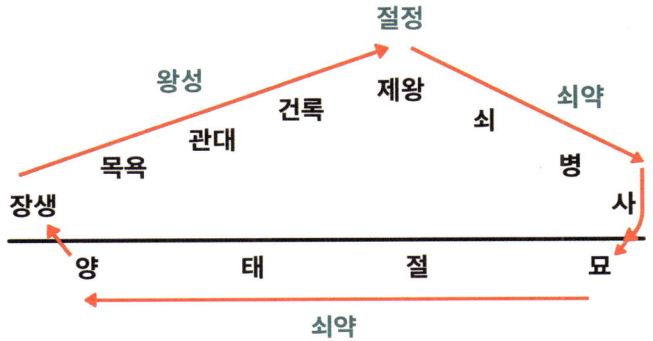

에너지는 '양(養)'에서 출발해 제왕(帝旺)에서 정점을 찍은 후, 사(死)와 묘(墓)를 거쳐 쇠퇴하게 됩니다. 쇠약함이 극에 이르면 다시 양(養)에서 장생(長生)으로 진행하며 새로운 시작을 준비하는 순환 구조를 가집니다.

■ 12운성표 단계

12운성	인생 비유	주요 특징
장생(長生)	탄생	새로운 시작, 창의력, 활력,
목욕(沐浴)	유아기	감성적, 불안정, 천진난만, 유혹
관대(冠帶)	소년기	사회 진출 준비, 자아 형성, 야망과 자신감
건록(建祿)	청년기	실질적 능력 발휘, 독립, 리더십
제왕(帝旺)	장년기	최고의 힘, 지배 욕구, 독선적
쇠(衰)	은퇴기	안정 추구, 의욕저하, 무기력, 겸손
병(病)	노년기	근심 걱정, 예민함, 심신 쇠약
사(死)	활동 정지	체념과 순응
묘(墓)	매장	에너지 저장, 잠재력
절(絶)	완전 소멸	고립과 단절, 새로운 도전 기회
태(胎)	잉태	새로운 계획, 내면 성장기
양(養)	양육	수동적 의존성, 인내

9. 포태법

포태법(胞胎法)은 기존의 일반적인 십이운성이 오행 자체의 에너지 왕쇠를 본다면, 음양 간의 차이를 구분하여 분석하는 고급 기법입니다.

양간(陽干)은 십이운성의 흐름을 순행(順行)하는 양포태(陽胞胎), 음간(陰干)은 역행(逆行)하는 음포태(陰胞胎)의 원리를 따릅니다.

양생음사(陽生陰死), 음생양사(陰生陽死): 포태법의 가장 큰 특징은 음양에 따라 생과 사의 위치가 정반대라는 점입니다.

포태법은 양간(甲丙戊庚壬)에는 양생음사(陽生陰死)의 이론, 음간(乙丁己辛癸)에는 음생양사(陰生陽死)의 이론을 따릅니다.

4대이론 ▶ 포태법에는 거법(居法), 봉법(逢法), 좌법(坐法), 인종법(引從法) 등 4가지 운용 이론이 있습니다.

① 거법(居法): 사주의 천간과 지지의 네 기둥(년, 월, 일, 시)이 각각 수직으로 포태를 보고, 그 기둥이 내포한 고유의 성향과 에너지를 읽는 방법으로 일주 분석이 특히 중요합니다.

② 봉법(逢法): 일간을 중심으로 외부 환경(년지, 월지, 시지, 대운, 세운)을 만났을 때, 그 환경 속에서 일간이 어떤 상태에 놓이는지를 분석합니다.

③ 좌법(坐法): 지지에 숨겨진 지장간이 그 지지와 어떤 관계를 맺는지 분석하여, 표면에 드러나지 않은 잠재력, 내면 심리, 관계의 숨은 흐름을 읽습니다.

④ 인종법(引從法): 사주 원국에 존재하지 않는 천간을 가상으로 끌어와, 그 글자가 대운/세운에서 어떤 지지를 만나 어떤 상태가 되는지 분석하는 방법입니다. 결핍된 에너지가 운에서 어떻게 채워지는지를 보는 고급기법입니다.

천간(天干) ▶ 하늘의 기운을 상징하는 10개의 글자(甲, 乙, 丙, 丁, 戊, 己, 庚, 辛, 壬, 癸)입니다. 이는 눈에 보이지 않는 동(動)적 에너지와 삶의 의지와 목적의 방향성을 나타냅니다.

지지(地支) ▶ 땅의 기운을 상징하는 12개의 글자(子, 丑, 寅, 卯, 辰, 巳, 午, 未, 申, 酉, 戌, 亥)입니다. 이는 천간의 기운이 드러나는 정(靜)적 기반이며 구체적인 현실과 환경을 나타냅니다.

사주 해석의 핵심은 천간에서 내리는 명령을, 지지라는 환경에서 얼마나 잘 실행하는가를 보는 것입니다.

육십갑자(六十甲子) ▶ 천간 10자와 지지 12자를 조합하여 만든 60개의 짝으로, 동양 역학의 가장 기본적인 시간 단위입니다.

양간(陽干)은 반드시 양지(陽支)와 짝을 짓고, 음간(陰干)은 반드시 음지(陰支)와 짝을 짓게 됩니다. 이를 체(體)의 음양이라고 합니다.

육십갑자를 이해하면 전체적인 사주의 에너지 구조를 파악할 수 있으며, 이로 비롯된 공망을 이해하면 사주 기운의 허와 실을 판단할 수 있습니다.

1. 木: 생명과 성장의 기운

木은 생명과 성장을 상징하는 에너지입니다. 마치 나무가 땅에서 뿌리를 내리고 하늘을 향해 자라듯, 만물에게 생기를 주는 기운입니다.

겨울 동안 씨앗에 응축된 기운을 뚫고 봄에 새싹이 오르듯 땅 위로 솟아오르려는 진취적이고 거침없이 나아가는 강한 상승 에너지입니다.

■ 木의 물상과 특성

구분	특성
핵심 기운	성장
덕목	측은지심(惻隱之心), 어질 인(仁)
계절/방위	봄/동쪽
색/장부	청색/간·담
성향	창의적, 도전적, 진취적, 어진 마음

【천간(天干) 木】

1) 甲木 ▶ 甲木은 천간의 첫 번째 글자로, 오행으로는 木에 속하며, 음양으로는 양(陽)의 기운을 가집니다. 하늘로 뻗어 오르는 큰 나무나 대들보를 상징하여 웅장함과 강한 리더십을 의미합니다.

甲木이 우뢰(번개)처럼 폭발적으로 성장하려면 水(생장의 자양분)와 火(성장을 이끄는 원동력)의 균형이 중요합니다. 사회적 인재, 즉 국가의 동량지재(棟樑之材, 대들보 같은 인재)가 되려면 단단한 金으로 다듬어야 하고, 土의 사회적 기반이 단단해야 합니다.

2) 乙木 ▶ 乙木은 천간의 두 번째 글자로, 오행으로는 木에 속하며, 음양으로는 음(陰)의 기운을 가집니다. 甲木이 크고 단단한 나무라면, 乙木은 부드러운 풀, 꽃, 덩굴을 상징합니다.

乙木의 넝쿨은 甲木의 큰 나무에 의지하여 성장하는 등라계갑(藤蘿繫甲)의 형상으로서 생존과 적응, 유연한 전략을 의미합니다.

乙木은 작은 풀이기에 생존에 대한 집착과 아름다움을 유지하려는 노력이 있습니다.

水와 火는 성장에 필수 요소이며, 부드러운 土에 뿌리를 내려야 번성할 수 있고, 金(전지가위)으로 적절히 가지 치기를 해주어야 알찬 결실을 맺을 수 있습니다.

【지지(地支) 木】

1) **寅木** ▶ 호랑이를 상징하며, 봄의 시작을 알리는 강력한 추진력과 진취적인 리더십을 상징합니다. 지장간에 甲木(성장), 丙火(활동), 戊土(안정)의 기운을 모두 품고 있어, 새로운 시작에 필요한 잠재력을 갖춘 역동적인 에너지입니다.

2) **卯木** ▶ 토끼를 상징하며, 봄의 절정기에 해당하는 왕성한 생명력과 부드러운 확장력을 의미합니다. 지장간에 甲乙木이 순수하게 있어, 온화하고 사교적인 성향으로 주변과 조화를 이루지만, 내면에는 어떤 환경에서도 살아남으려는 강인한 생존 본능과 번식력을 지니고 있습니다.

등라계갑(藤蘿繫甲)

2. 火: 확장과 열정의 기운

火는 활동과 발산, 그리고 빛과 명예를 상징하는 에너지입니다. 자연에서 태양과 불로써 만물을 번성하게 하는 火는 세상에서 없어서는 안 될 기운입니다.

火는 여름의 기운을 대표합니다. 모든 것이 가장 활발하게 움직이고, 밖으로 뻗어 나가며 열정적으로 빛나는 기운입니다.

◼ 火의 물상과 특성 요약

구분	내용
핵심 기운	활동
덕목	사양지심(辭讓之心), 예절(禮)
계절/방위	남쪽
색/장부	적색/심장·소장
성향	예의, 명랑함, 적극적, 화려함, 양보

【천간(天干) 火】

1) **丙火** ▶ 丙火는 천간의 세 번째 글자로, 오행으로는 火에 속하며, 음양으로는 양(陽)의 기운을 가집니다. 이는 모든 생명체에게 없어서는 안 되는 존재로서 만물을 비추는 태양을 상징합니다. 丙火의 태양은 공명정대함과 모든 것을 포용하는 배려와 광명을 상징합니다. 맹렬한 태양은 만물을 태워버리므로 壬水로 조율해야 하며, 빛을 가리는 구름(己土)이 많으면 그 가치가 떨어집니다. 사회적으로 이름을 알리려면 壬水와 庚金의 조합이 필요하며, 안정적으로 빛나려면 戊土와 甲木의 도움이 필요합니다.

2) **丁火** ▶ 丁火는 천간의 네 번째 글자로, 오행으로는 火에 속하며, 음양으로는 음(陰)의 기운을 가집니다. 촛불, 등불, 별빛, 달빛 등을 상징하며, 때로는 庚金을 제련하는 숯불이나 용광로의 강한 열기로 작용하기도 합니다. 만물을 은은하게 밝히고 덥히는 지혜로운 빛

으로 희망의 불씨와 내면의 지혜를 상징합니다.

丁火는 촛불과 같아서, 바람에 쉽게 꺼질 수 있으므로 적절히 보호받아야 하며, 너무 건조한 환경에서는 쉽게 타버립니다. 동시에 甲木이라는 땔감과 庚金이라는 도끼가 있으면 벽갑인정(劈甲引丁)으로 오래도록 밝을 수 있고, 그 빛을 안정적으로 유지하며 큰 일을 이룰 수 있습니다.

【지지(地支) 火】

1) **巳火** ▶ 뱀을 상징하며, 여름의 시작을 알리는 지혜와 열정을 상징합니다. 지장간에 丙火(활동성), 庚金(결실), 戊土(안정)의 기운을 모두 품고 있어, 열정으로 결실을 맺고 안정시키려는 복합적인 잠재력을 내포하고 있습니다.

2) **午火** ▶ 말을 상징하며, 여름의 절정에 해당하는 가장 강렬하고 순수한 에너지와 활동성을 의미합니다. 지장간에 丙丁火의 기운과 己土(안정)를 품고 있어, 외향적이고 자유분방하며, 강력한 카리스마를 지닌 제왕적 기운을 펼치고, 土의 기운으로 그 맹렬한 열기를 내리어 더욱 유용한 에너지로 발현할 수 있습니다.

벽갑인정(劈甲引丁)

3. 土: 중재와 신뢰의 기운

土는 균형과 중재, 포용력과 신뢰를 상징하는 에너지입니다.

土의 천간은 오행 전체의 중앙에 자리하여 음양의 중심을 잡아주는 역할을 합니다.

土의 지지는 계절적으로는 사계절의 환절기에 해당합니다. 각 계절의 기운이 바뀌는 중간에서 조화롭게 연결해주는 중개자이자, 모든 생명체가 태어나고 자라며 돌아가는 단단한 기반이 되는 기운입니다.

■ 土의 물상과 특성 요약

구분	내용
핵심 기운	안정
덕목	신의(信)
계절/방위	환절기/중앙
색/장부	황색/비장·위장
성향	신용, 중화, 포용력, 현실 감각

【천간(天干) 土】

1) 戊土 ▶ 戊土는 천간의 다섯 번째 글자로, 오행으로는 土에 속하며, 음양으로는 양(陽)의 기운을 가집니다. 광활한 대지, 높은 산, 혹은 강물을 막는 제방(둑)을 상징합니다. 만물을 포용하면서도 그 경계를 분명히 하는 신뢰와 책임의 기운을 지닙니다.

戊土는 땅이므로, 만물을 키우는 데 필요한 물(水)과 따뜻한 햇빛(火)의 조화가 가장 중요합니다. 산의 형태를 유지하고 생명력을 부여하려면 나무(木)의 소통과 조화가 필요합니다. 金의 기운이 지나치면 마치 돌산처럼 황폐해지며 힘을 잃고 약해질 수 있으므로 木이나 火로 보완해야 합니다.

2) 己土 ▶ 己土는 천간의 여섯 번째 글자로, 오행으로는 土에 속하며, 음양으로는 음(陰)의 기운을 가집니다. 농사를 짓는 논밭, 정원의 흙, 도자기를 빚는 점토와 같습니다. 생명의 씨앗을 받아 키우고 결실을 맺게 하는 양육과 실현에 특화된, 부드럽고 세심한 기운입니다. 己土는 농경지이므로, 생명을 키우려면 癸水의 적절한 수분과 丙火의 따사로운 볕이 가장 중요합니다. 너무 건조하거나 너무 습하면 흙이 상합니다. 甲木의 기운으로 흙을 개간하면 비로소 그 가치가 발현되며, 金의 기운이 지나치면 흙이 척박해질 수 있습니다. 辰戌丑未 네 개의 土 지지는 각 계절의 끝에서 다음 계절로의 전환을 주도하는 환절기의 역할을 하며, 각기 다른 계절의 기운을 품고 있습니다.

【지지(地支) 土】

1) 辰土 ▶ 용을 상징하며, 봄의 물기를 머금은 습토(濕土)로, 만물을 키워내는 생산적인 땅입니다. 지장간에 戊土가 乙木과 癸水를 품어 저장합니다.

2) 戌土 ▶ 개를 상징하며, 가을의 건조함을 품은 조토(燥土)로, 결실을 저장하고 내면에 火의 기운을 품고 있습니다. 지장간에 戊土가 辛金과 丁火를 품어 저장합니다.

3) 丑土 ▶ 소를 상징하며, 겨울의 얼어붙은 동토(凍土)로, 金을 품어 봄을 기다리는 인내의 땅입니다. 지장간에 己土가 癸水와 辛金을 품어 저장합니다.

4) 未土 ▶ 양을 상징하며, 여름의 뜨거운 열기를 지닌 조토(燥土)로, 木을 품어 성숙을 이끄는 땅입니다. 지장간에 己土가 丁火와 乙木을 품어 저장합니다.

4. 金: 결실과 숙살(肅殺)의 기운

金은 결실과 숙살(肅殺), 의리와 개혁을 상징하는 에너지입니다. 가을이 되어 열매를 맺고, 불필요한 것을 정리해 완성된 형태로 수렴하는 金은 단단함과 냉철함을 통해 결과를 만들어내는 기운입니다.

金은 여름의 무성함을 지나 수렴과 결실을 이루는 가을의 기운입니다. 밖으로 뻗던 에너지가 멈추고, 속을 알차게 채우며, 불필요한 요소를 잘라내는 완성 지향적이고 냉철한 상태를 의미합니다.

■ 金의 물상과 특성 요약

구분	내용
핵심 기운	완성
덕목	수오지심 (羞惡之心), 의리(義)
계절/방위	가을/서쪽
색/장부	흰색/폐·대장
성향	의리, 결단력, 냉철함, 분석적, 원칙주의

【천간(天干) 金】

1) **庚金** ▶ 庚金은 천간의 일곱 번째 글자로, 오행으로는 金에 속하며, 음양으로는 양(陽)의 기운을 가집니다. 단단하고 강한 금속(강철, 광석)이지만, 제 역할을 하려면 火를 만나야 합니다. 강철처럼 곧은 성품을 지녔기에 의리를 매우 중시하며 불의를 보면 참지 못하는 강한 정의감을 소유합니다. 결실을 숙성 시키기 위해 木의 생기를 잘라내는 숙살지기(肅殺之氣)를 지니고 개혁의 선봉장 역할을 합니다.

　　庚金은 제련되지 않은 원석이므로, 뜨거운 불(丁火)로 녹여야 유용한 인재가 되고, 적당한 물(壬水)로 씻어내야 그 가치가 빛납니다. 너무 많은 불은 원석을 녹여 흘러내리게 하므로

쓸모가 없고 주변에 피해만 줄 뿐입니다. 또한 너무 강한 물은 庚金이 가라앉고 무디어지 므로 강함이 사라지고 유연하고 원칙 없는 성정을 만들 수 있습니다. 甲木을 쪼개어 丁火의 불을 지피는 벽갑인정(劈甲引丁)이 될 때, 그 가치가 빛나고 명예와 재물이 따르게 됩니다.

2) 辛金 ▶ 辛金은 천간의 여덟 번째 글자로, 오행으로는 金에 속하며, 음양으로는 음(陰)의 기운을 가집니다. 보석, 귀금속, 옥(玉), 작은 칼, 바늘 등 정교한 金의 기운으로 매우 세밀 하고 예리한 특성을 가지고 있습니다. 그 자체로 아름다운 보석이며 예리함과 유연하게 해 빛나게 하려면 水가 필요합니다. 丁火는 보석을 녹이고 변색시켜 스트레스, 긴장, 예 민함을 극대화 시킬 수 있으므로 가장 두려워합니다.

辛金은 부드럽고 정교한 보석이나 옥과 같은 존재로, 세공 된 보석처럼 섬세하고 품격 있 는 기운을 지닙니다. 따뜻한 태양(丙火)의 빛과 맑고 깨끗한 물(壬水)을 가장 좋아하며, 강 한 火의 열로 단련되지 않아도 성취를 이룰 수 있습니다. 습한 土의 생조를 받아야 빛을 발하며, 지나친 水나 火의 기운에는 서북방의 건조하고 안정된 환경이 도움이 됩니다.

【지지(地支) 金】

1) 申金 ▶ 원숭이를 상징하며, 가을의 시작을 알리는 변화와 숙련의 기운을 상징합니다. 지장간에 庚金(완성), 壬水(지혜), 戊土(안정)의 기운을 모두 품고 있어, 단순한 마무리를 넘 어 지혜롭게 상황을 변화시키는 복합적인 잠재력을 지니고 있습니다.

2) 酉金 ▶ 닭을 상징하며, 가을의 절정에 해당하는 가장 순수하고 날카로운 金의 기운입니 다. 지장간에 庚辛金을 순수하게 품고 있어, 정확성과 정밀함을 중시하며, 한 치의 오차 도 용납하지 않는 전문가적 기질을 상징합니다. 원칙을 지키고 자신의 분야에서 최고가 되려는 성향이 강합니다.

5. 水: 저장과 지혜의 기운

金이 결실과 정리를 상징했다면, 水는 지혜와 저장, 그리고 생명의 근원을 상징하는 에너지입니다. 물이 모든 것을 포용하고 낮은 곳으로 흐르듯, 水는 깊은 내면과 유연함, 그리고 다음 성장을 위한 응축된 잠재력을 뜻합니다. 水는 모든 기운이 활동을 멈추고 응축하는 겨울의 기운을 대표합니다. 만물의 씨앗을 품고 다음 생을 준비하는 고요함 속에, 강한 잠재력과 유연성이 깃들어 있습니다.

■ 水의 물상과 특성 요약

구분	내용
핵심 기운	저장
덕목	시비지심(是非之心), 지혜(智)
계절/방위	겨울/북쪽
색/장부	검은색/신장·방광
성향	지혜, 유연성, 적응력, 깊은 생각, 비밀

【천간(天干) 水】

1) 壬水 ▶ 壬水는 천간의 아홉 번째 글자로, 오행으로는 水에 속하며, 음양으로는 양(陽)의 기운을 가집니다. 거대하고 웅장한 물의 기운으로 그 힘과 포용력이 가장 큰 천간입니다. 거대한 강과 바다에 제방을 쌓아 홍수를 막고, 그 물이 유용하게 쓰이게 하려면 戊土가 필요합니다. 丙火는 넓은 바다 위에 따스한 햇살이 비추듯, 壬水에게 따뜻함과 명랑함을 줍니다. 壬水는 큰 물이므로, 그 물을 담을 제방(戊土)과, 빛을 반사하여 아름다움을 뽐낼 태양(丙火)이 중요하며, 물의 근원이 될 庚金이 필요합니다. 壬水의 가치는 그 거대한 힘을 통제하여 유용하게 쓰는 데 달려 있습니다. 통제되지 않는 壬水는 재앙이 될 수 있으므로 댐 역할을 하는 戊土의 존재가 절대적입니다.

2) **癸水 ▶** 癸水는 천간의 열 번째 글자로, 오행으로는 水에 속하며, 음양으로는 음(陰)의 기운을 가집니다. 가장 작고 은은한 물의 기운으로, 그 성질이 세밀하고 감성적인 특징을 가지고 있습니다. 맑은 이슬과 물은 깨끗한 광물(金)에서 나옵니다. 丙火는 이슬에 햇빛이 비추면 무지개가 되듯이 따뜻함과 명랑함을 줍니다.

癸水는 만물을 기르는 이슬비이므로, 나무(甲木)를 적시고, 태양(丙火)의 도움으로 증발하지 않도록 하는 것이 중요합니다. 癸水의 사명은 자양(滋養)으로 만물을 길러내는 것입니다. 이를 위해서는 마르지 않는 근원인 金과 따뜻한 온기인 火의 도움이 필수적입니다.

【지지(地支) 水】

1) **亥水 ▶** 돼지를 상징하며, 겨울의 시작을 알리는 저장과 포용의 기운을 의미합니다. 특히 지장간에 甲木이라는 새로운 생명력을 壬水가 품고 있어, 다음 봄의 시작을 잉태하는 무한한 잠재력을 지니고 있습니다.

2) **子水 ▶** 쥐를 상징하며, 겨울의 가장 깊은 지점에 해당하는 순수한 지혜와 응축된 생명력을 의미합니다. 지장간에 壬癸水가 순수하게 자리 잡고 있어, 깊은 어둠 속에서도 새로운 시작을 준비하는 강력한 번식력과 생존력을 상징하며, 모든 것의 끝에서 새로운 시작을 잉태하는 힘을 가지고 있습니다.

지금까지 살펴본 것처럼, 木火土金水 오행과 그에 속한 천간과 지지는 각각 고유한 역할과 특성을 가지고 순환하는 하나의 거대한 생명 주기와 같습니다.

봄에 싹을 틔우고(木), 여름에 만개하며(火), 환절기에 성숙을 조율하고(土), 가을에 결실을 맺으며(金), 겨울에 모든 것을 저장하고 다음을 준비하는(水) 자연의 이치는 우리 삶의 흐름과 다르지 않습니다.

■ 에너지(지장간)

오행	천간·지지	핵심 기운	상 징	특 성
木	甲 乙 寅 卯	성장 측은지심	봄, 동쪽 나무	시작하고 성장하며 뻗는 기운 창의적, 도전적, 진취적, 어진 마음 고집, 조급함, 지나친 직진성
火	丙 丁 巳 午	활동 사양지심	여름, 불	열정적으로 표현하고 발산하는 기운 예의, 명랑함, 적극적, 화려함, 양보 흥분, 과열, 감정 기복, 지속력 부족
土	戊 己 辰 戌 丑 未	안정 신의	환절기, 흙	안정적으로 조절하고 포용하는 기운 신용, 중화, 포용력, 현실 감각 답답함, 무게감, 지나친 걱정과 집착
金	庚 辛 申 酉	완성 수오지심	가을, 금속	원칙대로 결단하고 수렴하는 기운 의리, 결단력, 냉철함, 분석적, 원칙주의 차가움, 비판성, 융통성 부족
水	壬 癸 亥 子	저장 시비지심	겨울, 물	지혜를 저장하고 유연하게 펼치는 기운 지혜, 유연성, 적응력, 깊은 생각, 비밀 우유부단, 불안, 두려움, 지나친 계산

33

▶ YouTube

지지와 지장간 활용
Summary

100일 완성 사주명리

1. 지지의 계절과 방향 분류

구분	봄	여름	가을	겨울
오행	木	火	金	水
지지	寅卯辰	巳午未	申酉戌	亥子丑
방향	동	남	서	북

천간에서는 土가 음양의 중앙에 위치하지만, 지지에서는 辰戌丑未를 각 계절의 환절기에 배치되어 운용됩니다. 그래서 辰戌丑未를 사계(四季)라고 부릅니다.

2. 지지의 십이신(十二神)

지지	子	丑	寅	卯	辰	巳
동물상	쥐	소	호랑이	토끼	용	뱀
지지	午	未	申	酉	戌	亥
동물상	말	양	원숭이	닭	개	돼지

지지의 십이신은 동물상입니다. 일반적으로 생년 띠로 많이 활용되고 있습니다.
이는 년간을 위주로 판단하는 삼명학의 영향이 전해져 내려온 것입니다.

3. 지장간

1) 지장간 구성

지지	지장간 구성
寅申巳亥	여기: 戊土가 자리하며 계절의 시작을 이끌어 줌. 중기: 삼합의 기운을 시작하는 역할. 정기: 지지를 대표하는 가장 중요한 본질의 기운.
子午卯酉	여기: 이전 지지의 정기가 잔존하며 정기를 도움. 중기: 午火에만 己土가 중기로 존재하며 음양의 기운 중개 역할을 함. 　　　　나머지 子卯酉에는 순수한 오행의 기운을 나타냄. 정기: 지지를 대표하는 가장 중요한 본질의 기운.
辰戌丑未	여기: 이전 지지의 정기를 보존함. 중기: 삼합의 제왕지(子午卯酉) 정기를 보존함. 정기: 辰戌은 戊土, 丑未는 己土.

지지	子	丑	寅	卯	辰	巳	午	未	申	酉	戌	亥
여기	壬	癸	戊	甲	乙	戊	丙	丁	戊	庚	辛	戊
중기		辛	丙		癸	庚	己	乙	壬		丁	甲
정기	癸	己	甲	乙	戊	丙	丁	己	庚	辛	戊	壬

2) 주요 기능

잠재력 ▶ 개인의 내면적 성향, 숨겨진 재능, 무의식적인 습관을 나타냅니다. 운에서 형충회합파해 등이 작용하면 잠자던 기운이 깨어나 사건을 유발합니다.

통근 ▶ 천간의 기운이 지지에 같은 오행의 지장간으로 뿌리를 내리는 현상입니다. 천간이 지지에 통근하면, 천간이 힘을 얻어 안정되고 그 역할을 온전히 수행할 수 있게 됩니다.

투출 ▶ 지지 속에 잠복해 있던 기운이 천간으로 모습을 드러내는 현상입니다.

잠재력이 현실로 발현되면 그 기운이 사주 전반에 막대한 영향력을 미칩니다.

3) 체용의 음양

구분	子	亥	午	巳
체(體)	양	음	양	음
용(用)	음	양	음	양

60갑자에서 지지를 순서대로 배치할 때는 천간을 싣는 용도는 체(體)가 되지만, 사주를 해석하고 통변 할 때는 실제 작용력인 용(用)을 기준으로 판단합니다.

▶ 음(陰)양(陽)이 바뀐다.

4) 월률분야

월률분야는 해당 월에 어떤 천간이 주도권을 잡고 있는지 정밀하게 파악하여 왕쇠강약을 판단할 때 사용됩니다.

예를 들어, 寅월 초순 7일간은 戊土가 주도권을 잡고, 다음 7일간은 丙火가 주도권을 잡으며, 나머지 16일간은 甲木이 주도권을 잡게 됩니다.

■ 월률분야 일수에 의한 강약 판단

정도	강함		약함	
	매우 강함	약간 강함	약간 약함	매우 약함
일수	15일 이상	10일 이상	5일 이상	5일 미만

▣ 지장간 월률분야 조견표

구분	여기		중기		정기	
	지장간	담당일수	지장간	담당일수	지장간	담당일수
寅	戊	7	丙	7	甲	16
卯	甲	10			乙	20
辰	乙	9	癸	3	戊	18
巳	戊	7	庚	7	丙	16
午	丙	10	己	9	丁	11
未	丁	9	乙	3	己	18
申	戊	7	壬	7	庚	16
酉	庚	10			辛	20
戌	辛	9	丁	3	戊	18
亥	戊	7	甲	7	壬	16
子	壬	10			癸	20
丑	癸	9	辛	3	己	18

본 교재에서는 『연해자평』의 '월률분야'를 기준으로 하며, 일반적으로 통용되는 일수를 참고하여 적용했습니다.

예를 들어, 寅월의 경우 戊土는 7일, 丙火는 7일, 甲木은 16일을 주관합니다. 또한 卯월의 경우, 여기 甲木은 10일, 정기 乙木은 20일을 주관합니다.

5. 육십갑자

60갑자는 천간과 지지 두 그룹의 글자를 순서대로 하나씩 짝지어 만듭니다.
양간(陽干)은 반드시 양지(陽支)와 짝을 짓고, 음간(陰干)은 반드시 음지(陰支)와 짝을 짓게 됩니다. 이를 체(體)의 음양이라고 합니다.

1) 육십갑자 순환도

甲子	乙丑	丙寅	丁卯	戊辰	己巳	庚午	辛未	壬申	癸酉
甲戌	乙亥	丙子	丁丑	戊寅	己卯	庚辰	辛巳	壬午	癸未
甲申	乙酉	丙戌	丁亥	戊子	己丑	庚寅	辛卯	壬辰	癸巳
甲午	乙未	丙申	丁酉	戊戌	己亥	庚子	辛丑	壬寅	癸卯
甲辰	乙巳	丙午	丁未	戊申	己酉	庚戌	辛亥	壬子	癸丑
甲寅	乙卯	丙辰	丁巳	戊午	己未	庚申	辛酉	壬戌	癸亥

위 표에서 甲子에서 癸酉가 있는 열을 甲子순(旬)이라고 부릅니다. 순(旬)이란 10일을 의미하는 단위로, 한 순에는 10개의 간지가 포함됩니다. 이 개념은 공망을 이해하는 핵심이 됩니다.

2) 공망

천간 10개와 지지 12개가 조합되면서, 10개의 간지가 만들어질 때마다 2개의 지지가 짝을 잃고 남게 되는 현상에서 비롯됩니다.
예를 들어, 육십갑자 순환도에서 甲子순은 戌亥가 천간과 짝을 이루지 못해 공망에 해당하며, 甲戌순은 申酉가 천간과 짝을 이루지 못해 공망에 해당합니다.

공망이 비어있다는 의미는 해당 분야에서 인연이 얕거나, 노력을 더 기울여야 하며, 실속이 없거나, 현실화되기 어렵다고 해석합니다.

■ 육갑공망표

육 십 갑 자										공 망	
甲子	乙丑	丙寅	丁卯	戊辰	己巳	庚午	辛未	壬申	癸酉	戌	亥
甲戌	乙亥	**丙子**	丁丑	戊寅	己卯	庚辰	辛巳	壬午	癸未	申	酉
甲申	乙酉	丙戌	丁亥	**戊子**	己丑	庚寅	辛卯	壬辰	癸巳	午	未
甲午	乙未	丙申	丁酉	戊戌	己亥	**庚子**	辛丑	壬寅	癸卯	辰	巳
甲辰	乙巳	丙午	丁未	戊申	己酉	庚戌	辛亥	**壬子**	癸丑	寅	卯
甲寅	乙卯	丙辰	丁巳	戊午	己未	庚申	辛酉	壬戌	癸亥	子	丑

3) 공망의 활용

공망의 비어있다는 의미는 해당 분야에서 인연이 얕거나, 노력을 더 기울여야 하며, 실속이 없거나, 현실화되기 어렵다고 해석합니다.

(1) 궁위(宮位)에 따른 해석

구분	궁위	의미/해석
년주	**조상/부모궁**	조상이나 부모와의 인연이 얕거나, 직접적인 도움을 느끼지 못함. 유년기 환경에 대한 확신이 부족할 수 있음.
월주	**사회/형제궁**	형제, 동료, 친구와의 깊은 관계가 어렵거나 실속 없음. 사회적 기반이 다소 약하게 느껴질 수 있음.
일주	**자신/배우자궁**	자기 자신에 대한 확신이 부족하거나, 내면이 공허하게 느껴질 수 있음. 배우자와 평생 해로하려면 더 많은 이해와 노력이 필요함.
시주	**자식/노후궁**	자식과의 인연이 느슨하거나, 자식 때문에 마음 고생이 있을 수 있음. 노후가 다소 외로울 수 있음.

형충회합파해
Summary

1. 형(刑).충(沖).회합(會合).파(破).해(害)의 의미

사주팔자 여덟 글자가 인생의 재료 목록이라면, 형.충.회합.파.해는 그 재료들을 어떤 순서로, 어떤 강도로 요리하여 실제 삶의 사건이라는 요리를 만들어낼지를 결정하는 레시피와 같습니다.

형.충.회합.파.해는 사주 해석의 깊이를 더하는 가장 중요한 열쇠입니다. 이 상호작용들은 사주 내 에너지의 소통, 갈등, 그리고 변화를 만들어내는 역동적인 힘으로, 잠재된 운명의 패턴이 어떤 시기에, 어떤 성격의 사건으로 발현될지를 예측하는 구체적인 단서를 제공합니다.

사주에 형.충.회합.파.해가 없다면, 에너지의 흐름이 정체되어 특별한 사건이나 변화 없이 평범한 인생이 될 수도 있습니다. 반면, 이 작용이 활발한 사주는 때로는 고통스러운 갈등을 겪으면서도, 그 과정을 통해 성장하고 사회적 성취를 이루는 역동적인 삶을 살아갈 가능성이 큽니다. 즉, 형.충.회합.파.해는 삶의 드라마를 만들어내는 동력인 셈입니다.

특히 사주 원국에 잠재된 요소가 대운(大運)이나 세운(歲運)의 흐름 속에서 형.충.회합.파.해를 만날 때, 그 영향력은 극대화되어 구체적인 삶의 변화로 나타납니다. 따라서 이 원리를 이해하는 것은 운명의 흐름을 읽고 미래를 준비하는 지혜를 얻는 것과 같습니다.

2. 형.충.회합.파.해의 종류

구분	종류
충(沖)	寅申 巳亥 卯酉 子午 辰戌 丑未
형(刑)	寅巳申 丑戌未 子卯 辰辰 午午 酉酉 亥亥
육합(六合)	午未 巳申 卯戌 辰酉 寅亥 子丑
방합(方合)	寅卯辰 巳午未 申酉戌 亥子丑
삼합(三合)	亥卯未 寅午戌 巳酉丑 申子辰
파(破)	午卯 子酉 巳申 寅亥 丑辰 戌未
해(害)	寅巳 卯辰 子未 丑午 申亥 酉戌

3. 천간합

천간합(天干合)은 천간에 속한 음양이 다른 두 글자가 짝을 이루어, 기존 오행의 속성을 버리고 새로운 오행의 기운을 따르는 현상입니다. 이는 마치 남녀가 만나 가정을 이루고, 개인의 삶보다는 공동체의 목표를 우선시하는 것에 비유할 수 있습니다

1) 천간합의 종류와 의미

천간합	甲己	乙庚	丙辛	丁壬	戊癸
합화 오행	土	金	水	木	火
의미	중정지합 (中正之合)	인의지합 (仁義之合)	위엄지합 (威嚴之合)	인수지합 (仁壽之合)	무정지합 (無情之合)

2) 천간합의 성립 조건
인접조건 ▶ 합을 이루려는 두 천간이 반드시 나란히 붙어 있어야 합니다.

쟁합과 투합 ▶ 쟁합(예: 甲-己-甲)이나 투합(예: 己-甲-己)이 없어야 합니다.

쟁합, 투합이 발생하면 합의 결속력이 약해지고, 관계가 불안정해지거나 갈등이 생길 가능성이 높습니다.

3) 합화와 합이불화

합화 ▶ 월령(月令)의 기운이 합화 오행을 생조해야 하며, 합화 오행을 극하는 오행이 없어야 합니다. 두 천간이 완전히 새로운 오행의 기운을 따르게 됩니다.

합이불화 ▶ 합화의 조건을 충족하지 못하는 상태, 두 천간은 기반(羈絆)되어 본래의 역할을 제대로 하지 못합니다. 합은 이루었으나 합화 조건을 충족하지 못하는 상태입니다.

4) 일간의 천간합

일간이 천간합으로 합화가 성립되면, 화기격(化氣格) 또는 화격(化格)이라고 합니다. 화격이 성립되려면 일간의 천간합이 합화 조건을 충족해야 하며, 일간이 신약하고 생조해주는 기운이 없어야 합니다. 화격이 성립되면 일간은 자신의 본성(오행)을 버리고 합화 오행을 따르게 됩니다.

5) 운에서의 천간합

(1) 합거(合去) ▶ 운에서 들어온 글자가 사주 원국의 천간과 합을 이루면, 사주 원국의 천간은 기반이 되어 본연의 역할을 하지 못하게 됩니다.

(2) 천간의 역할 변동 ▶ 운에서 천간합이 되면 그 기간 동안 해당 십신이나 육친의 인연에 변동이 생길 수 있습니다.

342

100일 완성 사주명리

4. 육합(六合)

육합(六合)은 사주 내에서 가장 개인적이고 긴밀한 관계를 형성하는 핵심적인 결합입니다. 이는 두 지지가 만나 서로 강하게 끌어당기는 힘으로, 개인의 인연, 애정, 그리고 삶의 안정성을 가늠하는 중요한 척도가 됩니다.

육합	子丑	寅亥	卯戌	辰酉	巳申	午未
합화 오행	습토	木	火	金	水	조토

합반(合絆) ▶ 기반(羈絆)이라고도 하며, 두 지지가 합으로 인해 서로 묶여 본래의 독자적인 기능이 제한되는 상태를 의미합니다. 이는 안정성을 부여하는 긍정적 측면과 함께, 자유로운 활동을 제약하는 부정적 측면을 동시에 가집니다.

합화(合化) ▶ 합을 통해 두 지지가 새로운 오행이라는 공동의 목표를 추구하게 되는 현상입니다. 이는 지지 자체가 변하는 것이 아니라, 새로운 역할을 함께 수행하는 것을 의미합니다.

육합을 해석할 때는 반드시 동전의 양면처럼 긍정적 측면과 부정적 측면을 함께 읽어야 합니다. 이것이 안정의 덫이 될지, 화합의 발판이 될지를 구분하는 것이 핵심입니다.

육합으로 굳건히 묶여 있던 관계는 운(運)에서 오는 형(刑)이나 충(沖)에 의해 풀릴 수 있습니다.

5. 방합(方合)

방합(方合)은 사주 내에서 가장 순수하고 강력한 세력을 형성하는 힘입니다. 육합이 두 개인 간의 사적이고 긴밀한 관계라면, 방합은 혈연이나 지연처럼 태생적으로 주어진 거부할 수 없는 소속의 힘을 다룹니다. 이는 개인의 뿌리 깊은 소속감과 집단적 정체성을 규정하며, 삶의 방향성에 막대한 영향을 미칩니다.

방합은 동서남북 각 방위에 해당하는 세 글자가 모두 모여 해당 계절의 오행 에너지를 극대화하는 원리입니다.

방　위 ▶ 동(寅卯辰), 서(申酉戌), 남(巳午未), 북(亥子丑)

계　절 ▶ 봄(寅卯辰), 가을(申酉戌), 여름(巳午未), 겨울(亥子丑)

에너지 ▶ 木(寅卯辰), 金(申酉戌), 火(巳午未), 水(亥子丑)

방합으로 이룬 강력한 오행은 개인의 가장 뛰어난 재능이 되며, 주변의 도움을 받아 큰 성취를 이루는 원동력이 됩니다. 반면에 특정 오행으로 에너지가 심하게 편중되어 사주의 균형이 깨지고 다양성을 상실할 수 있습니다. 이는 다른 영역의 발전을 저해하는 가장 큰 장애물로 작용할 수 있습니다.

방합은 사주에서 가장 눈에 띄고 영향력 있는 구조입니다. 방합의 강력한 에너지를 어떻게 활용하느냐가 인생을 결정합니다.

6. 삼합(三合)

삼합(三合)은 사회적 목적과 목표 달성을 위해 형성되는 가장 역동적인 결합체입니다.
방합이 혈연으로 뭉친 가족이라면, 삼합은 공동의 목표를 위해 이합집산하는 프로젝트 팀과
같습니다.
이 때문에 방합보다 목표 지향적이지만 외부 충격에는 더 취약한 특성을 보입니다.
이는 개인의 사회적 성공과 직업적 성취를 가늠하는 중요한 척도입니다.

삼합은 십이운성(十二運星)의 장생(長生), 제왕(帝旺), 묘(墓)에 해당하는 세 지지가 만나 새로운
오행의 국(局)을 형성하는 원리입니다.

삼합	생성 오행	장생(長生)	제왕(帝旺)	묘(墓)
亥卯未	木	亥	卯	未
寅午戌	火	寅	午	戌
巳酉丑	金	巳	酉	丑
申子辰	水	申	子	辰

이 중 제왕지는 삼합의 성패를 좌우하는 핵심 축입니다. 제왕지를 포함한 두 글자가 모인
반합(半合)(예: 亥卯, 卯未) 역시 삼합에 준하는 강력한 힘을 발휘합니다.
삼합은 목표 달성을 위해 타인과 효율적으로 협력하는 능력이 뛰어납니다. 시작과 절정, 그
리고 마무리 과정의 완전한 흐름을 갖추고 있어 한 번 시작한 일을 끝까지 추진하는 힘이
강합니다. 단지 방합과 달리 이해관계로 뭉쳤기 때문에, 외부의 형이나 충이 발생하면 그 결
속력이 쉽게 무너질 수 있습니다.

7. 지지의 충(沖)

사주 해석에서 가장 극적이고 직접적인 변화를 읽어내는 도구가 바로 충(沖)입니다.

충은 파괴가 아니라, 낡은 질서를 무너뜨려 새로운 판을 짜도록 강제하는 가장 강력한 혁신의 에너지입니다.

충(沖)이란 서로 정반대 위치에 있는 지지끼리의 충돌을 의미합니다. 이는 기운의 정면 대립으로, 급진적이고 역동적인 변화를 유발합니다.

충으로 인한 극심한 긴장 상태는 합(合)에 의해 완화되거나 해소될 수 있습니다.

왕자충쇠쇠자발(旺者沖衰衰者拔), 쇠자충왕왕신발(衰者沖旺旺神發)
적천수의 한 구절입니다. 강한 자가 약한 자를 충(沖)하면 약한자는 뿌리 채 뽑히고, 약한 자가 강한 자를 충(沖)하면 강한 자는 오히려 발전한다는 뜻입니다.

8. 지지의 형(刑)

형(刑)은 충처럼 급작스러운 사건이 아니라, 지속적인 마찰과 조정을 통해 개인을 성장시키고 성숙하게 만드는 복합적인 갈등 관계입니다. 이는 마치 원석을 깎고 다듬어 보석으로 만드는 과정처럼, 고통스럽지만 반드시 필요한 성장의 고통을 의미합니다.

형은 삼합과 방합 간의 이념적 갈등으로 발생합니다. 갈등이 표면화되기보다는 마치 화병처럼 내면에서 문제가 반복되거나 만성화되는 경향이 있습니다.

형은 갈등, 고통, 질병과 같은 부정적인 결과를 초래하기도 하지만, 이를 통해 해당 분야에서 단련되고, 남다른 전문성을 갖추게 되는 경우가 많습니다. 군인, 경찰, 의사, 법조인 등 형의 기운을 직업적으로 활용하는 예가 많습니다.

형으로 인한 갈등 역시 합(合)에 의해 중재되고 완화될 수 있습니다.

9. 지지의 해(害)

해(害)는 가장 긴밀한 결합인 육합(六合)을 방해하는 기운에서 비롯됩니다. 이는 믿었던 관계에서의 시기, 질투, 모함, 배신 등 미묘하고 내적인 손상을 유발하는 작용으로, 겉으로 잘 드러나지 않는 내부의 상처를 의미합니다.

해(害)는 천(穿)이라고도 불리며 관계의 균열을 뚫고 들어와 내부에서부터 서서히 해를 끼치는 은밀한 작용으로 가까운 사이에서의 오해, 시기, 질투로 인한 갈등이 발생하며 배신감, 원망, 고독감 등 정신적인 고통을 유발합니다.

해의 부정적 작용 또한 합(合)에 의해 완화될 수 있습니다.

10. 지지의 파(破)

파(破)는 기존의 안정된 관계나 계획을 깨뜨리고 분리시키는 작용입니다. 이는 완성 직전의 실패나 갑작스러운 관계의 단절, 약속의 파기 등 기존 질서를 와해시키는 힘을 암시합니다.

파(破)는 삼합(三合) 운동의 안정성을 깨는 기운에서 비롯됩니다. 이로써 팀의 결속력이 약해지고 믿었던 관계가 깨지거나 중요한 계약이 일방적으로 파기될 수 있습니다.

파(破)는 지지끼리 서로 충돌하면서 옆구리를 찌르는 에너지에 비유할 수 있습니다. 이는 마치 한 기업에서 경쟁을 하는 두 팀에 비유할 수 있습니다.

파는 변화의 촉매제입니다. 파의 에너지를 인지하면, 삶에서 정리해야 할 것과 새로 시작해야 할 것을 읽어낼 수 있습니다.

파(破)의 분리시키고 깨뜨리는 작용은 육합(六合)을 통해 다시 묶어줌으로써 제어할 수 있습니다.

11. 형(刑)충(沖)회(會)합(合)파(破)해(害)를 해석하는 관점

이 여섯 가지 힘들은 각기 다른 방식으로 상호작용하며 한 사람의 인생이라는 복잡하고 아름다운 삶을 연출합니다.

중요한 것은 이 여섯 가지 작용 중 어느 하나도 절대적으로 좋거나 나쁜 것은 없다는 점입니다. 충이 막힌 운을 뚫어주는 돌파구가 될 수도 있고, 합이 오히려 발목을 잡는 족쇄가 될 수도 있습니다.

사주 해석의 핵심은 사주 전체의 구조와 운의 흐름 속에서 이들이 어떻게 조화를 이루고, 혹은 불균형을 초래하는지를 통합적으로 분석하는 데 있습니다. 이 원리를 이해할 때 비로소 우리는 운명의 조각들을 맞추고, 삶의 흐름을 지혜롭게 항해할 수 있을 것입니다.

12地支의 육합, 삼합, 방합, 형, 충, 파, 해

	子	丑	寅	卯	辰	巳	午	未	申	酉	戌	亥
육합 六合	丑(土)	子(土)	亥(木)	戌(火)	酉(金)	申(水)	未(土)	午(土)	巳(水)	辰(金)	卯(火)	寅(木)
삼합 三合	申辰 (水)	巳酉 (金)	午戌 (火)	亥未 (木)	申子 (水)	酉丑 (金)	寅戌 (火)	亥卯 (木)	子辰 (水)	巳酉 (金)	寅午 (火)	卯未 (木)
방합 方合	亥丑 (水)	亥子 (水)	卯辰 (木)	寅辰 (木)	寅卯 (木)	午未 (火)	巳未 (火)	巳午 (火)	酉戌 (金)	申戌 (金)	申酉 (金)	子丑 (水)
형(刑)	卯	戌未	巳申	子	辰	寅申	午	丑戌	寅巳	酉	丑未	亥
충(沖)	午	未	申	酉	戌	亥	子	丑	寅	卯	辰	巳
파(破)	酉	辰	亥	午	丑	申	卯	戌	巳	子	未	寅
해(害)	未	午	巳	辰	卯	寅	丑	子	亥	戌	酉	申

마치며

지금까지 사주명리학의 역사, 사주세우기, 음양오행, 천간과 지지, 형.충.회합.파.해 등 기초 이론을 공부했습니다.

다음 중권에서는 실제 통변에 활용할 수 있는 기초 개념으로 십신(十神), 육친(六親), 신살(神煞) 등에 대해서 공부 하겠습니다.

이후, 하권에서는 격국(格局)과 용신(用神)을 공부하고, 직업·적성, 궁합, 건강, 택일, 작명법 등 실제 운세를 판단하는 통변법을 익히도록 하겠습니다.

수고하셨습니다.

감사합니다.

349
마치며